Organizadores
Ana Lúcia Ribeiro Mól
Rita Edite Lopes Borges
Wilson Medeiros Pereira

DIÁLOGOS JURÍDICOS

Copyright 2021, Ana Lúcia Ribeiro Mól, Rita Edite Lopes Borges e Wilson Medeiros Pereira (Organizadores)

1ª edição

1ª impressão

(publicado em Outubro de 2021)

Todos os direitos reservados, protegidos pela Lei 9.610/1998. Nenhuma parte desta edição pode ser utilizada ou reproduzida, em qualquer meio ou forma, nem apropriada e estocada sem a expressa autorização dos Organizadores e Autores.

Dados Internacionais de Catalogação na Publicação (CIP)

MÓL, Ana Lúcia Ribeiro; BORGES, Rita Edite Lopes; PEREIRA, Wilson Medeiros (Organizadores)

DIÁLOGOS JURÍDICOS. Ana Lúcia Ribeiro Mól, Rita Edite Lopes Borges e Wilson Medeiros Pereira. Seatle (EUA): KDP Amazon. 2021.
305p.; 15,24 x 22,89 cm.

ISBN 979-84-51340-37-0

1. Direito. Brasil. Título.

CDD- 340

ORGANIZADORES

ANA LÚCIA RIBEIRO MÓL

Mestre em direito processual pela Pontifícia Universidade Católica de Minas Gerais –PUC-MG. Professora do curso de direito da Universidade Estadual de Montes Claros – Unimontes. Procuradora do Município de Montes Claros-MG

RITA EDITE LOPES BORGES

Mestre em direito pela Universidade Federal de Santa Catarina - UFSC. Professora do curso de direito da Universidade Estadual de Montes Claros – Unimontes. Advogada militante na área de família e sucessões.

WILSON MEDEIROS PEREIRA

Mestre em Direito pela Universidade Estácio de Sá/RJ/Brasil. Professor do Curso de Direito da Universidade Estadual de Montes Claros (Unimontes). Juiz Federal lotado na Subseção Judiciária de Montes Claros (TRF1).

AUTORES DOS CAPÍTULOS

Afrânio Henrique Pimenta Bittencourt
Amanda dos Santos Ferreira
Ana Juliana da Silva Neta
Ana Lúcia Ribeiro Mól
Bruna Vilasboas Leite
Camila Maria Alves Tolentino Gomes
Camila Soares Lima
Cynara Silde Mesquita Veloso
Daniella Barbosa Pereira
Erick Rodrigues da Silva
Erika Daniella Rodrigues Oliveira Rabelo
Fabiana Aparecida Soares Gomes
Fernando Pereira Jorge
Gabriel Araújo Borges
Herbert Alcântara Ferreira
Ionete de Magalhães Souza
Laisa Bandeira Campos
Laura Patrícia Oliveira de Castro Campos
Leandro Luciano Silva Ravnjak
Marcelo Brito
Márcio Roberto da Silva
Marcos Antônio Ferreira
Maria Luiza Pereira Dias e Silva
Maria Regina Mesquita Guisso Lopes
Paulo Henrique Campos Leite
Rafael Soares Duarte de Moura
Rita Edite Lopes Borges
Roberta Sena Vilasboas
Rodrigo Leal Teixeira
Rômulo Soares Barbosa
Wilson Medeiros Pereira

SUMÁRIO

APRESENTAÇÃO i

1. **A REFORMA TRABALHISTA E OS IMPACTOS SOBRE A MULHER GESTANTE E LACTANTE: UMA ANÁLISE JURÍDICA E SOCIAL ACERCA DAS ALTERAÇÕES NOS ARTIGOS 394-A E 396 DA CLT** 13

   Ana Lúcia Ribeiro Mól
   Bruna Vilasboas Leite
   Roberta Sena Vilasboas

2. **A CONCILIAÇÃO DE CONFLITOS E OS DESAFIOS DAS VIDEOCONFERÊNCIAS NOS JUIZADOS ESPECIAIS CÍVEIS DE MONTES CLAROS** 37

   Cynara Silde Mesquita Veloso
   Marcelo Brito
   Maria Regina Mesquita Guisso Lopes

3. **O ACORDO DE NÃO PERSECUÇÃO PENAL COM A VIGÊNCIA DA LEI 13.964/2019** 66

   Erick Rodrigues da Silva
   Amanda dos Santos Ferreira
   Laisa Bandeira Campos

4. **O JUIZ DAS GARANTIAS NA LEI N. 13.964/2019** 87

   Erika Daniella Rodrigues Oliveira Rabelo
   Afrânio Henrique Pimenta Bittencourt
   Maria Luiza Pereira Dias e Silva

5. **UMA ANÁLISE DA (IN)CONSTITUCIONALIDADE DO CONTRATO DE TRABALHO INTERMITENTE** 108

   Fernando Pereira Jorge
   Daniella Barbosa Pereira

6. **PROTEÇÃO DE DADOS PESSOAIS: COMENTÁRIOS À LEI Nº 13.709/2018** 138

   Herbert Alcântara Ferreira
   Ana Juliana da Silva Neta

7   INFORMATIZAÇÃO JUDICIÁRIA E ACESSO À JUSTIÇA: ANÁLISE DE MUDANÇAS LEGISLATIVAS NA PRÁTICA JURÍDICA AO MUNDO DIGITAL   158

Ionete de Magalhães Souza
Camila Maria Alves Tolentino Gomes
Fabiana Aparecida Soares Gomes

8   MÉTODOS CONSENSUAIS DE RESOLUÇÃO DE CONFLITOS E A ADMINISTRAÇÃO PÚBLICA   184

Leandro Luciano Silva Ravnjak
Gabriel Araújo Borges
Rodrigo Leal Teixeira

9   O JUIZ DAS GARANTIAS NO PROCESSO PENAL   213

Marcos Antônio Ferreira
Márcio Roberto da Silva

10   ALTERAÇÕES NORMATIVAS DO LICENCIAMENTO AMBIENTAL NO ESTADO DE MINAS GERAIS – A MUDANÇA DA GESTÃO AMBIENTAL E SEUS SIGNIFICADOS   240

Paulo Henrique Campos Leite
Laura Patrícia Oliveira de Castro Campos
Rômulo Soares Barbosa

11   REFORMAS NEOLIBERAIS E A CORROSÃO DOS DIREITOS SOCIAIS NO BRASIL, 2015-2018   260

Rafael Soares Duarte de Moura
Camila Soares Lima

12   A DISCURSIVIDADE NA EXECUÇÃO: IRRADIAÇÕES DO PROCESSO DEMOCRÁTICO   290

Rita Edite Lopes Borges
Ana Lúcia Ribeiro Mól
Wilson Medeiros Pereira

APRESENTAÇÃO

O Direito é uma ciência em constante alteração, tendo em vista refletir as transformações as quais a sociedade está submetida com o passar do tempo. A dinamicidade das relações dos indivíduos entre si e destes com o Poder Público precisam refletir-se nas normas jurídicas, que, além disso, devem necessária observância às diretrizes traçadas pela Constituição, como lei maior do Estado brasileiro.

Sob essa perspectiva, a obra "Diálogos Jurídicos" busca trazer ao leitor as mais recentes alterações implementadas no ordenamento jurídico vigente, traçando uma visão crítica acerca das mudanças implementadas em nossa legislação. A interdisciplinaridade é uma marca característica da coletânea por trazer à baila as mais variadas discussões travadas nas diferentes vertentes da ciência jurídica.

Assim é que, no capítulo primeiro, aborda-se o retrocesso social implementado pela Reforma Trabalhista, no que tange à proteção da maternidade e do trabalho feminino. O destaque é feito para duas normas específicas – os artigos 395-A e 396, da Consolidação das Leis do Trabalho (CLT) – que permitem o trabalho da mulher gestante em locais insalubres e relega os intervalos da mulher lactante a acordo individual entre em as partes da relação trabalhista. Tais normas são analisadas à luz das normas constitucionais e do entendimento do Supremo Tribunal Federal a respeito da temática.

No segundo capítulo, examina-se a alteração legislativa levada a cabo por meio da Lei n. 13.994/2020, que passou a prever a possibilidade de realização das audiências de conciliação, no âmbito dos Juizados Especiais Cíveis, por meio de videoconferência. O objetivo do capítulo é aferir se essa via tem se mostrado eficaz na condução dessa técnica de autocomposição, considerando-se, para esse fim, números obtidos junto ao Centro Judiciário de Soluções de Conflitos e Cidadania (CEJUSC) de Montes Claros e, em âmbito nacional, dados colhidos por meio do relatório Justiça em Números, do Conselho Nacional de Justiça (CNJ).

  O terceiro capítulo tem como finalidade descrever as particularidades do Acordo de Não Persecução Penal, previsto na Resolução n. 181/2017 do Conselho Nacional do Ministério Público (CNMP), e posteriormente regulamentado por meio da Lei n. 13.964/2019, considerando-se as vantagens desse instituto despenalizador, especialmente no que se refere à desburocratização do sistema criminal e à redução do encarceramento dos autores de crimes praticados sem violência ou grave ameaça.

  Ainda debruçando-se sobre a Lei n. 13.964/2019, o quarto capítulo aborda a figura do juiz de garantias, previsto como forma de se assegurar a observância dos parâmetros legais dos atos processuais praticados durante a investigação criminal. No texto, aponta-se como o tema foi abordado em normas de outros países, comprovando-se a existência de outras tentativas do legislador brasileiro em regulamentar a questão na esfera nacional para, por fim, examinar a posição do Supremo Tribunal Federal a respeito dessa inovação legislativa que entrou em vigor recentemente no Brasil.

  No quinto capítulo, discute-se o contrato de trabalho intermitente, na forma da alteração efetivada na Consolidação das Leis do Trabalho (CLT) por meio da Lei n. 13.457/2017, frente às normas de proteção do trabalhador previstas no texto constitucional. A partir desse objetivo, são feitas reflexões sobre as particularidades dessa modalidade de contrato, examinando-se os motivos que ensejaram a sua inclusão no ordenamento jurídico brasileiro e sua eventual (in)compatibilidade com a Constituição.

  O sexto capítulo direciona a atenção do leitor para os impactos da sociedade da informação na ciência jurídica, trazendo à baila discussões atinentes à Lei Geral de Proteção de Dados (Lei n. 13.709/2018), especialmente no que se refere às dificuldades de sua implementação. Estabelecendo as diretrizes do contexto histórico dessa alteração legislativa, o texto contêm diretrizes importantes sobre as principais inovações trazidas por essa lei, sem deixar de mencionar a insegurança jurídica estabelecida pelas sucessivas prorrogações de sua entrada em vigor.

Seguindo a tendência das transformações digitais, o capítulo sétimo fornece um panorama da aplicação dos avanços tecnológicos nas atividades exercidas perante o órgão judiciário, destacando-se as facilidades trazidas por essa evolução, mas também as dificuldades que precisam ser enfrentadas para que a atividade jurisdicional seja exercida da forma mais adequada, ampla e acessível a todos.

O oitavo capítulo, por sua vez, retrata a possibilidade de serem utilizados os meios autocompositivos pelo Poder Público, demonstrando-se a compatibilidade dessas medidas com os princípios que regem a Administração Pública e apontando-se a evolução legislativa a respeito do tema. A análise conta com uma importante pesquisa empírica realizada junto aos Juizados Especiais de Fazenda Pública da comarca de Montes Claros-MG.

No nono capítulo, examina-se o juiz de garantias no sistema processual penal, conforme previsão contida na Lei n. 13.964/2019, desta vez ressaltando-se a importância da inovação legislativa para diferenciação da fase investigatória e da fase instrutória da persecução penal. No texto, confere-se peculiar ênfase à forma como a atuação desse órgão julgador é importante para validar provas produzidas antecipadamente, assegurando-se, de modo efetivo, direitos e garantias fundamentais estatuídos no texto constitucional.

O décimo capítulo aborda as modificações normativas concretizadas no licenciamento ambiental do Estado de Minas Gerais, referenciando, de forma específica, as normas estatuídas pela Lei Estadual nº 21.972/2017, pelo Decreto Estadual nº 47.137/2017 e pela Deliberação Normativa 217/2017 do COPAM. A partir dessa legislação, são examinados os reflexos gerados pela implementação dessas normas na gestão ambiental, com prevalência do desenvolvimento econômico e em detrimento da proteção do meio ambiente e da própria sociedade.

No capítulo onze são evidenciadas as reformas legislativas ocorridas nos últimos tempos, com especial enfoque na Reforma Trabalhista (Lei n. 13.457/2017), revelando-se os interesses neoliberais por detrás dessas alterações legislativas que, na contramão da proteção de direitos individuais e coletivos, impõem importante violação a prerrogativas outrora arduamente conquistadas pelos trabalhadores brasileiros.

No capítulo doze, por fim, faz-se uma digressão sobre o princípio do contraditório na execução, de modo a evidenciar a necessidade de sua observância dentro dos limites da cognição dessa espécie de demanda, como decorrência das exigências estabelecidas pelo texto constitucional em vigor e dos parâmetros normativos ditados pela Lei n. 13.105/2015 (Código de Processo Civil).

Toda essa gama de assuntos é tratada de forma profunda nessa obra coletiva, de modo a evidenciar não apenas o teor das últimas legislações inseridas no ordenamento jurídico brasileiro, mas também para trazer à discussão os efeitos que elas provocaram e vem provocando em nossa sociedade.

1

A REFORMA TRABALHISTA E OS IMPACTOS SOBRE A MULHER GESTANTE E LACTANTE: UMA ANÁLISE JURÍDICA E SOCIAL ACERCA DAS ALTERAÇÕES NOS ARTIGOS 394-A E 396 DA CLT

Ana Lúcia Ribeiro Mól[1]
Bruna Vilasboas Leite[2]
Roberta Sena Vilasboas[3]

INTRODUÇÃO

O Direito do Trabalho da mulher traduz uma relação complexa, que perpassa os vieses histórico, sociológico e cultural, necessários para entender o papel desempenhado pelo gênero feminino dentro de uma sociedade notadamente patriarcal e, consequentemente, dentro do mercado de trabalho.

É mister salientar que o Direito do Trabalho da mulher não foi desenvolvido a *pari passu* com o do homem. Significa dizer que a proteção do trabalho feminino sob a égide da legislação foi tardia, restando a mesma, durante um longo período, constrita ao papel doméstico e refém de imposições para que cumprissem as funções sociais que lhe eram designadas, dentre elas a maternidade.

---

[1] Mestre em Direito Processual pela Pontifícia Universidade Católica de Minas Gerais (PUC Minas). Professora da Universidade Estadual de Montes Claros (UNIMONTES). Procuradora do Município de Montes Claros-MG.
[2] Discente da Universidade Estadual de Montes Claros (Unimontes).
[3] Discente da Universidade Estadual de Montes Claros (Unimontes).

A REFORMA TRABALHISTA E OS IMPACTOS SOBRE A MULHER GESTANTE E LACTANTE: UMA ANÁLISE JURÍDICA E SOCIAL ACERCA DAS ALTERAÇÕES NOS ARTIGOS 394-A E 396 DA CLT

Destarte, considera-se que, apesar das mudanças promovidas ao longo do tempo, a sociedade tem como alicerce uma construção social que viabiliza a marginalização da mulher, fruto de uma conjuntura paternalista que limita a sua atuação laboral. Diante disso, faz-se necessária a promoção de modificações acerca da percepção da proteção do trabalho feminino.

Nesse contexto, a Constituição da República Federativa do Brasil de 1988 (CRFB/88) proclamou o princípio da isonomia, que preconiza o tratamento igualitário de todos perante a lei, sem qualquer discriminação, inclusive a de gênero, com o intento de dirimir a precarização, dentre outros, do labor feminino.

Em ato contínuo, ressalvou-se a discriminação positiva com o escopo de promover a equiparação entre desiguais, de modo que as condições especiais à mulher devem ser consideradas pela legislação. Por esta razão, a CRFB/88 garante – mediante incentivos específicos – a proteção à maternidade e ao mercado de trabalho da mulher, que estruturam a composição de medidas protecionistas.

No entanto, com a Lei nº 13.467, de 13 de julho de 2017, que alterou a Consolidação das Leis Trabalhistas (CLT) de maneira significativa, foram feitas mudanças que, mascaradas de uma modernização trabalhista, trouxeram a flexibilização de direitos historicamente conquistados e princípios já consolidados pela legislação antiga e pela Constituição.

Dentre os retrocessos instituídos pela lei supramencionada, consta a nova redação do art. 394-A, da CLT, que passou a permitir a permanência de gestantes e lactantes em locais de trabalho insalubres, estando o seu afastamento condicionado à apresentação de atestado médico. Tal medida representou uma involução na árdua luta para a promoção do labor femíneo.

No mesmo sentido, o art. 396, da CLT, não obstante garantir intervalos especiais para que a trabalhadora possa amamentar o seu filho até que ele tenha 06 (seis) meses de vida, relegou a necessidade de sua fixação por acordo individual entre empregada e empregador. No entanto, haja vista a hipossuficiência daquela em face deste, tal diretriz abre a possibilidade de tais intervalos serem antes impostos, do que verdadeiramente negociados.

Assim sendo, tem-se que a análise dos reflexos da chamada Reforma Trabalhista sobre a realidade laboral feminina constitui o objetivo principal deste capítulo que, com base no método dedutivo, busca examinar de que modo as alterações promovidas pela lei trouxeram, sob o discurso de renovação e tutela, a flexibilização de direitos historicamente adquiridos, em especial relacionados às gestantes e lactantes.

1 O TRABALHO DA MULHER: PONDERAÇÃO ENTRE A IGUALDADE DE GÊNERO E A EXISTÊNCIA DE NORMAS PROTETIVAS ESPECIAIS

A priori, insta ressaltar que, como apontado por Jakeline Ito (2019), quando se trata da análise histórica a respeito do trabalho da mulher, remete-se imediatamente à luta pela conquista da igualdade de direitos. A afirmação supra decorre do fato de que a história do Direito do Trabalho feminino pressupõe uma sucessão de acontecimentos que marginalizam o gênero, restando a este uma posição de inferioridade desde a antiguidade.

No desenvolvimento da legislação trabalhista, mais especificamente no início do século XX, até mesmo como decorrência da ideia das atribuições cabíveis ao homem e à mulher na sociedade, constata-se um desestímulo ao trabalho feminino, uma vez que o seu encargo deveria restringir-se aos cuidados com a família e com os filhos (ROJO, 2014). Nesse contexto, a mulher era considerada como um sujeito mais frágil em face do homem, necessitando de uma proteção diferenciada.

Têm-se, então, dois marcos que são considerados como de grande relevância na construção da realidade laboral da mulher: o Direito do Trabalho como ramo autônomo e a conquista dos direitos civis das mulheres (ROJO, 2014).

No primeiro marco acima referido, tem-se que, em razão da própria natureza e particularidades atribuídas ao gênero feminino, a autonomia do Direito do Trabalho trouxe consigo uma proteção diferenciada às mulheres, sendo comparada ao tratamento dado aos menores. Contudo, o que se constatava era a presença marcante de uma legislação extremamente protetiva, a ponto de dificultar e, mesmo, impedir que a mulher fosse inserida no mercado de trabalho (ROJO, 2014).

Apenas para ilustrar tais afirmações, pode-se mencionar que o trabalho noturno era proibido em relação às mulheres, tendo em vista a necessidade de que elas pudessem ter tempo para se dedicar aos trabalhos domésticos, que eram de sua exclusiva atribuição.

Nessa época, vê-se que era notório o acentuado protecionismo em relação ao gênero feminino, com o escopo de manter um "[...] paradigma jurídico que legitimava declaradamente a organização patriarcal e a consequente preferência do homem ante a mulher, especialmente no *locus* da família" (LOPES, 2004).

Na esteira desse pensamento, o que prevalecia era a existência de uma maior garantia ao trabalho das mulheres não como forma de benevolência do legislador ou de estabelecer um equilíbrio com os homens, mas, no fundo, como forma de permitir que ela não se furtasse às suas atribuições domésticas (LOPES, 2004).

Tais parâmetros não eram estranhos à legislação brasileira. A título de exemplo, pode-se fazer menção ao artigo 446, da CLT, que permitia ao pai ou ao cônjuge reivindicar a rescisão de contrato das mulheres, caso o julgassem como ameaça à moralidade:

Assim era a redação da mencionada norma:

Art. 446: [...]

Parágrafo único. Ao marido ou pai é facultado pleitear a rescisão do contrato de trabalho, quando a sua continuação for suscetível de acarretar ameaça aos vínculos da família, perigo manifesto às condições peculiares da mulher ou prejuízo de ordem física ou moral para o menor (BRASIL, CLT, 1943).

Para reforçar a necessidade de proteção ampliada do trabalho feminino, ainda sob essa perspectiva de, em verdade, alijar a mulher do mercado de trabalho, colocava-se em pauta a necessidade de se afastar as condições laborais que vigiam à época da Revolução Industrial. Essa era a justificativa para se estabelecer a garantia exacerbada em relação ao trabalho feminino. Nesse sentido,

[...] para justificar a necessidade da disciplina protetiva, muitos doutrinadores aproveitam para lembrar que, antes das normas de proteção, as mulheres [...] eram submetidas a jornadas de trabalho de até 16 horas diárias, exigências além de suas forças, alimentação insuficiente, condições insalubres. (LOPES, 2004).

Desse modo, o que se verifica é que as normas de proteção ao trabalho da mulher, não obstante se mostrarem necessárias, não foram suficientes para afastar a sua situação de inferioridade como sujeito de direitos.

Contrapondo-se a essa sistemática, e já considerando o segundo marco supramencionado, tem-se a conquista dos direitos civis das mulheres, resultado do aumento da participação feminina na política e na economia, que foi de extrema relevância para demonstrar a existência de um tratamento discriminatório em relação ao gênero feminino, que necessitava de ser alterado (ROJO, 2014).

Nesse contexto, tem-se a necessidade de um tratamento isonômico entre mulheres e homens em relação a toda sorte de direitos, sem que haja a discriminação de gênero ou, melhor, estabelecendo situações diferenciadas apenas na medida necessária para se garantir o equilíbrio entre ambos.

Essa perspectiva foi absorvida pelo ordenamento jurídico brasileiro, sendo, inclusive, perceptível na participação da mulher na concepção da Constituição Cidadã:

> Na avaliação do movimento de mulheres, um momento destacado na defesa dos direitos humanos das mulheres foi a articulação desenvolvida ao longo do período pré-1988, visando à obtenção de conquistas no âmbito constitucional. Esse processo culminou na elaboração da Carta das Mulheres Brasileiras aos Constituintes, que contemplava as principais reivindicações do movimento de mulheres, a partir de ampla discussão e debate nacional. Em razão da competente articulação do movimento durante os trabalhos constituintes, o resultado foi a incorporação da maioria significativa das reivindicações formuladas pelas mulheres no texto constitucional de 1988 (PIOVESAN, 2016).

O texto constitucional de 1988 constituiu-se em uma importante conquista normativa, no intuito de estabelecer um equilíbrio no que se refere aos direitos da mulher. A partir da sua entrada em vigor, houve um visível impacto na legislação infraconstitucional, que se redimensionou para estabelecer a igualdade de gêneros, sem se descurar da proteção diferenciada necessária à mulher em certos aspectos, como se dá nas questões trabalhistas e previdenciárias.

Dentro dessa alteração de paradigma, destaca-se, por ser o ponto fulcral desta pesquisa, os artigos 6º e 7º, inciso XVIII, da CRFB/1988, normas estas que outorgam tratamento distinto às gestantes e lactantes, intencionando a tutela da saúde de mulheresmães, dos nascituros, recém-nascidos e, em consequência, da sociedade em sua integralidade.

Observa-se, portanto, a relevância da proteção estabelecida por essas regras, que estabelecem cuidados particulares à mulher em função da maternidade, tendo em vista tratar-se de uma condição específica e que demanda um olhar diligente (ALARCÃO, 2019). São, portanto, diretrizes normativas importantes para se alcançar, além da igualdade material, a igualdade formal em relação ao trabalho da mulher.

2 DO AMBIENTE INSALUBRE

Um dos pontos de discussão quanto ao tratamento diferenciado do trabalho da mulher relaciona-se ao exercício de suas atividades em ambiente insalubre no período de gravidez e, após, na fase de lactação.

No entanto, para que sejam adequadamente estabelecidos os parâmetros dessa discussão, é preciso que se compreenda o que se entende por trabalho exercido em condições de insalubridade.

A esse respeito, é primordial destacar que a CLT trouxe, em seu bojo, os parâmetros necessários para se aferir tais condições, estabelecendo, em seu artigo 189, uma espécie de conceito geral sobre o tema:

> Art. . 189. Serão consideradas atividades ou operações insalubres aquelas que, por sua natureza, condições ou métodos de trabalho, exponham os empregados a agentes nocivos à saúde, acima dos limites de tolerância fixados em razão da natureza e da intensidade do agente e do tempo de exposição aos seus efeitos (BRASIL, 1943).

De maneira geral, infere-se que, a partir desse dispositivo, o local de trabalho insalubre configura-se como aquele que expõe os empregados a agentes nocivos à saúde, além dos limites tolerados definidos pelo Ministério do Trabalho, conforme depreende-se do art. 190, da CLT:

> Art. 190. O Ministério do Trabalho aprovará o quadro das atividades e operações insalubres e adotará normas sobre os critérios de caracterização da insalubridade, os limites de tolerância aos agentes agressivos, meios de proteção e o tempo máximo de exposição do empregado a esses agentes (BRASIL, 1943).

Dentro desse contexto, pode-se afirmar ser de suma importância que se garanta à mulher gestante e/ou lactante um local de trabalho desprovido de caráter nocivo e condizente à sua condição, uma vez que "[...] a vida é o principal direito do ser humano, cabendo ao Estado preservá-lo desde a sua concepção, sendo que nenhum interesse estatal pode superá-lo" (CHAVES, 2000).

É imperioso destacar, portanto, que a garantia de um local de trabalho seguro está intrinsecamente relacionada ao direito fundamental à saúde, configurando política de prevenção e combate aos diversos agravos potencialmente nocivos, conforme previsto no art. 196, da CRFB, *in verbis*:

> Art. 196. A saúde é direito de todos e dever do Estado, garantido mediante políticas sociais e econômicas que visem à redução do risco de doença e de outros agravos e ao acesso universal e igualitário às ações e serviços para sua promoção, proteção e recuperação (BRASIL, 1988).

Dessa forma, consoante assevera Julio César de Sá Rocha (2019), a

> [...] conceituação da saúde deve ser entendida como algo

presente: a concretização da sadia qualidade de vida. Uma vida com dignidade. [...] Consequentemente a discussão e a compreensão da saúde passa pela afirmação da cidadania plena e pela aplicabilidade dos dispositivos garantidores dos direitos sociais da Constituição Federal.

Significa dizer que a preservação de um local laboral salubre confirma a garantia de direitos constitucionalmente estabelecidos, necessários para a manutenção da dignidade da pessoa humana.

A partir dessa perspectiva, afirmam Ricardo Oliveira e Rosa Pinto (2018) que – em que pese a saúde coletiva – incumbe ao Poder Público, de modo descentralizado e interseccional, promover e tutelar a saúde física, mental e estrutural dos grupos em situação de vulnerabilidade social, dentre os quais constam as gestantes e/ou lactantes.

Desse modo, justamente em decorrência das condições de trabalho mais nocivas à saúde existentes no ambiente de trabalho insalubre é que a legislação trabalhista entendeu por bem estabelecer normas específicas quando, nessas condições, a mulher grávida ou lactante exerce as suas atividades.

Essa previsão própria dá-se não apenas com fundamento na necessidade de se proteger a higidez física e mental da mulher, mas também em razão da necessidade de se garantir a saúde do feto e do bebê.

A proteção ao trabalho da mulher grávida não deixa de ser a proteção à própria espécie humana que cresce em seu ventre. Por isso o legislador infraconstitucional lhe garante direitos extensivos ao nascituro e ao recém-nascido quando, *v.g.* no art. 392, § 4º, I e II, da CLT estabelece condições especiais de trabalho à mulher durante a gravidez, e no art. 396 possibilita dois descansos diários de meia hora cada um para amamentação do filho durante os 6 (seis) primeiros meses de vida, integrando a jornada de trabalho.

No que tange ao trabalho da mulher grávida e lactante em locais insalubres, a legislação trabalhista foi substancialmente alterada pela Reforma Trabalhista, especialmente no que se refere à redação do art. 394-A, da CLT.

Do mesmo modo, os intervalos para amamentação, não obstante previstos em lei, foram submetidos à fixação pelas partes, o que pode implicar em sua imposição pelo empregador em face da empregada.

Em razão das particularidades específicas dessa temática e das alterações legislativas correspondentes, tais questões serão mais profundamente abordadas no tópico que se segue.

3 AS MUDANÇAS TRAZIDAS PELA REFORMA TRABALHISTA QUANTO AO TRABALHO DE GESTANTES E LACTANTES E SUA (IN)ADEQUAÇÃO À CONSTITUIÇÃO DA REPÚBLICA FEDERATIVA DO BRASIL DE 1988

Tendo em mente o que já foi exposto, pode-se dizer que é de interesse social o estado gravídico da mulher, visto que a geração e o nascimento de uma nova vida impactam diretamente nas estruturas sociais. É de suma importância, portanto, que a saúde feminina, e também a saúde do nascituro e do recém-nascido lactente, sejam resguardadas durante todo o período gestacional e após, de maneira que todos os ambientes frequentados pela mulher nessas condições sejam seguros para a sua higidez física e também dos seus filhos.

Assim, além de um ambiente doméstico seguro e afetuoso ser imprescindível para as questões atinentes a uma maternidade saudável, não menos importante considera-se o seu local de trabalho, pois a empregada mulher, mesmo gestante ou lactante, deposita grande parte do seu dia em atividades laborais. Ademais, à mãe trabalhadora deve ser assegurado o direito de amamentar nos horários que forem mais cômodos para ela e o bebê, resguardados os períodos previstos em lei para esse fim.

Nesse sentido, o Estado como garantidor de direitos, avulta-se como o agente responsável em assegurar a proteção à saúde da trabalhadora gestante e de seu nascituro, das lactantes e de seus recém-nascidos.

Entretanto, apesar de ser poder/dever do ente estatal assegurar o direito à saúde a todos os cidadãos indistintamente, cabe ao Judiciário, quando provocado, afastar situações laborais que comprometam a saúde do trabalhador, nas hipóteses em que, de fato, não se observam condições básicas de um ambiente de trabalho sadio, ou quando não respeitadas as regras definidas no ordenamento jurídico para a garantia de sua higidez física.

Em relação a essa matéria, a Constituição já garantia a proteção do trabalho da mulher e a redução dos riscos inerentes ao trabalho (art. 7º, XX e XXII, CRFB/88). Além disso, ainda dita que as condições de exercício das atividades laborais constituem a própria definição, estabelecida pelo texto constitucional, de meio ambiente (art. 200, VIII, CRFB/88), sendo assim considerado o espaço ecologicamente equilibrado e que mantenha, de maneira sadia, a qualidade de vida (GODINHO, 2019).

Essa questão é ainda mais preocupante quando se verifica que "[...] o trabalho de grávidas e lactantes em ambientes insalubres poderá afetar não apenas a trabalhadora, mas os recém-nascidos e mesmo os futuros seres humanos" (MELLO, 2017)

Considerando-se esse contexto, e, principalmente a proteção do trabalho da mulher, a Lei nº 13.287, de 11 de maio de 2016, incluiu ao texto da CLT a norma do art. 394-A, então redigida nesses termos: "A empregada gestante ou lactante será afastada, enquanto durar a gestação e a lactação, de quaisquer atividades, operações ou locais insalubres, devendo exercer suas atividades em local salubre" (BRASIL, 2016). Nesse sentido, a norma estabeleceu que a gestante e a lactante seriam afastadas do ambiente de trabalho quando fosse ele considerado insalubre.

Contudo, com o advento da Reforma Trabalhista (Lei nº 13.467, de 13 de julho de 2017), o art. 394-A passou a ter uma nova redação, estabelecendo, como regra, que a mulher grávida e lactante não deveria afastar-se de suas atividades, se inserida em um ambiente de trabalho insalubre. O dispositivo passou a ter a seguinte redação:

> Art. 394-A. Sem prejuízo de sua remuneração, nesta incluído o valor do adicional de insalubridade, a empregada deverá ser afastada de:
>
> I - atividades consideradas insalubres em grau máximo, enquanto durar a gestação;
>
> II - atividades consideradas insalubres em grau médio ou mínimo, quando apresentar atestado de saúde, emitido por médico de confiança da mulher, que recomende o afastamento;
>
> III - atividades consideradas insalubres em qualquer grau, quando apresentar atestado de saúde, emitido por médico de confiança da mulher, que recomende o afastamento.
>
> § 1º (VETADO)
>
> § 2º Cabe à empresa pagar o adicional de insalubridade à gestante ou à lactante, efetivando-se a compensação, observado o disposto no art. 248 da Constituição Federal, por ocasião do recolhimento das contribuições incidentes sobre a folha de salários e demais rendimentos pagos ou creditados, a qualquer título, à pessoa física que lhe preste serviço.
>
> § 3º Quando não for possível que a gestante ou a lactante afastada nos termos do caput deste artigo exerça suas

atividades em local salubre na empresa, a hipótese será considerada como gravidez de risco e ensejará a percepção de salário-maternidade, nos termos da Lei no 8.213, de 24 de julho de 1991, durante todo o período de afastamento (BRASIL, 1943).

Na análise do projeto de lei pela Câmara dos Deputados, foi constituída uma comissão para apreciar as propostas de alteração da CLT, que culminaram na elaboração de um relatório. De acordo com as conclusões emitidas pela comissão, a redação antiga deixava de ser uma medida protetiva e passava discriminar a mulher no mercado de trabalho, tanto no setor da contratação, quanto na manutenção do seu emprego, tendo em vista que a impossibilidade de se manter a mulher grávida ou lactante em ambiente insalubre acabava por reduzir o gênero feminino em setores nos quais há a prestação de atividades nessas condições. Além do mais, justificou-se a mudança na redução da remuneração percebida pela mulher, visto que ela deixaria de receber o adicional de insalubridade. Dessa forma, estabeleceu-se que, ao invés de ser ela afastada de imediato, ser-lhe-ia permitido apresentar um atestado médico que comprovasse que o local insalubre traria riscos e, caso fosse impossível a manutenção no ambiente prejudicial, haveria a sua realocação em um ambiente salubre (COMISSÃO ESPECIAL DA REFORMA TRABALHISTA, 2016).

Não obstante, os argumentos apresentados não são passíveis de sustentação, diante do que determina a Constituição em vigor, especialmente no que se refere à proteção do trabalho da mulher e da maternidade.

Em primeiro lugar, destaca-se que o texto constitucional estabelece, em seu art. 6°, o direito social à saúde, proteção à maternidade, à segurança e à infância, o que vai de encontro com a redação do artigo, pois suas diretrizes expõem todas as mulheres que se encontram nesse estado à vulnerabilidade e ao não cumprimento desses direitos garantidos constitucionalmente.

A esse respeito, é preciso destacar que, com a Reforma Trabalhista, o ônus e a responsabilidade da decisão de trabalhar em local insalubre foi estabelecido à mulher, que, obviamente, receosa da sua condição, pode evitar apresentar o laudo médico necessário, para o fim de ser mantida no emprego (SAIA, ÁGUILA, 2019). A vedação infraconstitucional para trabalhos em condições insalubres só se daria, de fato, quando a insalubridade for apurada em seu grau máximo, de modo que a proibição automática de atividades da gestante ou lactante ocorreria nessa hipótese, e não mais em qualquer situação de trabalho em condições adversas à saúde.

Ademais, questiona-se se, de fato, os atestados médicos serão mesmo garantia de proteção para a mulher, para o feto e para o recém-nascido lactente, dado que o médico pode não ter o conhecimento específico necessário sobre segurança no trabalho e não ir examinar o local de prestação dos serviços (MELLO, 2017). Essa situação, por óbvio, pode ensejar uma análise equivocada das condições de trabalho da mulher, de sorte a permitir que ela execute as suas atribuições, mesmo que essa situação venha a ensejar danos a sua higidez física ou do seu filho.

Acrescente-se ao exposto, que as alterações trazidas pela Reforma Trabalhista desconsideram, por certo, o princípio da vedação ao retrocesso social. Isso porque é vedada a supressão ou redução dos patamares da concretização dos direitos sociais, sem que sejam implementadas políticas compensatórias, para que não haja o desmantelamento de conquistas já alcançadas em algum contexto social (RAFAGNIN, 2019).

Isso posto, vê-se claramente que a alteração do dispositivo trazida pela Reforma Trabalhista não possui amparo constitucional, de modo que se tornou necessária uma nova alteração do art. 394-A para adaptá-lo ao ordenamento jurídico em vigor, com a efetiva proteção às gestantes e lactantes que trabalham em locais insalubres.

Essa modificação ocorreu por meio da Medida Provisória nº 808, de 14 de novembro de 2017, que revogou os incisos I, II e III do artigo 394-A e alterou o seu *caput* para proibir o trabalho da mulher grávida e em período de amamentação em ambientes de trabalho em que constatada a existência de insalubridade, de maneira a amenizar os riscos trazidos às mulheres com a redação imposta pela Lei nº 13.467/2017. Contudo, a medida provisória perdeu sua validade em 24 de abril de 2018, uma vez que não foi direcionada ao Congresso Nacional para sua discussão e aprovação. Por conseguinte, o texto aprovado pela Reforma Trabalhista foi restabelecido, não possuindo impedimentos para sua plena aplicação.

Tendo em vista essa circunstância, a Confederação Nacional dos Trabalhadores Metalúrgicos, em 26 de abril de 2018, ajuizou uma Ação Direta de Inconstitucionalidade (ADI) n° 5.938 que colocava em pauta a incoerência dos incisos II e III em relação à proteção da maternidade dada pelo texto constitucional (SAIA, ÁGUILA, 2019).

Diante disso, em maio de 2019, o Tribunal Pleno do Supremo Tribunal Federal (STF) julgou procedente, de forma unânime, a ADI que para declarar a inconstitucionalidade do trecho dos incisos II e III do art. 394-A da CLT, que dizia "quando apresentar atestado de saúde, emitido por médico de confiança da mulher, que recomende o afastamento", sendo o acórdão publicado em setembro do mesmo ano (ANDRADE, BARBOSA, 2019).

Frente ao exposto, com o afastamento da inconstitucionalidade da norma, a redação definitiva do art. 394-A estabeleceu a necessidade de afastamento da mulher gestante ou lactante do ambiente de trabalho insalubre, sem a necessidade da apresentação de qualquer atestado médico.

Não obstante tal vitória, certo é que ainda persistem situações de desconsideração aos direitos da trabalhadora mãe e do seu filho, uma vez que a norma do art. 396, da CLT ainda permanece em vigor.

Tal norma, apesar de estabelecer intervalos especiais para que a empregada possa amamentar o seu bebê até a idade de 06 (seis) meses, relega essa fixação a acordo individual entre as partes, de modo que, na prática, podem ser atendidos antes os interesses da empresa, do que necessariamente as necessidades da criança (RAFAGNIN, 2019).

Estabelecer a possibilidade de negociações individuais em relações nas quais as partes não se encontram em equilíbrio, sem qualquer possibilidade de fiscalização de órgãos como os sindicatos, ou proteção específica do empregado, pode acabar gerando um efeito reverso ao pretendido pelo legislador, especialmente diante do risco de desemprego.

De toda sorte, é importante destacar o papel que o Judiciário possui na correta aplicação do ordenamento jurídico e na busca de se afastar situações que violem os direitos constitucionalmente consagrados.

4 O PAPEL DO SUPREMO TRIBUNAL FEDERAL (STF) FRENTE AOS ABUSOS LEGISLATIVOS PÓS-REFORMA TRABALHISTA

A Reforma Trabalhista alterou de tal maneira a CLT que 15 (quinze) Ações Diretas de Inconstitucionalidade (ADIs) foram movidas ao STF, questionando as alterações trazidas pela Lei nº 13.476/17. Constitucionalmente, a ADI é prevista no art. 102, inciso I, alínea "a" e poderá ser usada a fim de declarar a inconstitucionalidade de uma lei ou de um ato normativo federal ou estadual.

Juridicamente, essas intervenções podem ser feitas pelo STF, por meio do controle de constitucionalidade concentrado, que invalida a norma que esteja incompatível com o que estabelece o texto constitucional (LENZA, 2019).

Conforme Luís Roberto Barroso (2017), "[...] supremas cortes e tribunais constitucionais, na maior parte dos países democráticos, detêm o poder de controlar a constitucionalidade dos atos do Poder Legislativo (e do Executivo também), podendo invalidar normas aprovadas pelo Congresso ou Parlamento". O papel do STF, portanto, demonstrou ser de suma importância para combater os descomedimentos impostos pela reforma, que afrontavam o ordenamento jurídico brasileiro e seus pilares.

Assim posto, após discussões e debates sobre a Reforma Trabalhista que levaram à propositura das ADIs, o Ministro Gilmar Mendes "[...] determinou a suspensão nacional de todos os processos que discutam validade de norma coletiva que limite ou restrinja direito trabalhista não assegurado constitucionalmente" (ANDRADE, BARBOSA, 2019).

Em relação ao objeto de estudo, na ADI de n° 5.938, no voto do Ministro Alexandre de Moraes, restou consagrado que:

> A inconstitucionalidade consiste no fato de as expressões impugnadas permitirem a exposição de empregadas grávidas e lactantes a trabalho em condições insalubres. Mesmo em situações de manifesto prejuízo à saúde da trabalhadora, por força do texto impugnado, será ônus desta a demonstração probatória e documental dessa circunstância, o que obviamente desfavorece a plena proteção do interesse constitucionalmente protegido, na medida em que sujeita a trabalhadora a maior embaraço para o exercício de seus direitos (SUPREMO TRIBUNAL FEDERAL, 2019).

Confrontando também a Constituição, ao flexibilizar o trabalho da mulher em local insalubre orientando-se pelo fato de que esta não possui outro recurso como meio de subsistência, foi apontado pelo STF a linha tênue entre o princípio constitucional da melhoria das condições sociais e a manutenção desta na incolumidade do meio ambiente laboral nocivo, visto que, como já citado, com a Reforma, o ônus e a responsabilidade da decisão de trabalhar em local insalubre foi estabelecido à mulher.

Outro indicador de inconstitucionalidade da alteração no dispositivo em voga constante do julgamento foi a ofensa ao princípio da proporcionalidade em sua dimensão positiva. A proibição do trabalho em local insalubre *versus* uma admissibilidade condicionada, prevista nos incisos II e III do art. 394-A, dissimula a proibição do trabalho em local insalubre a uma permissão condicionada (a um atestado médico, por exemplo), de modo que enseja em uma "proteção deficiente" ou até mesmo uma desproteção, pois o legislador é imprudente ao não proteger verdadeiramente os bens jurídicos a serem tutelados, como a vida da mulher-mãe, do feto e do recém-nascido lactente.

De modo semelhante, também foi analisado o direito à saúde à luz da Constituição. É certo que a gravidez e o nascimento de um bebê os condicionam a uma vulnerabilidade da mulher e da criança, tornando-os propensos a riscos advindos da insalubridade. Contudo, há uma incerteza em relação a tais riscos, visto que nem a CLT e nem o art. 394-A estabelecem padrões inquestionáveis quanto à dimensão exata do que pode ser causado na gestante, no feto e no bebê. Assim, consoante o princípio da precaução, deve haver uma busca constante pela proteção da existência humana e do meio ambiente sadio, respeitando-se o direito à saúde e à integridade das pessoas envolvidas.

Vale ressaltar, ainda, que no julgamento da ADI foi invocada a inconstitucionalidade das alterações por violação à proteção da família. A CRFB/1988 assegura o princípio do livre planejamento familiar e o direito à proteção da maternidade, de sorte que o desenvolvimento da família deve ser de decisão exclusiva desta, sem a ocorrência de interferências externas do Estado. Portanto, a imposição de normas que dificultem o exercício pleno dessas garantias, como a manutenção do trabalho da mulher gestante e lactante em local insalubre ou uma convenção no que tange o seu intervalo de amamentação, invocam, conforme a Ministra Rosa Weber que:

> Por força desse direito, não se pode admitir qualquer ingerência alheia com vistas a restringir ou condicionar o planejamento familiar. O Estado não pode impor escolhas trágicas a quem pretende constituir família. Disso decorre tanto o dever de intervir nas relações públicas, quando o obstáculo é constituído diretamente pelo Estado empregador, quanto o de horizontalizar os direitos fundamentais, nas relações de trabalho. *In casu*, ao condicionar o afastamento à apresentação de atestado de saúde emitido por médico de confiança da mulher, que recomende o afastamento durante a gestação ou a lactação, as normas impugnadas impõem o ônus de proteção à saúde da mulher e do bebê às empregadas (SUPREMO TRIBUNAL FEDERAL, 2019).

Ademais, também é papel do STF o exercício do controle de constitucionalidade sobre os tratados e convenções internacionais, dado que devem eles respeito ao princípio da supremacia da Constituição (LENZA, 2019). Na esteira desse pensamento, certifica-se que a alteração promovida pela Lei nº 13.467/2017 não se mostra compatível também com as disposições dos artigos I, II e XXV da Declaração Universal dos Direitos Humanos que, de maneira expressa, preveem que todas as pessoas são iguais em direitos e em dignidade, podendo gozar de seus direitos e liberdades, sem distinção de raça, sexo, cor, religião ou diferença de qualquer outra natureza, sendo ainda consagrada a proteção à família, a proteção à maternidade e à infância.

Além disso, a Convenção nº 155 da Organização Internacional do Trabalho (OIT), ratificada pelo Brasil por meio do

Decreto nº 1.254, de 29 de setembro de 1994, garante segurança e saúde aos trabalhadores, bem como um meio ambiente de trabalho equilibrado (ANDRADE, BARBOSA, 2019). Não se verifica, portanto, que as garantias firmadas pelo tratado estão de acordo com as alterações trazidas pela reforma, concernentes ao trabalho da gestante e lactante em locais insalubres.

Desse modo, verifica-se que o STF exerceu, quanto à análise do art. 394-A da CLT, seu efetivo papel de efetivar o controle de constitucionalidade para combater os abusos legislativos, nesse caso advindos com a Reforma Trabalhista, de maneira que foram asseguradas todas as garantias que o ordenamento jurídico brasileiro proporciona, desde a Constituição aos Tratados e Convenções Internacionais.

CONSIDERAÇÕES FINAIS

Diante do que foi exposto, é possível constatar que a Reforma Trabalhista utilizou do discurso de promoção e inserção da mulher no mercado de trabalho, contudo, em verdade, afastou-se dessa ideia, visto que houve uma flexibilização e fragilização dos direitos do trabalho da mulher, em detrimento de normas que tutelam sua verdadeira realidade frente à sociedade e ao mercado de trabalho.

Outrossim, impende pontuar que o Direito é uma ciência que acompanha as mudanças sociais. Significa dizer que, as normas legislativas são resultado da conjuntura em que estão inseridas, sendo importante analisar a legislação para além da letra da norma, de modo que o viés social deve estar intrinsecamente relacionado aos processos legislativos, a fim de que haja o adequado reflexo entre a lei e os bens que ela busca proteger.

Com efeito, ao considerar que a sociedade é fundada em uma construção social que viabiliza a marginalização da mulher (inclusive camuflando – por vezes – a prioridade desta no ambiente doméstico ao dificultar a sua atuação laboral), infere-se que os direitos referentes ao trabalho da mulher não foram observados em sua integralidade pela Reforma Trabalhista, culminando em alterações legislativas questionáveis à saúde da mulher grávida, lactante, do seu feto e do recém-nascido lactente.

      De maneira pontual, conclui-se que a redação do artigo 394-A, da CLT tão radicalmente expôs a mulher e sua prole em condições de trabalho insalubre, que tal demanda alcançou o STF que, por sua vez, através do controle de constitucionalidade concentrado, assumiu o seu papel de proceder ao reconhecimento da inconstitucionalidade dessa mudança legislativa, conforme argumentos explanados no texto.

      Ademais, a Reforma também veio tutelar questões biológicas que interferem na atividade laboral da mulher e do bebê, dispondo no §2º do artigo 396, da CLT a flexibilização referente aos horários de intervalo destinados ao aleitamento materno. Tendo em vista essa alteração, deve-se observar que qualquer possibilidade de convenção entre a parte hiper com a parte hipossuficiente (no caso a trabalhadora – que depende vitalmente dessa remuneração), expõe esta à deriva aos abusos por parte do empregador, que pode suprimir a vontade da empregada no acordo, bem como a necessidade biológica desta em amamentar corretamente o seu filho.

      Em síntese, finda-se essa exposição asseverando que deve haver uma inserção plena da mulher no mercado de trabalho e que esta não deve ser posta como uma mera concessão do Estado. Pelo contrário, é dever deste promover a equiparação dos gêneros, utilizando-se de amparos legislativos e controle judiciário para integrar globalmente a mulher e sua bagagem (seja social, seja de direitos conquistados), freando qualquer retrocesso e alterações que venham dirimi-la ou reduzi-la a um mero estigma social.

REFERÊNCIAS

ÁGUILA, Iara Marthos; SAIA, Julia Pereira. *A proteção ao trabalho da mulher e a Reforma Trabalhista (LEI Nº 13.467/17)*. Revista de Iniciação Científica e Extensão – Icex. Faculdade de Direito de Franca, v. 4, n. 1, p. 514-515, 2019.

ALCARÃO, Marcella Nobre. *Os impactos da Reforma Trabalhista em relação ao meio ambiente laboral da mulher gestante e/ou lactante*. 2019. Trabalho de Conclusão de Curso (Bacharelado em Direito). Centro Universitário do Estado do Pará, Belém.

ANDRADE, Iris Soier do Nascimento; BARBOSA, Sarah Luana Alves. *Direito do trabalho das mulheres e a reforma trabalhista*. Núcleo de Estudos de Gênero- NEGUEM, v. 32, n. 2, p. 156-163, 2019.

BARROSO, Luís Roberto. *Contramajoritário, representativo e iluminista: os papéis das Supremas Cortes e Tribunais Constitucionais nas democracias contemporâneas*. Revista Direito e Praxis, v. 9, n. 4, p. 2171-2228, 2018.

BARBOSA, Marina Miranda. *O Trabalho da mulher gestante e da lactante em condições insalubres: repercussões da Lei nº 13.467/2017 e o julgamento da ADI 5938*. 2019. Trabalho de Conclusão de Curso (Bacharelado em Direito). Universidade Federal de Pernambuco, Recife.

BRASIL. *Constituição da República Federativa do Brasil*. Brasília, DF: Senado Federal, 1988.

BRASIL. *Consolidação das Leis do Trabalho*. Brasília, DF: Senado Federal, 1943.

BRASIL. *Lei nº 13.287, de 11 de maio de 2016*. Brasília, DF: Senado Federal, 2016.

BRASIL. *Lei nº 13.467, de 13 de julho de 2017*. Brasília, DF: Senado Federal, 2017.

BRASIL. *Medida Provisória nº 808, de 14 de novembro de 2017*. Brasília, DF: Presidência da República, 2017.

BRITO, Yasmin Viana. *Reforma Trabalhista e o Direito da Mulher: avanço ou retrocesso?* 2017. Trabalho de Conclusão de Curso (Bacharelado em Direito). Universidade Federal de Pernambuco, Recife.

CASTRO, Fábia Maria Siqueira; DI LORENZO, Carlos Alberto. *Reforma Trabalhista - conquista ou supressão para a mulher? In*: Fateglog, 2019. Anais. Disponível em: <http://fateclog.com.br/anais/2019/REFORMA%20TRABALHISTA%20%20CONQUISTA%20OU%20SUPRESS%C3%83O%20PARA%20A%20MULHER.pdf>. Acesso em: 10 dez 2020.

DELGADO, Maurício Godinho; DELGADO, Gabriela Neves. *A Reforma Trabalhista no Brasil.* São Paulo: LTr: 2017.

DELGADO, Maurício Godinho. *Curso de Direito do Trabalho.* 18. ed. São Paulo: LTr, 2019.

GOSDALNO, Thereza Cristina. *Fundamentos lançados no voto de divergência autos do RO 07085-2012-002-9-00-2.* Disponível em: <https://tst.jusbrasil.com.br/jurisprudencia/170285601/recurso-de>. Acesso em: 16 dez. 2020

ITO, Jakeline Yukari. *O Trabalho em locais insalubres de grávidas e lactantes: reflexos da reforma trabalhista.* 2019. Trabalho de Conclusão de Curso (Bacharelado em Direito). Universidade de Taubaté, Belém.

COMISSÃO ESPECIAL DA REFORMA TRABALHISTA. *Comissão Especial Destinada a Proferir Parecer ao Projeto de Lei nº 6.787.* Disponível em: <https://www.camara.leg.br/proposicoesWeb/prop_mostrarintegra?codteor=1544961>. Acesso em: 24 jan 2021.

LENZA, Pedro. *Direito Constitucional Esquematizado.* 23. ed. São Paulo: Saraiva Educação, 2019.

MELLO, Raimundo Simão De. *Reforma erra ao permitir atuação de grávida em local insalubre.* Disponível em: <https://agindodireito.com.br/wp-content/uploads/2017/12/Revista-TRT-9-

ReformaTrabalhista.pdf#page=180>. Acesso em: 20 jan. 2021.

PIOVESAN, Flávia. *Temas de Direitos Humanos.* 9. ed. rev., atual. e ampl. São Paulo: Saraiva, 2016.

RAFAGNIN, Maritânia Salete Salvi. *Reflexos da reforma trabalhista para gestantes e lactantes.* Argumentum, v. 11, n. 1, p. 230-245, jan./abr. 2019.

ROCHA, Julio César de Sá. *Direito da Saúde: Direito Sanitário na perspectiva dos interesses difusos e coletivos.* 2 ed. São Paulo: LTr, 1999.

ROJO, Eduardo Caamaño. *La discriminación laboral y el "pecado original" del derecho del trabajo. In*: Congreso Nacional, XXXIII, 2014. Santa Maria. Anais. Disponível em: < https://colegiodeabogados.co/memorias-del-congreso-nacional-xxxii-2014/ >. Acesso em: 20 jan. 2021.

SUPREMO TRIBUNAL FEDERAL. *Ação Direta de Inconstitucionalidade n° 5.938.* Relator: Ministro Alexandre de Moraes. Disponível em: <http://redir.stf.jus.br/paginadorpub/paginador.jsp?docTP=TP&docID=750927271> Acesso em: 20 jan. 2021.

ZOGHBI, Priscila Kuhl. *Trabalho e mulher: empregada gestante e lactante na reforma trabalhista brasileira. In*: Associação Luso-Brasileira de Juristas do Trabalho, 2019. Anais. Disponível em: <https://editoraitacaiunas.com.br/anais/wp-content/uploads/2019/11/4.pdf>. Acesso em: 14 de jan. de 2021.

2

A CONCILIAÇÃO DE CONFLITOS E OS DESAFIOS DAS VIDEOCONFERÊNCIAS NOS JUIZADOS ESPECIAIS CÍVEIS DE MONTES CLAROS[4]

Cynara Silde Mesquita Veloso[5]
Marcelo Brito[6]
Maria Regina Mesquita Guisso Lopes[7]

INTRODUÇÃO

A conciliação como método adequado para o tratamento de conflitos continua apresentando desafios para o Poder Judiciário no século XXI. Após a regulamentação legislativa e o reconhecimento da conciliação como um importante fator de acesso à justiça, o contexto das videoconferências acrescenta um elemento novo que necessita ser pesquisado.

Assim, este estudo visa analisar o instituto da conciliação, a sua aplicabilidade nos juizados especiais e os impactos

---

[4] Pesquisa realizada no âmbito do Projeto de Pesquisa "Conciliação Judicial e Extrajudicial" e do Programa de Iniciação Científica Voluntária da Pró-reitoria de Pesquisa da Universidade Estadual de Montes Claros (Unimontes).
[5] Professora Doutora do curso de Direito da Universidade Estadual de Montes Claros (Unimontes), do Centro Universitário FIPMoc – UNIFIPMOC e da FAVAG.
[6] Professor Mestre do curso de Direito da Universidade Estadual de Montes Claros (Unimontes) e da Faculdade Santo Agostinho de Montes Claros – FASA.
[7] Acadêmica do curso de Direito da Universidade Estadual de Montes Claros (Unimontes).

da Lei n. 13.994/2020, que estabelece a possibilidade de utilização do método de forma não presencial.

A importância do tema está no fato da referida lei viabilizar a realização de audiências de conciliação por videoconferência nos juizados especiais em razão do contexto da pandemia do COVID-19, que impôs o isolamento social como forma de prevenção à disseminação do vírus. A possibilidade de conciliações não presenciais visa garantir a continuidade da prestação jurisdicional e a segurança da população respeitando o isolamento social.

O questionamento que se faz é quanto à aplicabilidade do método conciliatório e sua efetividade na modalidade de videoconferência, buscando compreender os principais desafios enfrentados pelo Poder Judiciário.

A utilização da conciliação virtual não se trata de alteração temporária. Este estudo visa compreender as vantagens e desvantagens do método e os desafios enfrentados em momento de adaptação. Dados fornecidos pelo Centro Judiciário de Soluções de Conflitos e Cidadania (CEJUSC) de Montes Claros foram utilizados para uma análise de caso e, para compreensão do cenário nacional, utilizou-se o Relatório Justiça em Números de 2020, publicado pelo CNJ.

Dentro desse contexto, o presente estudo abordará a evolução histórica e legislativa da conciliação de conflitos por entendê-la como método essencial ao efetivo acesso à justiça. No Brasil, o preâmbulo constitucional incentiva a solução consensual de controvérsias. Apesar de existir previsão da conciliação desde o Código de Processo Civil de 1973 e de outras legislações especiais, a edição da Resolução n. 125 de 2010 do Conselho Nacional de Justiça foi considerada um marco tanto para a conciliação como para a mediação no Brasil.

Atualmente, o Código de Processo Civil de 2015

(CPC/2015) define que a conciliação e mediação são orientadas pelos princípios da independência, da imparcialidade, da autonomia da vontade, da confidencialidade, da oralidade, da informalidade e da decisão informada. Isso traduz benefícios às partes e ao Poder Judiciário que se encontra sobrecarregado com a quantidade de demandas que recebe anualmente.

Vale destacar que as alterações trazidas pela Lei n. 13.994/2020 estão em um contexto de desafios enfrentados para consolidar a conciliação no Brasil. Segundos dados do Conselho Nacional de Justiça (CNJ), em 2019, apenas 12,5% de processos foram solucionados via conciliação. Em relação a 2018, houve um aumento de apenas 6,3% no número de sentenças homologatórias de acordos, em que pese a disposição do Código de Processo Civil (CPC/2015), que, em vigor desde 2016, tornou obrigatória a realização de audiência prévia de conciliação e mediação (CNJ, 2020).

1 ACESSO À JUSTIÇA E O MÉTODO ADEQUADO DE SOLUÇÃO DE CONFLITOS: A CONCILIAÇÃO

Ao se abordar o tema acesso à justiça, deve-se levar em consideração que o significado dessa expressão sofreu diversas variações ao longo dos anos, de acordo com as necessidades que eram percebidas no corpo social. Assim, a obra de Cappelletti e Garth (1988), ao apontar as ondas renovatórias de acesso à justiça como forma de superar os obstáculos de acesso à justiça, aborda essa temática sob perspectivas históricas diferentes, o que impulsionou alterações legislativas significantes.

Inicialmente, com influências do liberalismo, a postura não intervencionista por parte dos Estados era tida como mais adequada e, assim, garantia-se somente o acesso formal ao Poder Judiciário. Todavia, com o surgimento do Estado de Bem-Estar Social e a necessidade de criação de políticas intervencionistas, um acesso efetivo que levasse em conta as diferenças econômicas e sociológicas dos cidadãos deu novo significado ao acesso à justiça (CAPPELLETTI; GARTH, 1988). Com isso, o acesso à justiça passa a ser considerado como um direito básico humano e igualitário que pretende não apenas enumerar os direitos, mas garanti-los.

Por sua vez, Bacellar (2012) avança nesses estudos e faz sua análise em período posterior à Constituição da República Federativa do Brasil de 1988 (CRFB/88), definindo o acesso à justiça no Estado Democrático de Direito como acesso a uma ordem jurídica justa. Nessa linha de ideias, "[...] o acesso à justiça deve ser visto como aquele que propicia a oferta de métodos e meios adequados à resolução de conflitos, dentro e fora do Estado" (BACELLAR, 2012, p. 26).

Além de analisar a evolução do conceito de acesso à justiça, Cappelletti e Garth (1988) estudaram os obstáculos e as propostas para democratização do acesso à justiça por meio de três ondas renovatórias. A primeira delas focou em propor recursos para evitar que as altas custas processuais fossem um obstáculo para os hipossuficientes, pois muitas vezes eles não podem arcar com o processo ou não suportariam uma demanda muito longa. A segunda onda visava garantir que os interesses difusos e coletivos tivessem a devida representação jurídica, pois que estes assuntos eram negligenciados, por exigirem conhecimentos específicos de difícil acesso aos advogados independentes, além do fato de que o risco de perder a ação é um fator desencorajador. Por fim, a terceira onda, que é de maior interesse para este estudo, possui como escopo unir as propostas trazidas anteriormente e potencializá-las com novos métodos e mecanismos que tratem de modo diferente lides com demandas específicas (CAPPELLETTI; GARTH, 1988).

Essa "terceira onda" de reforma inclui a advocacia,

judicial ou extrajudicial, seja por meio de advogados particulares ou públicos, mas vai além. Ela centra sua atenção no conjunto geral de instituições e mecanismos, pessoas e procedimentos utilizados para processar e mesmo prevenir disputas nas sociedades modernas. Nós o denominamos "o enfoque do acesso à Justiça" por sua abrangência (CAPPELLETTI; GARTH, 1988, p. 67-68).

Cabe ressaltar que Bacellar (2012), em sua obra, aborda cinco ondas renovatórias de acesso à justiça. A terceira onda, como acima salientado, trata do novo enfoque do acesso à justiça com múltiplas alternativas. A quarta onda trata da necessidade de uma nova abordagem do conflito (teoria moderna do conflito) nas universidades e de dimensões éticas dos profissionais do Direito. E a quinta onda enfatiza a necessidade não apenas da possibilidade de ingresso na justiça, mas da saída desta e da oferta de métodos ou meios adequados de solução de conflito, dentro ou fora do Estado.

É nesse contexto em que se insere a conciliação, que é conceituada por Bacellar (2012) como método consensual, na forma autocompositiva, em que se tem um terceiro imparcial que orienta as partes, intervindo com propostas e soluções para que se obtenha um acordo satisfatório para todos. Ao ser abordada como uma das propostas para um efetivo acesso à justiça na terceira onda renovatória, analisou-se as vantagens que a utilização deste método atrai.

Visando trazer maior simplicidade para a resolução das lides, a conciliação é um método que possibilita às partes chegar a um acordo, que posteriormente passa por homologação, sem ser necessário aguardar o tempo de um julgamento. Tal fator é benéfico tanto para as partes, que terão sua lide solucionada de modo mais célere, quanto para o Poder Judiciário, que terá menor número de processos a serem julgados.

De acordo com o Relatório Justiça em Números de 2020, publicado pelo CNJ, em média, a cada 100.000 habitantes, 12.211 ingressaram com uma ação judicial no ano de 2019 e, com isso, tem-se que o volume de processos, em média, sob a gestão dos magistrados foi de 6.962 neste mesmo ano. Apesar de a conciliação ter sido implantada há bastante tempo, ela voltou a ganhar destaque após a Resolução n. 125/2010 do CNJ e do CPC/2015 como forma de desafogar o Judiciário e de viabilizar a pacificação social.

A presença do conciliador para intermediar a conversa e intervir, de modo a auxiliar as partes a obter um resultado satisfatório sob as duas perspectivas, é outro fator diferencial. Para Cappelletti e Garth (1988), os conflitos devem ser tratados de modo diverso, a fim de respeitar as suas peculiaridades. A presença de um indivíduo capaz de ouvir e analisar a lide a partir de uma análise externa influi diretamente nos resultados desse acordo.

Quando o julgamento é feito pelo juiz, este deverá se ater ao objeto que é demandado, conforme previsão do art. 492 do CPC de 2015, mas quando se trata do conciliador, fala-se em uma atuação intervencionista. O terceiro facilitador pode propor soluções a partir de uma colaboração no diálogo para que as partes "[...] identifiquem a importância dos interesses comuns e cogitem sobre alternativas para contemplá-los" (SALLES; LORENCINI; SILVA, 2020, p. 284).

Por esses e outros benefícios proporcionados pela conciliação, Bacellar (2012) a coloca, juntamente a outros métodos, como parte da chamada "quinta onda". Com foco na sobrecarga dos tribunais, tal via desponta com propostas para permitir que os indivíduos consigam sair do Poder Judiciário, obtendo tratamentos adequados, judicial ou extrajudicialmente. O escopo passa a ser, então, a possibilidade de as partes saírem da justiça com suas demandas resolvidas de modo harmonioso.

> A quinta onda de saída da justiça tem como desafio inicial o de eliminar o estoque de casos antigos e como desafio permanente o de ampliar e manter um leque de opções colocadas à disposição do cidadão para solucionar seus conflitos na forma alternativa adequada (sistema de múltiplas portas – ou multiportas) (BACELLAR, 2012, p. 27).

A percepção dessas necessidades se torna clara ao analisar a litigiosidade no Brasil que, para o Relatório Justiça em Números de 2020, inclui o contraste entre casos novos, julgados e pendentes no país. Quanto à Justiça Estadual, em 2019, foram ajuizados 20.669.278 novos casos, representando um aumento de 4,3% em relação ao ano anterior. Mas, por outro lado, 22.881.729 casos foram julgados no mesmo ano, número promissor que indica aumento de 14,2%. Todavia, ainda existem 61.209.295 casos pendentes na Justiça Estadual, evidenciando a taxa de congestionamento de 71%.

Para tratar dos casos que já estavam judicializados, a quinta onda veio com a proposta de aumentar os índices de produtividade dos tribunais, diminuindo os casos acumulados ano a ano e, apesar dos números ainda serem grandes, percebe-se uma melhora. Os resultados começam a aparecer em 2018, quando houve a queda de quase um milhão de processos judiciais. Em seguida, em 2019, aproximadamente um milhão e meio de processos a menos se encontravam em tramitação no Poder Judiciário (CNJ, 2020).

A outra preocupação evidenciada na quinta onda diz respeito aos métodos e meios utilizados para cada tipo de conflito. Estes podem ser divididos em consensuais ou adversariais (autocompositivos ou heterocompositivos), judiciais ou extrajudiciais. Os consensuais, também conhecidos como não adversariais, visam tratar a lide processual e a sociológica, ou seja, além de analisar as questões trazidas pelas partes no processo, busca-se tratar seus relacionamentos, emoções, sentimentos e necessidades ocultas. Os adversariais, por sua vez, baseiam-se na produção de provas para análise e julgamento do caso e, consequentemente, a decisão tomada pelo juiz ou árbitro faz uma das partes ganhadora e outra perdedora, sem que seja possível a cooperação (BACELLAR, 2012).

Aqueles que são decididos por um terceiro (juiz ou árbitro) são chamados de heterocompositivos, justamente por ter a presença de um indivíduo alheio ao conflito impondo a sua decisão; os que são conduzidos pelas próprias partes, de acordo com suas vontades, com algum tipo de orientação ou não, são chamados de autocompositivos por respeitarem a autonomia das partes (SALLES; LORENCINI; SILVA, 2020). Observando tais possibilidades, percebe-se que não há um método melhor que outro, mas métodos que se adéquam a determinadas situações, o que justifica a existência de um sistema multiportas em uma sociedade complexa.

No Brasil, a Resolução n. 125/2010 do CNJ, que "dispõe sobre a Política Judiciária Nacional de tratamento adequado dos conflitos de interesse no âmbito do Poder Judiciário e dá outras providências", foi um marco legal da aplicabilidade dos métodos mencionados. Anteriormente, a conciliação e mediação já eram utilizadas em alguns casos na Justiça Estadual e Federal, mas a sua institucionalização permitiu que esses métodos fossem aplicados sistematicamente, possibilitando a sua expansão.

> Em um momento no qual não havia marcos legais sobre a mediação, o papel da Resolução n. 125 do CNJ foi extremamente relevante. Além de trazer um Código de Ética, a Resolução estabeleceu parâmetros para a capacitação de conciliadores e mediadores judiciais, buscando assegurar a realização da conciliação e mediação de conflitos em todo o País, ao determinar que os órgãos judiciários ofereçam, além da solução adjudicada dos conflitos, mecanismos de resolução consensual de controvérsias entre as partes, bem como a

prestação de atendimento e orientação aos cidadãos, com a criação de Núcleos e Centros de Solução de Conflitos e Cidadania (TAKAHASHI *et al*, 2019, p. 18).

Posteriormente, com o CPC/2015 e a Lei n. 13.140/2015, os métodos consensuais de resolução de conflitos passaram a ser incentivados e tiveram o seu procedimento institucionalizado, em especial, a mediação, que não possuía regulamentação específica. A tonalidade conciliatória adotada pelo CPC/2015 exige que os métodos consensuais sejam estimulados por juízes, advogados, defensores públicos e membros do Ministério Público, o que pode ocorrer no início ou no curso do processo judicial.

Além disso, o art. 334, §2º do CPC/2015 garante o direito de realizar mais de uma sessão de conciliação ou mediação para que as partes tenham suas necessidades atendidas. Contudo, também existem penalidades para aqueles que não comparecerem às sessões injustificadamente. As penalidades se encontram no §8º do referido artigo e se justificam por ser tal ausência considerada um ato atentatório à dignidade da justiça.

Essa não é, entretanto, uma etapa obrigatória, sendo possível que o jurisdicionado opte ou não pela utilização desses métodos. Caso ambas as partes manifestem expressamente o desinteresse pela audiência de conciliação ou mediação na petição inicial, tal vontade será observada, nos termos do art. 334, §5º. Todavia, aqueles que desejarem seguir o caminho da resolução consensual terão salvaguardados direitos formais e materiais quanto ao modo que tais audiências serão conduzidas.

Os princípios descritos no art. 2º da Lei n. 13.140/2015 aplicam-se tanto à mediação, quanto à conciliação, sendo eles a imparcialidade do mediador/conciliador, isonomia entre as partes, oralidade, informalidade, autonomia da vontade das partes, busca do consenso, confidencialidade e boa-fé. Observa-se que essas diretrizes são responsáveis por proteger o cidadão que busca um método célere com a mesma segurança jurídica das decisões judiciais.

Todavia, a cultura do litígio que prevalece no país leva o senso comum a acreditar que a justiça só é feita a partir de um processo moroso e burocrático e, por isso, a conciliação vem sendo cada vez mais aprimorada para que se possa conquistar espaço nas resoluções de conflitos. Assim, além dos princípios, existem técnicas de abordagem para essa prática.

Para que um acordo possa ser realizado, é necessário que as partes consigam ter uma conversa equilibrada, expondo suas vontades e sentimentos com a orientação devida do profissional ali presente. O primeiro fator que influencia estes resultados é o ambiente onde são realizadas as audiências de conciliação. Proporcionar um local que não tenha uma formalidade excessiva a ponto de deixar as partes desconfortáveis, ou um ambiente que tenha aparência tão informal a ponto de não passar a sensação de respeito e seriedade deve ser um objetivo dos tribunais. Conforme explica Bacellar (2012, p. 20):

> Cor, luz, posição das pessoas, forma de comunicação, sala de espera, conforto, ambientação musical, entretenimento, ventilação, dentre outros, são instrumentos desprezados em muitos projetos, mas que podem ser um fator de colaboração na resolução dos conflitos, auxiliar no resgate do necessário equilíbrio por parte dos contendores, além de serem fatores que transmitem respeito para com os jurisdicionados.

Todos os fatores da arquitetura judiciária são capazes de interferir no emocional das partes ali presentes e, por consequência, no resultado do acordo. Até mesmo o formato da mesa e a disposição das cadeiras ao seu redor podem desconstruir a sensação de rivalidade e gerar a sensação de acolhimento, permitindo, inclusive, que o conciliador altere sua posição na mesa conforme perceba a necessidade de se aproximar mais de uma parte ou outra para tranquilizá-las (TAKAHASHI *et al*, 2019).

Após realizar uma recepção acertada, é necessário que o conciliador esteja apto a conduzir a audiência, dominando técnicas de linguagem verbal e não verbal. Inicialmente, é imprescindível que o conciliador se apresente e indique qual o objetivo da sessão ou da audiência. Em seguida, técnicas de comunicação se tornam essenciais para conduzir as partes ao acordo.

A denominada comunicação não violenta, descrita por Rosenberg (2003), exige que seja feita uma observação sem nenhum julgamento da situação, para posteriormente analisar os sentimentos e necessidades das pessoas envolvidas no diálogo para que, por fim, seja feito um pedido específico com a manifestação clara da vontade das partes. Com isso, a conciliação passa a ser um método que viabiliza um acordo satisfatório para ambas as partes, previne novos conflitos, por solucionar vontades não manifestadas, e ainda contribui com a celeridade da justiça.

É notável, portanto, que a conciliação é capaz de tratar os conflitos sob uma ótica diferente da abordagem clássica do processo judicial. Permitir que os envolvidos participem ativamente da resolução da lide é uma forma de trazer maior satisfação com a sentença, além de proporcionar economia de tempo. Conforme demonstrado, técnicas de abordagem já vêm sendo desenvolvidas para potencializar os resultados desse método e a mais recente delas se trata da Lei n. 13.944/2020, que traz, no contexto da pandemia do COVID-19, a possibilidade das audiências de conciliação de forma virtual.

2 JUIZADOS ESPECIAIS CÍVEIS: EVOLUÇÃO HISTÓRICA E BENEFÍCIOS À JUSTIÇA ALIADOS À CONCILIAÇÃO

Nos estudos realizados, observou-se que os problemas que dificultam o acesso à justiça no Brasil envolvem desde questões estruturais, até mesmo às culturais. Dentre elas, destaca-se o "[...] tratamento processual inadequado para as causas de reduzido valor econômico e consequente inaptidão do Poder Judiciário para solução barata e rápida dessas causas" (BACELLAR, 2012, p. 29).

Assim, em 1984, na tentativa de criar um órgão responsável por auxiliar os tribunais em causas de menor complexidade, editou-se a Lei n. 7.244, encarregada da criação do Juizado Especial de Pequenas Causas. A promulgação dessa lei foi impulsionada pelos Conselhos de Conciliação e Arbitragem, que haviam sido criados anteriormente e rendiam bons resultados com a utilização dos métodos extrajudiciais de composição dos litígios. Porém, era perceptível a necessidade de uniformização e regulamentação dos procedimentos (CHIMENTI, 2012).

Apesar de ser uma importante inovação legislativa, constatou-se que alguns dispositivos ainda permaneciam sem normatização. A Constituição Federal de 1988, em seu art. 98, I, determinou que os Estados criassem juizados especiais com procedimentos próprios para tratar de causas de menor complexidade e menor potencial ofensivo e, através destes, realizar audiências de conciliação. Então, cumprindo essa determinação constitucional, em 1995 foi editada a Lei n. 9.099, responsável pela criação dos Juizados Especiais (JESPs) Cíveis e Criminais, com ampliação dos serviços jurídicos ofertados pela lei anterior.

Orientados pelos critérios da oralidade, cumplicidade, informalidade, economia processual e celeridade, os JESPs possuem rito processual, prazos e possibilidades recursais próprias que se adéquam à celeridade e à simplicidade do tratamento das demandas recebidas por esses órgãos. Além disso, trata-se de um meio economicamente acessível a todos, pois não é necessária a demonstração de pobreza para que o acesso ao JESP seja totalmente gratuito, ou seja é também uma forma de democratização do alcance ao Judiciário (BACELLAR, 2012).

A carência de um órgão especializado em demandas menos complexas é percebida desde Cappelletti e Garth (1988, p. 97):

> Há, no entanto, necessidade real de remédios acessíveis e efetivos para pequenas causas, sem grandes (e altamente improváveis) subsídios estatais. [...] O desafio é criar foros que sejam atraentes para os indivíduos, não apenas do ponto de vista econômico, mas também físico e psicológico, de modo que eles se sintam à vontade e confiantes para utilizá-los, apesar dos recursos de que disponham aqueles a quem eles se opõem.

A fim de sanar as demandas dos cidadãos e do próprio Poder Judiciário, os Juizados Especiais Cíveis, que constituem o cerne deste estudo, determinaram alguns critérios para que as causas pudessem se encaixar em sua competência e, a partir de então, seriam elas abordadas com técnicas específicas. Com relação ao critério quantitativo, a Lei n. 9.099, art. 3º, I, afirma que, para uma causa ser de competência do JESP, é preciso que seu valor não exceda a 40 vezes o salário-mínimo. Assim, objetiva-se selecionar as causas de menor complexidade que estarão aptas ao tratamento simplificado que o JESP oferece.

Esse critério automaticamente gera um filtro às causas que serão objeto de ações nos juizados especiais, em função das reiteradas situações do dia a dia. O CNJ (2020) observou que, nos juizados especiais estaduais, a maioria das demandas relacionam-se ao direito do consumidor (responsabilidade do fornecedor e indenização por dano moral), totalizando 1.554.088 novas causas desse assunto no Brasil em 2019 e, em seguida, tem-se as ações de responsabilidade civil com indenizações por danos morais, que somam 710.250 causas. Percebe-se que são números consideráveis que, se estivessem se juntando às estatísticas da justiça comum, a sobrecarga dos tribunais seria um problema ainda mais grave no país.

Com relação à celeridade que esses órgãos se propõem, Chimenti (2012, p. 48) diz ser "[...] a maior expectativa gerada pelo Sistema dos Juizados [...]", pois esta não exclui a segurança nas relações jurídicas. Para que esse princípio seja efetivado, a Lei n. 9.099/95 estabelece alguns prazos específicos e, também, condições para que seja ajuizada uma ação no JESP.

O princípio da concentração dos atos em audiência visa garantir que o máximo de atos sejam realizados de uma única vez, para que na audiência de instrução e julgamento já seja proferida a sentença (CHIMENTI, 2012). O art. 10 da referida lei, por sua vez, proíbe a intervenção de terceiros e a assistência por serem institutos utilizados de forma estratégica para suspender o andamento do processo e, assim, protelar a sentença.

Com relação aos critérios definidos no art. 2º da Lei n. 9.099, utilizados para orientar os processos no JESP, percebe-se que eles se amoldam perfeitamente aos métodos adequados para solução de conflitos propostos pelo sistema multiportas. A partir das possibilidades que os juizados especiais cíveis oferecem, é possível afirmar que:

> Em termos legislativos, o que mais havia se aproximado do conceito de sistema multiportas integrado ao tribunal foi o sistema dos juizados especiais cíveis que, além de fincar seu sucesso na conciliação e mediação, prevê, frustrada a resolução consensual do conflito, a possibilidade de a controvérsia ser julgada por meio do

processo judicial ou arbitragem (art. 24 da Lei 9.099/95) (SALLES; LORENCINI; SILVA, 2020, p. 91).

Unindo esses critérios orientadores, os juizados conseguem ser uma ferramenta viabilizadora para o acesso à justiça e promovem, concomitantemente, uma mudança na mentalidade dos profissionais do Direito. Conforme leciona Sadek (*apud* TARTUCE, 2019. p. 31) "[...] a experiência gera nos operadores do sistema de justiça uma mentalidade nova, mais aberta e menos formalista [...]". Com isso, dão-se os primeiros passos para a mudança da cultura do litígio no país.

> Existem vantagens óbvias tanto para as partes quanto pra o sistema jurídico, se o litígio é resolvido sem a necessidade de julgamento. A sobrecarga dos tribunais e as despesas excessivamente altas com os litígios podem tornar particularmente benéficas para as partes as soluções rápidas e mediadas, tais como o juízo arbitral. Ademais, parece que tais decisões são mais facilmente aceitas do que decretos judiciais unilaterais, uma vez que eles se fundam em acordo já estabelecido entre as partes. É significativo que um processo dirigido para a conciliação – ao contrário do processo judicial, que geralmente declara uma parte "vencedora" e a outra "vencida" – ofereça a possibilidade de que as causas mais profundas de um litígio sejam examinadas e restaurado um relacionamento complexo e prolongado (CAPPELLETTI; GARTH, 1988, p. 83-84).

Comprovando as vantagens acima mencionadas, o Relatório Justiça em Números (2020) expõe que o tempo médio de sentenças no JESP é de um ano e dois meses, enquanto que na Justiça Comum é de quatro anos e nove meses. Isso demonstra que os juizados especiais se estruturam em três fundamentos básicos: a funcionalidade, pois a resolução do mérito é atingida como equivalente jurisdicional; a pacificação, já que a resolução consensual não discute a procedência do pedido; e a participação, que envolve as partes na resolução do conflito (BACELLAR, 2012).

A partir dessa análise, percebe-se que unir a conciliação aos juizados especiais foi atitude coerente do legislador. A Lei n. 9.099/95 veio como ferramenta capaz de fazer uma releitura das audiências de conciliação no Brasil, demonstrando seu potencial como método adequado e não somente alternativo.

> A conciliação pode operar-se tanto no contexto de uma demanda judicial como no âmbito de instituições privadas voltadas à resolução de controvérsias (a exemplo das denominadas "câmaras de conciliação e arbitragem"). No Brasil, sempre predominou quantitativamente a verificação da conciliação como fenômeno judicial em que as partes são conduzidas por um terceiro imparcial rumo à obtenção de um acordo com vistas à extinção do processo. Nessa perspectiva, configura fenômeno processual [...]. Percebe-se, há tempos, um incremento judicial-processual no sentido de promover audiências para a tentativa de autocomposição. Diversas legislações vêm contemplando a conciliação como procedimento relevante na gestão do conflito, como ocorre nas Leis dos Juizados Especiais [...] (TARTUCE, 2019, p. 18).

Todavia, ainda existem alguns obstáculos a serem transpostos até que se tenha um cenário satisfatório no âmbito do sistema multiportas no Brasil. Atualmente, na fase de conhecimento dos juizados especiais, tem-se o índice de 20% de acordos como resultados de audiências de conciliação, enquanto na fase de execução o percentual é de 21% (CNJ, 2020). Estes números ainda são baixos em razão de questões culturais a serem enfrentadas, o que demonstra não bastar a criação de legislações pertinentes, mas é necessário também criar ambientes receptivos, como fala a teoria do "tribunal zen" apontada por Bacellar (2012), e preparar a linguagem dos conciliadores para uma comunicação não violenta, como explica Rosenberg (2006), por exemplo.

Observando a perspectiva da comarca de Montes Claros, nota-se que esta segue a mesma tendência nacional. O Juizado Especial Cível de Montes Claros, localizado na Rua Camilo Prates, nº 352, Centro, realizou, entre os anos de 2018 e 2019, 1.927 audiências de conciliação, mas apenas 171 destas obtiveram acordos. Ou seja, apenas 8,87% das audiências realizadas atingiram seu objetivo.

O levantamento de dados feito anualmente pelo CNJ tem por objetivo acompanhar a evolução de determinados aspectos referentes à justiça no Brasil e, em especial, dedica-se uma parte do estudo exclusivamente à conciliação, devido a sua importância para o Judiciário. Conforme se observou, este método ainda está longe de ser explorado em sua potência máxima, mas enquanto isso o legislador busca adaptar-se à sociedade como forma de aproximá-la ainda mais dos métodos consensuais.

Em se tratando da figura do conciliador, existem critérios definidos em lei para que o indivíduo a ser escolhido para conduzir uma conciliação seja capacitado para tanto. Conduzir a audiência com clareza, garantir segurança às partes e, ao mesmo tempo, certificar-se de que a informalidade é um dos princípios que rege a sessão, é uma das responsabilidades do conciliador. De acordo com Tartuce (2019, p. 18):

> O Novo CPC não faz exigência quanto ao perfil de qualificação profissional do mediador ou conciliador judicial, exigindo apenas a capacitação mínima por curso realizado por entidade credenciada que o habilite a se inscrever em cadastro nacional e cadastro do Tribunal em que o mediador ou conciliador pretende atuar. A Lei de Mediação, contudo, impôs como requisitos para que

alguém possa ser mediador judicial: (i) ser pessoa capaz; (ii) ter graduação há pelo menos dois anos em curso de ensino superior de instituição reconhecida pelo Ministério da Educação; (iii) capacitação em escola ou instituição de formação de mediadores, reconhecida pela Escola Nacional de Formação e Aperfeiçoamento de Magistrados ou pelos tribunais; (iv) observância de outros requisitos estabelecidos pelo Conselho Nacional de Justiça em conjunto com o Ministério da Justiça.

O site do Tribunal de Justiça de Minas Gerais (TJMG) possui todas as orientações necessárias para que alguém se cadastre como conciliador, lembrando que essa é uma função não remunerada. Pensando em uma forma de incentivo para os cidadãos exercerem esse compromisso, a atuação como conciliador pode servir como pontuação em concursos públicos, desde que exercida por mais de seis meses (CNJ, 2009). Em 2017, o CNJ decidiu que os estudantes de ensino superior que ainda não concluíram o curso poderiam atuar como conciliadores judiciais, desde que devidamente capacitados e sob a supervisão do Juiz coordenador do CEJUSC (TARTUCE, 2019), sendo que as especificações encontram-se no anexo I da Resolução n. 125/2010 do CNJ. Então, nos CEJUSCs é necessário ter realizado um cadastro e ter feito o curso de capacitação oferecido pelo TJMG ou instituições credenciadas. Já nos juizados especiais, é necessário ser, preferencialmente, bacharel em direito, psicologia ou serviço social, ou ser estudante de quaisquer dessas áreas a partir do 3º período.

Com isso, além de atribuir critérios que sejam benéficos para as partes, busca-se uma especialização que não seja excessivamente burocrática, a fim de estimular as inscrições como conciliadores. Resta demonstrado, então, que o legislador se preocupou com a questão financeira envolvida, as adaptações do espaço físico e o tratamento adequado do aspecto psicológico dos cidadãos. Contudo, as inovações não param de surgir tendo em vista a dinâmica das relações na atualidade.

3 A UTILIZAÇÃO DAS VIDEOCONFERÊNCIAS NA CONCILIAÇÃO: UMA NOVA PERSPECTIVA AO JUDICIÁRIO NO BRASIL

A sociedade vive um dinamismo que faz com que suas necessidades, valores e julgamentos se alterem constantemente. Conforme demonstrado, o entendimento do que seria o acesso à justiça se modificou de acordo com o momento histórico vivido. Assim ocorre também com as legislações, seja em questões formais ou materiais: as leis devem se adaptar às necessidades do corpo social.

Em relação ao direito processual no país, percebendo a situação de sobrecarga vivenciada pelos tribunais, o legislador criou uma ferramenta destinada a promover a celeridade e praticidade no dia a dia dos funcionários do Judiciário: o processo eletrônico. Criado pela Lei n. 11.419/2006, a sua implantação foi destinada às justiças civil, penal, trabalhista e aos juizados especiais do país, tornando-se, à época, instituto audacioso e divergente de opiniões.

> O processo eletrônico por meio de autos totalmente digitais foi regulado pelos arts. 8º a 13 da Lei 11.419/2006, permitindo que desde a petição inicial até o julgamento de última instância tudo se passe de maneira informatizada, isto é, a prática de todos os atos processuais possa utilizar-se de sistema eletrônico com autenticação assegurada por assinatura eletrônica. Provas e documentos úteis ao processo devem ser digitalizados, valendo como originais para todos os efeitos legais (art. 11). A remessa de autos de um juízo a outro ou aos tribunais também será feita por via eletrônica. Exceção de falsidade e incidentes de exibição de documentos também se farão, ordinariamente, pela via digital (arts. 11, § 2º, e 13, §§ 1º e 2º) (THEODORO JÚNIOR, 2018, p. 526).

A informatização dos processos judiciais no Brasil

foi, num primeiro momento, uma atualização que gerou desconforto para muitos advogados, principalmente. Todavia, essa ferramenta permite um peticionamento mais ágil e uma visualização do processo simplificada, que pode ser feita a qualquer momento e de qualquer lugar. Assim, por mais que de início tenha sido causa de estranheza para muitos, as vantagens do processo eletrônico são inegáveis. Além disso, encaixa-se perfeitamente à dinâmica da atualidade, seguindo a tendência mundial de informatização.

Foi necessário, então, que muitos profissionais buscassem fazer cursos de informática básica e, também se especializassem no próprio sistema do Processo Judicial Eletrônico (PJE). Não se pode afirmar, no entanto, que a publicação dessa lei tenha sido algo inesperado. Esse tipo de atualização e profissionalização alcançaria, muito em breve, os profissionais do Direito, tendo em vista a facilidade proporcionada pelos meios eletrônicos e a familiarização destes na sociedade.

O próprio CPC de 2015, em seguida, trouxe previsões normativas que demonstram essa mesma iniciativa de modernização. Relativo aos atos processuais, o art. 236, §3º, diz que "admite-se a prática de atos processuais por meio de videoconferência ou outro recurso tecnológico de transmissão de sons e imagens em tempo real". Logo após, tratando especificamente das audiências de conciliação e mediação, admitiu-se que elas fossem realizadas por meio eletrônico (BRASIL, 2015).

Sucedendo a essas atualizações, foi promulgada a Lei n. 13.994 em 24 de abril de 2020, permitindo a conciliação não presencial no âmbito dos juizados especiais cíveis. Ela é responsável por alterar os artigos 22 e 23 da Lei n. 9.099/95, que agora passam a vigorar com a seguinte redação:

> Art. 22 [...]
>
> § 1º Obtida a conciliação, esta será reduzida a escrito e homologada pelo Juiz togado mediante sentença com eficácia de título executivo.

> § 2º É cabível a conciliação não presencial conduzida pelo Juizado mediante o emprego dos recursos tecnológicos disponíveis de transmissão de sons e imagens em tempo real, devendo o resultado da tentativa de conciliação ser reduzido a escrito com os anexos pertinentes.
>
> Art. 23. Se o demandado não comparecer ou recusar-se a participar da tentativa de conciliação não presencial, o Juiz togado proferirá sentença.

Publicada no cenário de pandemia, essa alteração foi essencial para que o Judiciário enfrentasse o isolamento social sem maiores prejuízos ao andamento dos processos. Acontece que, como em qualquer novidade, enfrenta-se uma fase de adequações e, por enquanto, é uma realidade que divide opiniões.

Cumpre destacar, entretanto, que antes mesmo que houvesse a publicação da referida lei, o CNJ já se preocupava com a tramitação dos processos e, então, publicou a Portaria n. 61, estabelecendo medidas emergenciais. Em 31 de março de 2020, o CNJ instituiu a Plataforma Emergencial de Videoconferência, mas seu uso era voltado para audiências e sessões de julgamento nos órgãos do Judiciário, sem abordar especificadamente as conciliações nos juizados especiais. Essa plataforma, de acordo com a Portaria, estaria disponível durante todo o período de pandemia causado pelo coronavírus, possuindo um *site* próprio. Em seguida, a Lei n. 13.994/2020 foi publicada e entrou em vigor.

Baseada na tendência do *online dispute resolution (ODR)*, que utiliza as videoconferências para resolver conflitos, disputas e processos, seja em empresas privadas ou em instituições públicas, as conciliações por videoconferência possuem vantagens e facilidades que afetam desde os advogados, até as partes e o Judiciário como um todo. As videoconferências permitem a superação das barreiras físicas, maior rapidez na audiência e na realização do acordo, além da diminuição dos custos financeiros e maior privacidade das partes (HOFFMANN, 2020).

A Lei n. 13.994/2020 não foi criada especificamente para a pandemia, apenas teve sua promulgação feita em momento oportuno e é uma promessa de modificação do Judiciário no Brasil. Por ser recente e ter sido introduzida em um momento histórico atípico, ainda se sente falta de regulamentações e padronizações quanto a diversos aspectos. Porém, o mesmo foi vivenciado em relação ao processo eletrônico que, logo em seguida, conseguiu encontrar uma solução, como aduz Theodoro Júnior (2018, p. 526):

> É claro que a adoção de técnicas novas e complexas como as que determinam o emprego dos meios eletrônicos não se impõe apenas com uma lei federal genérica. Os problemas suscitados nessa completa transformação dos hábitos forenses situam-se muito mais na ordem prática do que na ordem normativa. Daí que somente os tribunais e outros órgãos de direção da Justiça poderiam concretizar o programa da efetiva informatização do processo. Foi, por isso mesmo, que a Lei 11.419 reconheceu a necessidade de sua disciplina ser complementada por regulamentação local de cada órgão de gestão do Poder Judiciário.

Quanto às audiências por videoconferências, ainda não se discutiu sobre a delegação de competências para definir procedimentos específicos, mas o CNJ já se preocupa com algumas determinações. Em 29 de setembro de 2020, o CNJ publicou a Resolução n. 337, que dispõe sobre a utilização de sistemas de videoconferência no Poder Judiciário.

Diversas resoluções e portarias foram editadas ao longo do ano de 2020 para estabelecer medidas emergenciais em razão da pandemia causada pelo COVID-19, porém essa resolução dispõe sobre as videoconferências de modo definitivo, o que já permite a entender como uma nova realidade. A Lei n. 13.994/2020 não exigiu nenhuma ferramenta específica, podendo ser adotado tanto aplicativos como Telegram, *Whatsapp*, *Google Meet*, Webex e outros, mas a Resolução n. 337 definiu o prazo de 90 dias para que cada tribunal defina o seu sistema e comunique ao CNJ.

Além disso, define em seu art. 2º, parágrafo único, que:

> Em qualquer caso, o sistema de videoconferência, que terá de ser compatível com o sistema processual eletrônico adotado pelo respectivo tribunal, deverá, no mínimo, possibilitar:
>
> I – a transmissão de áudio e vídeo entre dois ou mais participantes, de forma simultânea e em tempo real;
>
> II – o agendamento de reuniões, sessões e audiências, com possibilidade de envio de convites para os participantes por e-mail;
>
> III – a participação/conexão de convidados pelo uso de navegadores de *internet*, aplicativo ou programa próprio do fabricante da solução, com segurança de controle de acesso por meio de senha e/ou *link* gerado pelo organizador;
>
> IV – o compartilhamento de telas, arquivos de conteúdo multimídia entre os participantes;
>
> V – o controle de ativação das funções áudio e vídeo pelos participantes;
>
> VI – o bloqueio das salas para o ingresso de integrantes mediante aprovação do organizador das audiências, sessões e reuniões;
>
> VII – o envio de mensagens de texto pelos participantes; e
>
> VIII – a gravação das reuniões, audiências e sessões em formato MP4 e outros formatos abertos de arquivos de áudio/vídeo, no dispositivo (computador) de origem do organizador da reunião e/ou em local centralizado disponibilizado pela solução de videoconferência.

Apesar das várias vantagens, existem também

desafios proporcionados pela ausência da presença física dos envolvidos. Esse contato mais distante acaba proporcionando, por vezes, um distanciamento das partes, pois limita a comunicação e o poder de persuasão do conciliador, o que impacta diretamente na produção de um acordo. Após expor tais dificuldades, Hoffmann (2020) também sugere algumas condutas por parte do conciliador para obter sucesso em sua audiência, dentre elas destaca-se testar a plataforma antes do início da audiência, fazer uma apresentação didática sobre o sistema e como a audiência deve ser conduzida e, também, planejar a distribuição do tempo para cada ato.

Sabe-se que, por ser uma novidade, ainda há muito a ser definido e essa fase de adaptações gera incertezas, mas é certo que as videoconferências se adéquam à nova realidade social informatizada. Muito se discute sobre as partes que não puderem participar das audiências por não possuírem acesso à *internet*, ou quaisquer outros motivos correlatos e, quanto a isso, cumpre destacar que a própria Lei n. 13.994/2020, em seu art. 23, destaca que o juiz proferirá a sentença caso a parte não compareça, mas não se refere aos casos justificados. Assim sendo, não foram encontradas, ainda, soluções para alcançar as pessoas sem acesso a esse tipo de recursos, mas a lei não as prejudicará nesse aspecto.

Todavia, não há nenhuma previsão legal que leve em consideração aqueles indivíduos que não possuem acesso à tecnologia. Sabe-se que o Brasil é um país de muitas desigualdades e, apesar de muitos estarem familiarizados com a *internet*, os celulares e os aplicativos de comunicação, uma grande parcela não tem domínio sobre essas ferramentas. Durante a pandemia, esse cenário de desigualdades, inclusive digital, pode ser percebido com mais clareza, visto que muitas pessoas não possuem os meios que possibilitassem participar de uma audiência de conciliação de modo *online*. Fica evidenciado aqui a necessidade de o legislador voltar suas atenções a essa parcela da sociedade para garantir a conciliação, como pilar da democratização do acesso à justiça.

Em Montes Claros, as audiências de conciliação por videoconferências no JESP ainda não possuem o mesmo alcance das presenciais, cenário compreensível em se tratando de fase de adaptação. O sistema adotado na comarca é o "Cisco Webex *Meetings*" e dados de agosto a dezembro de 2020 comprovam que houve uma redução do número de audiências realizadas. Nesses meses, realizou-se 269 conciliações por videoconferências, mas apenas 27 destas obtiveram acordos (CEJUSC, 2020).

Aguarda-se, então, novas regulamentações oficiais para que seja possível padronizar as audiências de conciliação por videoconferência no Brasil. Todavia, já é um instrumento relevante e útil, pois não permitiu que as audiências ficassem paradas em função do isolamento social. Com essa modernização, nota-se a união de mecanismos responsáveis por promover a celeridade, duração razoável do processo e economia processual, ampliando as formas de acesso à justiça.

CONSIDERAÇÕES FINAIS

A conciliação, conforme se observou ao longo desse estudo, é uma forma de resolução de conflitos que traz vantagens para os indivíduos envolvidos na lide e para o Poder Judiciário. Promover a celeridade e o tratamento adequado das demandas são os objetivos maiores deste método, que pode acontecer judicial ou extrajudicialmente. Por isso, essa forma de resolução consensual baseada na autocomposição pode ser uma ferramenta essencial para se promover o efetivo acesso à justiça.

Sob a égide da Constituição de 1988, os juizados especiais foram criados e a sua própria lei já cuidou de uni-los à conciliação. No desenvolvimento desse trabalho, constatou-se que os critérios que a lei dos juizados especiais estabelece encaixam-se com as vantagens que a conciliação propõe e, por tal motivo, quando utilizados em conjunto, potencializa-se os acordos e diminui-se as demandas do Judiciário.

Acontecem dificuldades que ainda são enfrentadas para promover uma alteração cultural, mas os juizados já cumprem função essencial na justiça, garantindo que causas de menor complexidade sejam resolvidas em tempo consideravelmente inferior, quando comparadas com a justiça comum.

A cultura do litígio que predomina no Brasil é o principal desafio a ser enfrentado, para que a conciliação consiga atingir índices mais satisfatórios. Isso se dá em razão do tipo de formação acadêmica que é disponibilizada aos operadores do Direito, que seguem, em sua grande maioria, uma linha conservadora e da falta de informação sobre a possibilidade da utilização dos meios consensuais, o que leva muitos a acreditarem que esses métodos não estão investidos com a mesma seriedade e autoridade que o método tradicional.

Por tais razões, o legislador segue buscando vias para aproximar esses métodos da população, trazendo constantes atualizações. Nesse sentido, critérios foram estabelecidos para a formação do conciliador, pois é necessária uma capacitação e conhecimento de técnicas para que se possa conduzir as partes a um acordo. Além disso, pensando na possibilidade de simplificar ainda mais as audiências, superar as barreiras físicas e melhorar o uso do tempo, criou-se a possibilidade da realização das audiências de conciliação por videoconferências, através da Lei n. 13.994/2020.

As pesquisas realizadas nesse estudo comprovam que essa lei trouxe uma informatização que se mostra essencial no cenário de pandemia, mas é uma modernização que promete alterar a sistemática do Poder Judiciário. Dados fornecidos pelo CEJUSC de Montes Claros/MG comprovam que o JESP desta comarca ainda não possui um índice satisfatório de acordos em audiências nesse modelo, mas o momento atípico da atualidade e a fase de adaptação os justificam.

Constata-se, portanto, que a conciliação é um método que se alinha aos princípios orientadores dos juizados especiais cíveis e, mesmo com o predomínio da cultura do litígio, resultados já comprovam suas vantagens. Agora, desafios são enfrentados para que se possa consolidar a utilização das audiências por videoconferências, mas as vantagens apontadas no presente estudo e a tendência mundial de informatização indicam que essa previsão legal alterará consideravelmente a sistemática do Poder Judiciário no Brasil.

REFERÊNCIAS

BACELLAR, Roberto Portugal. *Mediação e arbitragem.* São Paulo: Saraiva, 2012.

BRASIL. *Constituição da República Federativa do Brasil de 1988.* Disponível em: http://www.planalto.gov.br/ccivil_03/constituicao/constituicao.htm . Acesso em: 28 nov. 2020.

BRASIL. *Lei n. 9.099, de 26 de setembro de 1995.* Disponível em: http://www.planalto.gov.br/ccivil_03/leis/l9099.htm. Acesso em: 04 dez. 2020.

BRASIL. *Lei n. 11.419, de 19 de dezembro de 2006.* Disponível em: http://www.planalto.gov.br/ccivil_03/_ato2004-2006/2006/lei/l11419.htm. Acesso em: 14 dez. 2020.

BRASIL. Lei n. 13.105, de 16 de março de 2015. *Código de Processo Civil.* Disponível em: http://www.planalto.gov.br/ccivil_03/_ato2015-2018/2015/lei/l13105.htm. Acesso em: 04 dez. 2020.

BRASIL. *Lei n. 13.140, de 26 de junho de 2015.* Disponível em: http://www.planalto.gov.br/ccivil_03/_ato2015-2018/2015/lei/l13140.htm. Acesso em: 28 nov. 2020.

BRASIL. *Lei n. 13.994, de 24 de abril de 2020.* Disponível em: http://www.planalto.gov.br/ccivil_03/_Ato2019-

2022/2020/Lei/L13994.htm. Acesso em: 10 dez. 2020.

CAPPELLETTI, Mauro; GARTH, Bryant. *Acesso à justiça*. Tradução de Ellen Gracie Northfleet. Porto Alegre: Fabris, 1988.

CENTRO JUDICIÁRIO DE SOLUÇÃO DE CONFLITOS E CIDADANIA. *Relatório CEJUSC 2020* – Montes Claros/Minas Gerais.

CHIMENTI, Ricardo Cunha. *Teoria e prática dos juizados especiais cíveis estaduais e federais*. 13. ed. São Paulo: Saraiva, 2012.

CONSELHO NACIONAL DE JUSTIÇA (CNJ). *Resolução n. 81*, de 09 de junho de 2009. Disponível em: https://atos.cnj.jus.br/atos/detalhar/104. Acesso em: 10 dez. 2020.

CONSELHO NACIONAL DE JUSTIÇA (CNJ). *Portaria n. 61*, de 31 de março de 2020. Disponível em: https://atos.cnj.jus.br/atos/detalhar/3266. Acesso em: 15 dez. 2020.

CONSELHO NACIONAL DE JUSTIÇA (CNJ). *Resolução n. 334*, de 29 de setembro de 2020. Disponível em: https://atos.cnj.jus.br/atos/detalhar/3498. Acesso em: 15 dez. 2020.

CONSELHO NACIONAL DE JUSTIÇA (CNJ). *Resolução n. 125*, de 29 de novembro de 2010. Disponível em: https://atos.cnj.jus.br/atos/detalhar/156. Acesso em: 02 dez. 2020.

CONSELHO NACIONAL DE JUSTIÇA (CNJ). *Justiça em números 2020: ano-base 2019*. Brasília: CNJ, 2020. Disponível em: https://www.cnj.jus.br/wp-content/uploads/2020/08/WEB-V3-Justi%C3%A7a-em-N%C3%BAmeros-2020-atualizado-em-25-08-2020.pdf. Acesso em: 25 nov. 2020.

HOFFMANN, Fernando. *Como se preparar para conduzir mediações por videoconferência*. Disponível em: https://www.conjur.com.br/2020-mai-24/fernando-hoffmannmediacoes-videoconferencia. Acesso em: 15 dez. 2020.

ROSENBERG, Marshall Bertram. *Comunicação não-violenta*. Tradução de Mário Vilela. 2. ed. São Paulo: Ágora, 2006.

SALLES, Carlos Alberto de; LORENCINI, Marco Antônio Garcia Lopes; SILVA, Paulo Eduardo Alves da (Coord.). *Negociação, mediação, conciliação e arbitragem.* 3. ed. Rio de Janeiro: Forense, 2020.

TARTUCE, Fernanda. *Mediação nos conflitos civis.* 5. ed. São Paulo: Método, 2019.

TAKAHASHI, Bruno, *et al. Manual de mediação e conciliação da justiça federal.* Brasília: Conselho da Justiça Federal, 2019.

THEODORO JÚNIOR, Humberto. *Curso de direito processual civil.* 59. ed. Rio de Janeiro: Forense, 2018.

O ACORDO DE NÃO PERSECUÇÃO PENAL COM A VIGÊNCIA DA LEI 13.964/2019

Erick Rodrigues da Silva[8]
Amanda dos Santos Ferreira[9]
Laisa Bandeira Campos[10]

INTRODUÇÃO

O Acordo de Não Persecução Penal (ANPP), introduzido no ordenamento jurídico brasileiro por meio da Resolução 181/2017 do Conselho Nacional do Ministério Público (CNMP), foi finalmente regulamentado pela Lei n°13.964/2019 e se revela um importante instituto despenalizador.

Além disso, importa ressaltar, desde então, que o referido instituto consiste em uma forma de resolução de infrações penais, assim como a transação penal e a suspensão condicional do processo, previstas na Lei n° 9.099/1995, os quais concebem um meio diferente de solucionar os conflitos.

Nesse sentido, o ANPP é uma importante ferramenta de ampliação da justiça, ao passo que oferece medida diversa do

---

[8] Professor Doutor do curso de Direito da Universidade Estadual de Montes Claros (Unimontes).
[9] Acadêmica do Curso de Direito da Universidade Estadual de Montes Claros (Unimontes).
[10] Acadêmica do Curso de Direito da Universidade Estadual de Montes Claros (Unimontes).

aprisionamento, o que causa alívio ao sistema prisional brasileiro, que, infelizmente, encontra-se praticamente em colapso, dentre outros motivos, devido ao encarceramento em massa (GRECO, 2016).

Ademais, a possibilidade de realização do ANPP auxilia na celeridade processual, uma vez que no sistema jurídico brasileiro há uma quantidade exarcebada de processos que ocasionam a morosidade judicial. Assim, a celebração de ANPP diminui significativamente a quantidade de demandas e contribui para a agilidade do judiciário.

Do mesmo modo, o ANPP promove uma contribuição na ressocialização do agente infrator, em razão da oportunidade de não ser denunciado, tampouco possuir antecedentes criminais, caso cumpra integralmente o acordo, detalhes que serão abordados *a posteriori*.

O presente trabalho utilizou-se do método dedutivo tendo em vista que partiu de noções gerais para ideias específicas, analisando genericamente as nuances do Acordo de Não Persecução Penal para se depreender suas prováveis singularidades e consequências na persecução penal.

O capítulo se valeu do método monográfico como método de procedimento e da pesquisa bibliográfica como técnica de pesquisa pautando-se em informações, teses e conclusões defendidas por estudiosos da área. Ademais, também se recorreu à legislação vigente, com ênfase no Código de Processo Penal, além de teorias e posicionamentos diversos publicados em artigos, revistas, dentre outros meios.

Dessa forma, pretende-se abordar as peculiaridades do ANPP, sua importância na efetividade da justiça, na desburocratização do sistema criminal, bem como sua colaboração na superação do cunho punitivo da pena e busca pelo verdadeiro retorno do agente à sociedade.

UMA VISÃO GERAL SOBRE O ACORDO DE NÃO PERSECUÇÃO PENAL

Apesar de o Acordo de Não Persecução Penal (ANPP) ter sido introduzido na legislação brasileira apenas com a promulgação da Lei nº 13.964/2019 (Pacote Anticrime) que entrou em vigor no dia 23 de janeiro de 2020, esse instituto já era previsto no art. 18 da Resolução 181/2017 do Conselho Nacional do Ministério Público (CNMP).

A Resolução 181/2017 foi o resultado de um conjunto de pesquisas realizadas pela Corregedoria Nacional do Ministério Público, que instaurou, em 18 de janeiro 2017, o Procedimento de Estudos e Pesquisas nº 01, com o objetivo de regular minuciosamente o procedimento investigatório criminal presidido pelo órgão ministerial. No entanto, ao fim desses estudos foi apresentado o Acordo de Não Persecução Penal, instituto a parte da investigação criminal.

As justificativas encontradas para a apresentação desse instituto, dentre outras, dizem respeito à tentativa de desafogar o judiciário brasileiro evitando mais processos de crimes que não envolvam violência ou grave ameaça, e, por conseguinte, gerar a maior celeridade na tramitação dos demais e a economia dos recursos públicos. Além de proporcionar uma melhor ressocialização do indivíduo, ao reduzir os efeitos que uma sentença penal condenatória causaria em sua vida.

A inspiração acerca desse instituto veio através do direito comparado, mais precisamente, foi encontrado precedente no direito alemão, onde foi instituído um procedimento voltado à obtenção de consenso entre as partes que, a princípio, também não havia previsão normativa sobre, mas que encontrava amparo jurisprudencial (*Absprachen*). Outrossim, também buscaram fundamentos em princípios constitucionais, sobretudo, no da eficiência.

O ACORDO DE NÃO PERSECUÇÃO PENAL COM A VIGÊNCIA DA LEI 13.964/2019

Desde a decisão final do CNMP que culminou na Resolução 181/2017 e a consequente introdução do acordo de não persecução penal, houve um grande debate acerca da viabilidade desse acordo que, inclusive, foi alvo de duas Ações Diretas de Inconstitucionalidade (ADI nº 5790, representada pela Associação Magistrados Brasileiros, e ADI º 5.793, de autoria da Ordem dos Advogados do Brasil), onde foi sucitado, dentre outras justificativas, a competência exclusiva da União para legislar em matéria de ordem processual.

No entanto, fato é que tal acordo teve sua constitucionalidade reconhecida pelo Poder Judiciário e, mais recentemente, a sua inserção legal efetivada pelo Poder Legislativo com a promulgação da Lei 13.964/2019 que alterou, dentre outras normas, o Decreto-Lei nº 3.689/1941 (Código de Processo Penal), introduzindo em seu corpo o art. 28-A para tratar do instituto.

Esta previsão legal do acordo trazida com essa nova lei trouxe uma maior segurança jurídica frente a novidade do ANPP e promoveu também importantes mudanças em relação ao que regulava a Resolução 181/2017.

CONCEITO, CABIMENTO, REQUISITOS E CONDIÇÕES DO ANPP COM A LEI 11.964/2019

O Acordo de não Persecução Penal trata-se de um novo instituto no âmbito criminal implementado no ordenamento jurídico brasileiro. Podendo ser visto como:

> [...] negócio jurídico de natureza extrajudicial, necessariamente homologado pelo juízo competente [...] celebrado entre o Ministério Público e o autor do fato delituoso - devidamente assistido por seu defensor -, que confessa formal e circunstanciadamente a prática do delito, sujeitando-se ao cumprimento de certas condições não privativas de liberdade em troca do compromisso do *Parquet* de não perseguir judicialmente

> o caso penal extraído da investigação penal, leia-se, não oferecer denúncia, declarando-se a extinção da puninilidade caso a avença seja integralmente cumprida (LIMA, 2020, p. 218).

Assim, caso o acordo seja cumprido integralmente pelo investigado, o juiz competente declarará a extinção da punibilidade do agente.

Tal acordo foi introduzido ao Código de Processo Penal, por meio da Lei 11.964/2019 que incluiu o art. 28-A a esse diploma processual, com a seguinte redação em seu *caput* e incisos:

> Art. 28-A. Não sendo caso de arquivamento e tendo o investigado confessado formal e circunstancialmente a prática de infração penal sem violência ou grave ameaça e com pena mínima inferior a 4 (quatro) anos, o Ministério Público poderá propor acordo de não persecução penal, desde que necessário e suficiente para reprovação e prevenção do crim, mediante as seguintes condições ajustadas cumulativa e alternativamente:
>
> I - reparar o dano ou restituir a coisa à vítima, exceto na impossibilidade de fazê-lo;
>
> II - renunciar voluntariamente a bens e direitos indicados pelo Ministério Público como instrumentos, produto ou proveito do crime;
>
> III - prestar serviço à comunidade ou a entidades públicas por período correspondente à pena mínima cominada ao delito diminuída de um a dois terços, em local a ser indicado pelo juízo da execução, na forma do art. 46 do Decreto-Lei nº 2.848, de 7 de dezembro de 1940 (Código Penal);
>
> IV - pagar prestação pecuniária, a ser estipulada nos termos do art. 45 do Decreto-Lei nº 2.848, de 7 de dezembro de 1940 (Código Penal), a entidade pública ou de interesse social, a ser indicada pelo juízo da execução, que tenha, preferencialmente, como função proteger bens jurídicos iguais ou semelhantes aos aparentemente

lesados pelo delito; ou

V - cumprir, por prazo determinado, outra condição indicada pelo Ministério Público, desde que proporcional e compatível com a infração penal imputada (BRASIL, 1941).

A partir da leitura de referido dispositivo, pode se perceber que alguns requisitos são apontados para a consecução do presente acordo. Primeiramente, deve se averiguar se não se trata de caso de arquivamento dos autos, isto é, se não está presente a justa causa para a persecução penal não há que se falar em acordo.

Além disso, observa-se que tal instituto é cabível em infrações cujas penas mínimas sejam inferiores a quatro anos, sendo cabível, por exemplo, no caso de embriaguez no volante (art. 306, *caput*, da Lei 9503/1997). Destaca-se que para a aferição da pena mínima cominada à infração penal serão consideradas as causas de aumento e diminuição aplicáveis ao caso concreto, conforme disposto no §1º do artigo em estudo.

Frise-se, porém, que não cabe o Acordo de Não Persecução Penal em infrações que envolvam violência ou grave ameaça, dessa forma, não se pode propor o acordo, por exemplo, no caso dos crimes praticados no âmbito de violência doméstica ou familiar ou no caso de lesão corporal independente da relação com a vítima, ainda que as penas mínimas sejam inferiores a quatro anos. Acrescenta-se que, para a doutrina a violência a ser considerada é aquela presente na conduta dolosa e não no resultado, sendo cabível o ANPP, por exemplo, no homicídio culposo.

Por conseguinte, é necessário, ainda, que o agente confesse a prática do delito ao Ministério Público, formal e circunstanciadamente, independente de ter negado a prática do delito por ocasião do interrogatório na fase do inquérito. Além disso, é mister que o acordo seja necessário para a reprovação e prevenção do delito.

Outrossim, além de observados os requisitos dispostos no *caput* do dispositivo legal em estudo, devem ser aplicadas as condições previstas em seus incisos, cumulativa e alternadamente.

Dessa forma, poderá o Ministério Público no caso concreto, realizar o acordo impondo as seguintes condições ao investigado: a) reparar o dano ou restituir a coisa à vítima, exceto na impossibilidade de fazê-lo (inc. I); b) renunciar voluntariamente a bens e direitos indicados pelo *Parquet* como instrumentos, produto ou proveito do crime (inc. II); c) prestar serviço à comunidade ou a entidades públicas por período correspondente à pena mínima cominada ao delito diminuída de um a dois terços, em local a ser indicado pelo juízo da execução (inc. III); d) pagar prestação pecuniária, a entidade pública ou de interesse social, a ser indicada pelo juízo da execução, que tenha, preferencialmente, como função proteger bens jurídicos iguais ou semelhantes aos aparentemente lesados pelo delito (inc. IV); ou e) cumprir, por prazo determinado, outra condição indicada pelo Ministério Público, desde que proporcional e compatível com a infração penal imputada (inc. V).

Ressalta-se que, conforme dispõe Lima (2020), como o artigo em estudo não faz nenhuma pontuação, é possível que a reparação que trata o inciso I seja para qualquer espécie de dano (material, moral, estético etc.). Todavia, há crimes que não traz danos diretos a vítimas específicas (como nos crimes contra a paz pública) e situações em que a reparação do dano é impossível, *verbi gratia*, devido ao perecimento do objeto protegido ou a incapacidade financeira do investigado.

Quanto à vulnerabilidade financeira do investigado, cabe a este prová-la e caso o Ministério Público se convença da situação, poderá "atentar-se para a conveniência de propor o cumprimento de outra cndição, desde que proporcional e compatível com a infração penal aparentemente praticada" (CUNHA, 2020, p. 131).

A segunda condição, prevista no inciso II, trata-se do que a doutrina chama de *confisco aquiescido*, devendo o investigado voluntariamente concordar em abrir mão dos objetos utilizados na execução do crime (instrumentos), os objetos frutos do crime (produto) ou os bens conseguidos a partir do produto do crime (proveito do crime).

Os incisos III e IV trazem condições que não podem ser confundidas com aquelas aplicadas pelo juízo criminal, não tendo natureza de sanção, sendo certo que, caso impostas pelo Ministério Público e descumpridas, o órgão ministerial dará prosseguimento a persecução penal, oferendo a inicial acusatória.

Por fim, por meio do inciso V do dispositivo legal em comento, infere-se que seu rol de condições é exemplificativo, podendo o Ministério Público apresentar outras condições proporcionais e compatíveis com a infração penal.

Ademais, conforme revela o §2º do mencionado artigo, ainda que preenchidas as condições anteriores, não será aplicado o presente instituto no caso de ser cabível a transação penal, com competência dos Juizados Especiais Criminais. Por exemplo, é incabível o acordo na hipótese de desobediência (art. 330 do Código Penal).

Do mesmo modo, não será cabível caso o investigado seja reincidente ou haja elementos probatórios que revelem a habitualidade criminal do indivíduo. E, ainda, ter o investigado se beneficiado com transação penal, suspensão condicional do processo ou outro acordo de não persecução penal, nos cinco anos anteriores ao cometimento da nova infração.

PRINCIPAIS MUDANÇAS DO ANPP COM A LEI 11.964/2019

A Lei 11.964/2019 incluiu o art. 28-A no Código de

O ACORDO DE NÃO PERSECUÇÃO PENAL COM A VIGÊNCIA DA LEI 13.964/2019

Processo Penal, adicionou o novo regime juríco do acordo de não persecução penal e trouxe importantes alterações em relação ao que estabelecia a Resolução 181/2017.

O art. 28-A do Código de Processo Penal, ao contrário da Resolução 181/2017, não prevê a celebração do ANPP na mesma oportunidade da audiência de custódia.

Tal artigo não veda, como a Resolução 181/2017, o ANPP nos casos em que o dano provocado for superior a vinte salários mínimos ou a medida diversa definida pelo respectivo órgão de revisão.

Outrossim, não existe mais vedação expressa da proposição do acordo em crimes hediondos ou equiparados, previstos na Lei 8.072/1990. Embora não deva ser aplicado a esses crimes, uma vez que tal acordo não seria suficiente para a reprovação e prevenção de tais delitos, como pode se inferir da parte final do art. 28-A, *caput*, do Código de Processo Penal.

Ademais, enquanto a Resolução 181/2017 apontava em seu art. 18, §1º, III, como hipótese de não admissão da proposta de acordo, às previstas no art. 76, § 2º, da Lei nº 9.099/1995 (Lei dos Juizados Especiais), o art. 28-A, §2º, III, da principal lei orgânica processual vedou de forma expressa o ANPP no caso de o investigado ser reincidente ou se houver elementos probatórios que indiquem conduta criminal habitual, reiterada ou profissional, exceto se insignificantes as infrações penais pretéritas.

Conforme dito *a priori*, o artigo 28-A do Código de Processo Penal veda expressamente o referido acordo se o investigado já foi beneficiado nos últimos 5 (cinco) anos ao cometimento da infração com instituto despenalizador parecido (como a transação penal ou suspensão condicional do processo) ou com o próprio acordo de não persecução penal, o que diverge da Resolução 181/2017 que se referia apenas à transação penal.

E uma das mudanças mais significativas, se não a mais, foi a previsão expressa no art. 28-A, §5º, do principal diploma processual, da necessidade de ser realizada uma audiência específica como condição para a homologação do acordo, na qual o juiz deverá verificar a voluntariedade do conluio, por meio da oitiva do investigado na presença do seu defensor, bem como a legalidade das condições do acordo. Isto porque o juiz poderá recusar homologação à proposta que não atender aos requisitos legais.

Essa última mudança mencionada aproxima mais o acordo de não persecução pátrio ao exemplo do previsto no direito alemão, o qual foi fonte de inspiração inicial da inserção de tal proposta no Brasil.

O ANPP E O PRINCÍPIO DA OBRIGATORIEDADE

Sabe-se que em razão do princípio da obrigatoriedade cabe ao *Parquet* formar a *opinio delicti*, ou seja, olhar se há indícios suficientes de autoria e materialidade de um crime de ação pública em apuração e estará obrigado a oferecer denúncia, exceto se houver uma causa impeditiva, como, por exemplo, a prescrição ou for causa de arquivamento do feito.

Todavia, para alguns doutrinadores o ANPP pode ser visto como uma espécie de exceção a esse princípio da obrigatoriedade, guardando uma relação aproximada com o princípio da oportunidade da ação penal privada, significando dizer que "ainda que haja provas cabais contra os autores da infração penal, pode o ofendido preferir não os processar" (GONÇALVES; REIS, 2018, p. 102).

Nesse sentido, manifestou Lima:

> [...] o acordo de não-persecução penal guarda relação muito próxima com o princípio da oportunidade, que deve ser compreendido como um critério de seleção

orientado pelo princípio da intervenção mínima, o que, em tese, permite que o Ministério Público estipule regras de seleção conforme a política criminal adotada pela instituição (LIMA, 2019, p. 200).

No entanto, quem fiscaliza o princípio da obrigatoriedade é o juiz e, da mesma forma que nos casos de arquivamento, quando há discordância do juiz e o órgão ministerial por entender que existem elementos suficientes para o oferecimento da denúncia, os autos são remetidos ao Procurador-Geral (art. 28, Código de Processo Penal), no caso do acordo de não persecução penal, como se verá, o juiz deverá verificar a voluntariedade do conluio, por meio da oitiva do investigado na presença do seu defensor, e sua legalidade, numa audiência designada previamente para isso.

Por isso, pode se falar de uma mitigação do princípio da obrigatoriedade e não necessariamente a adoção do princípio da oportunidade.

DIREITO SUBJETIVO DO INVESTIGADO/ACUSADO OU DISCRICIONARIEDADE DO MINISTÉRIO PÚBLICO

Da mesma forma como ocorreu na época da instauração das medidas despenalizadoras da transação penal e a suspensão condicional do processo com a Lei 9.099/1995, existem discussões sobre a natureza jurídica do ANPP. Seria este um direito subjetivo do investigado/acusado devendo o Ministério Público se vincular à sua aplicação ou trata-se de mera discricionariedade do órgão ministerial?

Para alguns doutrinadores, como Lopes Júnior (2020), o entendimento é que se trata de um direito subjetivo do investigado, uma vez que presente os requisitos legais ele teria direito ao acordo. Sendo assim, nos casos em que o Ministério Público decida discricionariamente não oferecer o acordo, poderá o investigado invocar o juiz para que decida sobre a questão. Nesse sentido:

> Como se trata de direito público subjetivo do imputado, presentes os requisitos legais, ele tem direito aos benefícios do acordo. Não se trata, sublinhe-se, de atribuir ao juiz um papel de autor, ou mesmo de juiz-ator, característica do sistema inquisitório e incompatível com o modelo constitucional-acusatório por nós defendido. Nada disso. A sistemática é outra. O imputado postula o reconhecimento de um direito (o direito ao acordo de não persecução penal) que lhe está sendo negado pelo Ministério Público, e o juiz decide, mediante invocação. O papel do juiz aqui é o de garantidor da máxima eficácia do sistema de direitos do réu, ou seja, sua verdadeira missão constitucional (LOPES JÚNIOR 2020, p.322).

Para outros doutrinadores, no entanto, o entendimento acerca do assunto parece ser no mesmo sentido do entendimento jurisprudencial que foi consolidado em relação à transação penal e à suspensão condicional do processo, podendo ser visto como um poder-dever discricionário do Ministério Público, desde que só poderá propor tal acordo se preenchidos os requisitos dispostos na lei.

Nesse sentido, para Lima (2020, p. 221), como se trata de um acordo, deve haver a expressão das vontades de ambas as partes, não podendo, pois, tal instituto ser visto como um direito subjetivo do acusado. Dessa forma, não existe obrigatoriedade do Ministério Público quanto ao oferecimento da benesse, caso fosse um dever, retiraria o caráter transacional do instituto. É o que se extrai:

> Partindo da premissa de que o acordo de não persecução penal deve resultar da convergência de vontades, com necessidade de participação ativa das partes, não nos parece correta a assertiva de que se trata de direito

subjetivo do acusado, sob pena de se admitir a possibilidade de o juiz determinar sua realização de ofício, o que, aliás, lhe retiraria sua característica mais essencial, qual seja, o consenso (LIMA, 2020, p. 221).

Ressalta-se que, conforme prevê o art. 28-A, §14, do Código de Processo Penal, caso o Ministério Público se recuse a propor o ANPP o investigado poderá requerer a remessa dos autos ao órgão superior, na forma do art. 28 deste Código. Previsão parecida com o que dispõe a súmula 696 do STF:

> Reunidos os pressupostos legais permissivos da suspensão condicional do processo, mas se recusando o promotor de justiça a propô-la, o juiz, dissentindo, remeterá a questão ao Procurador-Geral, aplicando-se por analogia o art. 28 do Código de Processo Penal (STF, Súmula n° 696, 24/09/2003).

Dessa forma, o *Parquet* poderá não formular proposta ao investigado, pois deverá ponderar previamente e fundamentar se o acordo se fará necessário e suficiente para a reprovação e prevenção do crime no caso concreto. Nesse sentido, é o teor do Enunciado n° 19 do Conselho Nacional de Procuradores-Gerais dos Ministérios Públicos dos Estados e da União (CNPG): "O acordo de não persecução penal é faculdade do Ministério Público, que avaliará, inclusive em última análise (§14), se o instrumento é necessário e suficiente para a reprovação e prevenção do crime no caso concreto".

HIPÓTESES DE DESCABIMENTO

Além do atendimento dos requisitos específicos, é necessário observar também as hipóteses em que não é cabível o ANPP, previstas no parágrafo 2°, do artigo 28-A.

A primeira hipótese de descabimento do acordo diz respeito aos crimes de menor potencial ofensivo, pois estes são passíveis de transação penal, de competência dos Juizados Especiais. Justifica-se por ser a transação penal mais vantajosa para o investigado, uma vez que, diferentemente do ANPP, não exige confissão (BROETO, 2020).

O inciso II, do art. 28-A, do CPP, dispõe que também não é cabível o ANPP, se o investigado "for reincidente ou, se havendo elementos probatórios que indiquem conduta criminal habitual, reiterada ou profissional, exceto se insignificantes as infrações penais pretéritas". A lei não especifica quais elementos probatórios são esses, todavia, em consonância com a Sumula 444 do STJ, entende-se que não se deve utilizar como base indicativa de conduta criminal habitual as ações penais em andamento, sob pena de ferimento ao princípio da presunção de inocência.

Outra hipótese é "ter sido o agente beneficiado nos 5 (cinco) anos anteriores ao cometimento da infração, em acordo de não persecução penal, transação penal ou suspensão condicional do processo" (inc. III, art. 28-A, CPP).

Em crimes hediondos e equiparados também não é cabível o acordo por ser insuficiente para reprovação e prevenção, segundo o enunciado 22, do Grupo Nacional de Coordenadores de Centro de Apoio Criminal (GNCCRIM, 2020).

Por fim, também não é cabível o acordo nos crimes cometidos no contexto de violência doméstica não cabe o ANPP, independentemente do sexo da vítima e, em relação ao crime cometido por razões da condição de sexo feminino, independe de ser no âmbito doméstico ou não.

Importante pontuar alguns casos em que o ANPP não era cabível trazidos pela Resolução nº 181 do CNMP que não estão previstas na redação do art. 28-A do Código de Processo Penal trazida pela Lei 13964/2019. O primeiro caso de vedação não recebido pela nova lei refere-se ao dano causado pelo delito sendo superior a vinte salários-mínimos.

O segundo caso em que não se aplicava tal instituto era quando o acordo pudesse provocar a prescrição da pretensão punitiva do Estado. No entanto, se justifica a não previsão, pois a lei em comento inseriu o período de cumprimento do ANPP nas causas de suspensão da prescrição no art. 116, IV, do Código Penal.

O terceiro caso de descabimento não trazido com a nova lei é no caso de crime hediondo ou equiparado. Todavia, apesar de não expresso no art. 28-A, infere-se, sem problemas, que não haverá como se propor acordo nesses tipos de delito, porquanto não seria o suficiente para a reprovação e prevenção do crime. Ademais, grande parte dos crimes hediondos/equiparados envolvem violência.

Um último caso que não caberia o ANPP e que não foi adicionado à lei é no caso dos crimes cometidos por militares que afetassem a hierarquia e disciplina, a Lei nº 13.964/2019 não trouxe nenhuma previsão a respeito. Nesse sentido, Lima (2020, p. 230) entende que poderá ser celebrado o acordo em "relação a crimes militares próprios, impróprios e por extensão, quer quando afetarem a hierarquia e a disciplina [...] quer quando não colocarem em risco os pilares das Forças Armadas [...]".

DO PROCEDIMENTO

Presentes os requisitos positivos, ausentes as vedações e decididas as condições constantes no acordo, este deverá ser formalizado em escrito e assinado pelo membro do Ministério Público, pelo investigado e seu advogado; após, será levado ao juiz da vara em que tramita a investigação criminal, o qual designará audiência especialmente para a homologação do acordo, conforme designa os §§3º e 4º do artigo em estudo.

Na audiência, o juiz analisará, além da legalidade do

acordo, se este é voluntário, assim ouvirá o investigado, na presença de seu advogado, a fim de verificar se houve coação ou não.

Caso o juiz verifique que as condições do acordo são insuficientes, inadequadas ou abusivas, determinará a remessa dos autos ao Ministério Público que poderá reformular a proposta de acordo ou insistir em sua homologação, desde que seja com a concordância do investigado e seu advogado.

Não realizadas as referidas adequações do acordo ou não atendendo os requisitos legais, o juiz pode se recusar a homologação. Nesse caso, poderá o Ministério Público complementar a investigação ou oferecer a denúncia.

Se homologado o acordo, os autos serão remetidos para o juízo de execução penal, conforme dispõe o §6º, do art. 28-A, do CPP, que fiscalizará se as condições pactuadas serão cumpridas. Além disso, a vítima deverá ser intimada da decisão de homolgação, bem como se houver o descumprimento do acordo, mesmo que não houver danos ou bens a serem restituídos.

CONSEQUÊNCIAS DO CUMPRIMENTO E DESCUMPRIMENTO DO ACORDO

Em caso de cumprimento integral do acordo, o juízo competente deverá decretar a extinção da punibilidade do agente nos termos do art. 28-A, §13 do Código de Processo Penal. Pontua-se que o juízo competente para tanto é o responsável pela homologação do acordo e não o juízo da execução penal.

Ademais, segundo o art. 28-A, §12 do CPP, a celebração do ANPP e seu cumprimento não constará na certidão de antecedentes criminais do agente.

Já no caso de descumprimento total ou parcial do acordo, o Ministério Público comunicará ao juiz da execução para que se proceda a rescisão do acordo e que se retornem os autos para o juiz da homologação para posterior oferecimento de denúncia (§10, art. 28A).

Frise-se que a denúncia poderá ser feita com base na confissão feito pelo investigado quando da celebração do ANPP. Nesse sentido, o descumprimento do acordo pode ser utilizado pelo Ministério Público como fundamento para possível não oferecimento da suspensão condicional do processo, conforme dispõe o §11 do artigo em questão.

DA APLICAÇÃO EM INQUÉRITOS E PROCESSOS EM CURSO

Acerca das investigações policiais em curso anteriores à entrada em vigor da Lei nº 13.964/2019, poderá o Ministério Público verificar se o investigado realizou a confissão do crime, em caso positivo e presentes os demais requisitos, poderá designar data para propositura do acordo, em caso negativo, poderá fazer a denúncia, ou notificar o investigado para averiguar se há interesse em confessar e realizar o acordo.

Em relação aos casos em que a denúncia já foi realizada, segundo Lopes Jr (2020), aplica-se o ANPP aos processos em curso, desde que não tenham sido sentenciados até a data de início de vigência da lei, isto porque a causa extintiva da punibilidade, por ser mais benéfica ao réu, deve retroagir, conforme disposição do art. 5º, XL, da Constituição Federal.

Em outra perspectiva, Pacelli (2020, p. 1317) entende não ser possível limitar a aplicação do acordo contemplando tão somente pelo princípio da retroatividade mais benéfica. Pois, se assim o fosse, considerando que o mencionado princípio é aplicado até mesmo nos casos em que já foi proferida sentença, deveria o ANPP ser cabível também em todos os casos. Dessa forma, deveria assim considerar a aplicação da ANPP em todos os casos ou limita-la ao recebimento da denúncia.

No entanto, por meio da Leitura do instituto (art. 28-A) depreende-se que o ANPP só é cabível na fase pré-processual. Nesse sentido:

> A própria natureza do instituto parece sugerir que a proposta deverá ser feita na fase pré-processual, tanto pelo texto da lei ("Não sendo o caso de arquivamento e tendo o investigado confessado...") quanto pela consequência de seu descumprimento ou não homologação (possibilidade de oferecimento de denúncia) (PACELLI, 2020, p. 1317).

Permanecem muitas divergências sobre essa questão tanto doutrinárias quanto jurisprudenciais. Assim, só o tempo poderá mostrar o que irá prevalecer.

CONSIDERAÇÕES FINAIS

O ANPP, da mesma forma que outros institutos da chamada "justiça negociada", visa desafogar o judiciário brasileiro evitando processos de crimes que não envolvam violência ou grave ameaça, desde que preenchidas certas condições pelo investigado, e, por conseguinte, gerar a maior celeridade na tramitação dos demais.

Cumprido integralmente o acordo haverá a extinção da punibilidade do agente, diminuindo além dos processos criminais, os encarceramentos provenientes de possíveis condenações.

Dessa forma, o ANPP se revela como um instituto despenalizador bastante promissor, porquanto pode contribuir substancialmente para o desafogamento da máquina judiciária. Referida benesse parece ter muitos atributos que podem proclamar a efetividade da justiça e fazer com que, de fato, haja a ressossialização do agente.

REFERÊNCIAS

BRASIL. Conselho Nacional do Ministério Público. *Procedimento de Estudos e Pesquisas nº 01.* Disponível em: https://www.cnmp.mp.br/portal/images/Pronunciamento_final.pdf. Acesso em: 16 mar. 2020.

BRASIL. Decreto Lei 3689 de 3 de outubro de 1941. *Código de processo penal.* Disponível em: http://www.planalto.gov.br/ccivil_03/decreto-lei/del3689compilado.htm. Acesso em: 15 mar. 2020.

BRASIL.Lei nº 8072 de 25 de julho de 1990. *Dispõe sobre os crimes hediondos, nos termos do art. 5º, inciso XLIII, da Constituição Federal, e determina outras providências.* Disponível em: http://www.planalto.gov.br/ccivil_03/leis/l8072.htm. Acesso em: 16 mar. 2020.

BRASIL. Lei nº 9099 de 26 de setembro de 1995. *Dispõe sobre os Juizados Especiais Cíveis e Criminais e dá outras providências.* Disponível em: http://www.planalto.gov.br/ccivil_03/leis/l9099.htm. Acesso em: 16 mar. 2020.

BRASIL. Lei nº 13964 de 24 de dezembro de 2019. *Aperfeiçoa a lei penal e processual penal.* Disponível em: http://www.planalto.gov.br/ccivil_03/_ato2019-2022/2019/lei/L13964.htm. Acesso em: 15 mar. 2020.

BRASIL. Supremo Tribunal Federal. Processo Penal. *Ação Direta de Inconstitucionalidade nº 5790,* Brasília, 06 de outubro de 2017. Disponível em: http://www.stf.jus.br/portal/processo/verProcessoAndamento.asp. Acesso em: 16 mar. 2020.

BRASIL. Supremo Tribunal Federal. Processo Penal. *Ação Direta de Inconstitucionalidade nº 5793*, Brasília, 13 de outubro de 2017. Disponível em: <http://www.stf.jus.br/portal/processo/verProcessoAndamento.asp?incidente=5288159. Acesso em 16 mar. 2020.

BROETO, Valber Melo Filipe Maia. *Acordo de não persecução penal e suas (relevantes) implicações no processo penal brasileiro.* Disponível em:

https://www.abracrim.adv.br/artigos/acordo-de-nao-persecucao-penal-e-suas-relevantes-implicacoes-no-processo-penal-brasileiro. Acesso em: 28 jun. 2020.

CUNHA, Rogério Sanches. *Pacote anticrime – lei 13.964/19- comentários às alterações no CP, CPP, e LEP*. Salvador: Editora JusPodvm, 2020.

GNCCRIM. *Enunciado nº 19*. Disponível em: https://criminal.mppr.mp.br/arquivos/File/GNCCRIM_-_ANALISE_LEI_ANTICRIME_JANEIRO_2020.pdf. Acesso em: 20 jun. 2020.

GONÇALVES, Vitor Eduardo Rios; REIS, Alexandre Cebrian Araújo. *Direito processual peal esquematizado*. 7.ed. São Paulo: Saraiva Educação, 2018.

GRECO, Rogério. Sistema Prisional: colapso atual e soluções alternativas. 3 ed. Rio de Janeiro: Impetus, 2016.

LIMA, Renato Brasileiro de. *Manual de processo penal: volume único*.7.ed.rev., ampl. e atual. Salvador: Ed. JusPodvm, 2019.

LIMA, Renato Brasileiro de. *Pacote anticrime: comentário à lei nº 13.964/19- artigo por artigo*. Salvador: Editora JusPodvm, 2020.

LOPES JR, Aury; JOSITA, Higyna. *Questões polêmicas do acordo de não persecução penal*. Disponível em: https://www.conjur.com.br/2020-mar-06/limite-penal-questoes-polemicas-acordo-nao-persecucao-penal. Acesso em: 30 jun. 2020.

MICHELOTTO, Mariana N.; OLIVEIRA, Marlus H. Arns de. *Acordo de não persecução penal.* Disponível em: https://www.migalhas.com.br/depeso/318761/acordo-de-nao-persecucao penal#:~:text=O%20referido%20artigo%20prev%C3%AA%20as,pelo%20Minist%C3%A9rio%20P%C3%BAblico%20como%20instrumentos%2C. Acesso em: 28 jun. 2020.

MPF, 2ª Câmara de Coodernação e Revisão Criminal. *Acordos de Não Persecução Penal: "Investigações mais céleres, eficientes e desburocratizadas".* Disponível em: http://www.mpf.mp.br/atuacao-tematica/ccr2/publicacoes/apresentacoes/apresentacao-sobre-acordos-de-nao-persecucao-penal-anpp-e-30-012020_.pdf. Acesso em: 30 jun. 2020.

PACELLI, Eugênio. *Curso de processo penal.* 24.ed. São Paulo: Atlas, 2020.

4

O JUIZ DAS GARANTIAS NA LEI N. 13.964/2019

Erika Daniella Rodrigues Oliveira Rabelo[11]

Afrânio Henrique Pimenta Bittencourt[12]

Maria Luiza Pereira Dias e Silva[13]

INTRODUÇÃO

É cediço que o instituto do juiz das garantias, apesar de recente no direito pátrio, não constitui inovação legislativa do presente momento. Esse personagem, comumente inserto no sistema processual penal acusatório, à luz do Estado Democrático de Direito, arrola a si a função de acompanhar a instrução preliminar, de sorte que se apresenta como garante – e não como instrutor – da legalidade dos atos processuais durante a investigação criminal.

No Brasil, a Lei n. 13.964, de 24 de dezembro de 2019, alcunhada como Lei Anticrime, promoveu significativas alterações na legislação penal substantiva e adjetiva, incorporando a essa última o juiz das garantias, por meio de emenda proposta pelo legislativo ao projeto de lei em tramitação na Câmara dos Deputados. A propositura do instituto, no entanto, não se amolda perfeitamente aos valores que deram azo à referida lei, porquanto essa pendia para o

---

[11] Professora do curso de Direito da Universidade Estadual de Montes Claros (Unimontes). Mestre em Direito Público e Evolução Social pela Universidade Estácio de Sá (UNESA/RJ). Advogada.
[12] Acadêmico do curso de Direito da Universidade Estadual de Montes Claros (Unimontes).
[13] Acadêmica do curso de Direito da Universidade Estadual de Montes Claros (Unimontes).

enrijecimento normativo sem se preocupar, inicialmente, com reformas de viés garantista.

Ante essa modificação legislativa, pode-se verificar que a inserção do juiz de garantia, por um lado, reafirma o comando constitucional acerca do sistema processual penal acusatório acolhido pelo país, mas, de outro, encontra obstáculos concernentes à inconstitucionalidade material e formal da recente lei. Tal inconstitucionalidade, reclamada à Suprema Corte, recai sobre os arts. 3º-A a 3º-F, acrescentados no Código de Processo Penal (CPP).

Nessa perspectiva, o presente estudo, marcadamente bibliográfico e documental, apresentará, *a priori*, algumas características do sistema processual penal brasileiro, perpassando brevemente pelas leis adjetivas penais de outros países, a fim de ilustrar como esse juiz exerce seu ofício no bojo de suas funções jurisdicionais.

Ademais, seguindo o entendimento de que o juiz das garantias não é uma recente sugestão reformista no diploma do processo penal brasileiro, será apresentado um histórico de todos os Projetos de Lei (PL) ou Projetos de Lei do Senado (PLS), cuja matéria verse pela instituição da figura em comento, datados dos últimos 10 anos (2009-2019). Em ordem cronológica, serão apresentadas as propostas legislativas de: Novo Código de Processo Penal (PLS 156/2009, PL 7.987/2010 e PL 8.045/2010); emenda ao CPP (PL 7.973/2017); emenda ao CPP (PL 4.891/2019); modificações na lei penal e processual penal (PL 6.341/2019, anterior PL 10.372); e, por fim, a Lei n. 13.964/2019.

Por derradeiro, com o intento de trazer as discussões mais recentes sobre a temática, sobretudo no que tange à sua harmonização com a Constituição Federal de 1988, será apreciada a decisão cautelar do Ministro Luiz Fux, na Ação Direta de Inconstitucionalidade (ADI) n. 6.298, a qual contempla outras três ADIs de n. 6.299, n. 6.300 e n. 6.305, ajuizadas em face de dispositivos da Lei Anticrime, os quais alteraram, ou somam, regras do CPP.

1 O PROCESSO PENAL BRASILEIRO

O Direito Penal, conforme lição de Franz von Liszt (1899, p. 1), é "o conjuncto das prescrições emanadas do Estado que ligam ao crime como *facto* a pena como consequência". Em um Estado de Direito, perpassar pelo devido processo legal é não somente salutar, mas a única via legítima de se apenar, razão pela qual o exercício do *jus puniendi* não se pode dar de modo diverso.

A lançar luz sobre a perspectiva constitucional brasileira, diz, ainda, Aury Lopes Jr. (2016, p. 31), do processo penal, tratar-se de "instrumento de efetivação das garantias constitucionais". Com efeito, porque erige um Estado democrático e de direito, o Texto Máximo de 1988 estampou, no inc. LIV do amplo rol de seu art. 5º, o princípio do devido processo legal, o qual expressamente veta a privação da liberdade e dos bens de um indivíduo ante sua inobservância.

Neste debate, destacam-se duas tradições: o sistema acusatório e o sistema inquisitório. A partir da dicotomia acusatório-inquisitório, no plano teórico, preleciona Luigi Ferrajoli (2002, p. 452):

> [...] pode-se chamar acusatório todo sistema processual que tem o juiz como um sujeito passivo rigidamente separado das partes e o julgamento como um debate paritário, iniciado pela acusação, à qual compete o ônus da prova, desenvolvida com a defesa mediante um contraditório público e oral e solucionado pelo juiz, com base em sua livre convicção. Inversamente, chamarei inquisitório todo sistema processual em que o juiz procede de ofício à procura, à colheita e à avaliação das provas, produzindo um julgamento após uma instrução escrita e secreta, na qual são excluídos ou limitados o contraditório e os direitos da defesa.

O sistema inquisitorial foi adotado, a partir do séc.

XVIII, pelo direito canônico, e, doravante, difundiu-se pela Europa, sendo tipicamente achado em sistemas ditatoriais. O sistema acusatório, modo outro, calcado na presunção de inocência, vigorou durante quase toda a Antiguidade greco-romana, na Idade Média e no direito germânico, entrando em decadência, porém, em meados do séc. XVIII. No corrente tempo, o sistema inglês é a expressão mais "pura" deste modelo (LIMA, 2020).

      Em 1941, o diploma processual penal, que ainda compõe o ordenamento jurídico brasileiro, não obstante modificações substanciais, entrou em vigor. De inspiração fascista, o Código em comento se ergueu em bases notoriamente autoritárias, não sendo suficiente, a título de exemplo, consoante a sua redação primitiva, a sentença absolutória para restituir a liberdade do réu. Não bastasse, a depender da pena abstratamente cominada, o acusado, se recebida a denúncia, tinha a pena obrigatória e automaticamente decretada, de sorte que, a bem da verdade, o que se via era uma presunção de culpabilidade (PACELLI, 2018).

      Todavia, na década de 1970, diversas regras restritivas de liberdade foram flexibilizadas. Em 2008, com as Leis n. 11.689, 11.690 e 11.719, e, em 2011, com a Lei n. 12.403, outras tantas alterações foram feitas, redirecionando o aludido Código para a normativa constitucional vigente. De fato, a partir da Constituição de 1988, passou a ter primazia o princípio da presunção da inocência e a lei penal se tornou instrumento de proteção do indivíduo contra o Estado (PACELLI, 2018).

      O Texto de 1988 abrigou o sistema acusatório, mantendo a figura do juiz aquém da sobeja imissão inquisitorial. A propósito, tal é chancelado pela inscrição do art. 3º-A ao diploma processual penal pela Lei 13.964/2019, em cuja dicção se lê: "**o processo penal terá estrutura acusatória**, vedadas a iniciativa do juiz na fase de investigação e a substituição da atuação probatória do órgão de acusação" (grifo nosso). Desta sorte, o devido processo penal tem o fito de tornar iguais os litigantes, sendo uma exigência a imparcialidade do Poder Judiciário.

2 O JUIZ DAS GARANTIAS NO PLANO INTERNACIONAL

O juiz das garantias compreende o órgão jurisdicional que possui atuação restrita à investigação preliminar e impedimento expresso quanto à sua participação na fase processual. Tal como ocorre com o juiz instrutor, a instituição do juiz garante enseja na divisão das fases processuais, tendo como critério diferenciador a (im)possibilidade de interferência na instrução preliminar. Na lição de Aury Lopes Jr.:

> O juiz garante ou de garantias não investiga e tampouco julga no processo, até porque a prevenção deve excluir a competência por claríssimo comprometimento com a imparcialidade. Ao livrar-se da função de investigar (alheia a sua natureza), o juiz garante da instrução concreta sua superioridade como órgão suprapartes, fortalecendo no plano funcional e institucional a própria figura do julgador (LOPES JR., 2001, p. 248).

Nessa toada, o juiz das garantias atua como um *juiz da instrução*, e não como *juiz de instrução*, porquanto nada instrui senão invocado pelo Ministério Público – órgão legítimo para dirigir a investigação preliminar (art. 129, da Constituição). Em suma, o instituto em apreço permite o afastamento do sistema inquisitório para ir ao encontro das normas constitucionais traçadas à jurisdição criminal, pois a esse magistrado compete o controle da legalidade dos atos e tutela dos direitos individuais do acusado, de sorte que a segregação das fases processuais minimiza "contaminação subjetiva do juiz responsável pelo julgamento do processo, inerente ao contato (necessário) do magistrado com os elementos informativos colhidos na investigação criminal" (MAYA, 2018, p. 74-75).

O juiz instrutor, nos sistemas em que é adotado, figura como responsável primeiro da instrução preliminar, detendo todos os poderes que lhe possibilitam realizar diligências e investigações necessárias a aportar os elementos de convicção que permitem o Ministério Público acusar, e a ele decidir pelo recebimento ou não da denúncia. Não obstante, a imparcialidade lhe é legalmente exigida, diferentemente do que se dava em tempos outros, quando da confusão entre a figura do juiz instrutor e do inquisidor (LOPES JR., 2001). Isto posto, não se confunde as atuações do juiz instrutor e do juiz das garantias. De toda sorte, conquanto exija-se uma atuação imparcial do juiz instrutor, parece inequívoco se aperceber dos prejuízos a esta oriundos dos tantos juízos que faz quando da investigação preliminar.

  A gênese da personagem jurídica do juiz das garantias volta-se à Alemanha, no ano de 1974, data em que o Código de Processo Penal Alemão – *Strafprozeßordnung (StPO)* – de 1877, foi reformado, destacando-se a superação do juiz instrutor em favor da atuação do Ministério Público para reger a fase pré-processual (GÓMEZ COLOMER, 1997). Nos termos da seção 160.1, do *StPO*, assiste ao Ministério Público tomar conhecimento da suspeita de uma infração penal, através de denúncia ou por outros meios, procedendo a investigação dos fatos para deliberar sobre a instauração, ou não, da acusação pública.

  Destaca-se que a carta processual alemã não colaciona regra específica de impedimento para o juiz que se fez presente na investigação preliminar – enquanto controlador da legalidade dos atos investigatórios – não atuar na fase processual. Há, no entanto, a possibilidade de se alegar a suspeição do magistrado, conforme dicção da seção 24.1, do *StPO*.

  Na Itália, desde a reforma no processo penal e consequente revogação do Código Rocco, nos anos derradeiros da década de 1980, o juiz instrutor foi suprimido pelo juiz garante – denominado de *giudice per le indagini preliminari*. De acordo com o Código de Processo Penal Italiano (*Codice di Procedura Penale*), o Ministério Público é o titular das investigações preliminares (arts. 326 e 327), enquanto o juiz de garantias poderá organizar as investigações se a requerimento do Ministério Público, dos particulares e do ofendido pelo crime, nos casos previstos na lei italiana (art. 328).

Ademais, ao tratar da incompatibilidade determinada por atos praticados no procedimento criminal, o art. 34 do diploma em análise endossa o princípio do acusatório ao impedir que o *giudice per le indagini preliminari* atue na apreciação do mérito do processo. A esse juiz compete o acompanhamento da instrução preliminar a fim de impedir o excesso de medidas que restrinjam os direitos fundamentais do acusado.

Na América Latina, as reformas no processo penal com vistas às exigências de um Estado Democrático de Direito foram, em parte dos países, mais tardias, instaurando-se a partir da década de 1990, sobretudo em razão da instabilidade política do período anterior. Antes de 1998 (com o Código Modelo de Processo Penal para a Íbero-américa, salienta Ada Pellegrini (2000), que a legislação adjetiva penal dos países latino-americanos – a exceção de poucas, *ad exemplum*, o Código da Província de Córdova (1939), os Códigos de Processo Penal da Costa Rica (1973) e do Brasil (1941) – guardavam semelhanças com o procedimento inquisitório.

Ressalta-se, contudo, que

> Apesar do Código Modelo de Processo Penal Ibero-americano, apresentado em 1988 pelos professores Jaime Berna Cuéllar, Fernando de la Rúa, Ada Pellegrini Grinover e Julio B. J. Maier, poder ser considerado o ponto de partida central do movimento reformista, os legisladores dos diferentes países estavam mudando e continuam a fazê-lo em forma muito diferente das estruturas tradicionais (MAIER; AMBOS, 2000, p. 836) (tradução livre).

O Código de Processo Penal Paraguaio (*Código Procesal Penal*), por exemplo, cujo vigor se deu em 2000, institui o *juez penal de garantías* para controlar a legalidade da investigação, sem nela interferir (art. 42, além de estar proibido de atuar como julgador do mérito da causa, vez que há outros magistrados insertos no processo penal: o juiz da execução e o juiz de paz (arts. 43 e 44, respectivamente). Semelhante modo, o processo penal da província de Buenos Aires – Argentina –, bem como a legislação do Chile adotam o juiz garante para tutelar os direitos individuais dos acusados, estando impedidos de julgarem a causa quando encerrada a fase de instrução preliminar.

3 HISTÓRICO LEGISLATIVO

A centelha do juiz das garantias há muito tem sido sugerida no sistema normativo pátrio, porquanto o movimento reformista da legislação penal abraçado por parte dos países da América Latina – especialmente no período posterior à Convenção Interamericana de Direitos Humanos, de 1969, ou em razão da volta dos governos democráticos (MAYA, 2018) – não alcançou o Brasil ao mesmo tempo. A despeito das numerosas reformas no diploma processual penal, o país mantém a base do Código de Processo Penal Varguista – esteado na legislação italiana dos anos 1930, realidade esta que impulsiona o Poder Legislativo a atualizar o sistema de leis adjetivas (PACELLI, 2018).

Na última década (2009-2019), registra-se um total de seis projetos de lei que têm por objetivo a instituição do juiz das garantias – sendo um deles levado a Plenário, aprovado pelo Senado, sancionado com veto pela Presidência da República, e publicado como lei. Atendo-se à data em que se sucedeu a propositura de cada PL, ou PLS, passa-se à explanação de cada um deles.

Em 2009, foi proposto anteprojeto de reforma integral do CPP pelo Senado Federal – sob a presidência do Senador José Sarney (MDB/AP) –, então PLS 156/2009, albergando, no Título II, Capítulo II, arts. 15 a 18, o juiz das garantias para ser o responsável pela legalidade dos atos investigatórios, bem como garante dos direitos individuais dos investigados e, consequentemente, corroborar com o sistema processual acusatório ao estabelecer o impedimento desse à atuação no processo (art. 17, do PL 156/2009).

Na exposição de motivos do anteprojeto, de relatoria do Dr. Eugênio Pacelli e coordenação do Min. Hamilton Carvalhido, justifica-se as razões históricas, teóricas e práticas, para a propositura de uma nova carta processual penal, mormente para o alinhamento do sistema normativo à ordem constitucional estabelecida pela "Constituição Cidadã".

> Para a consolidação de um modelo orientado pelo princípio acusatório, a instituição de um *juiz de garantias*, ou, na terminologia escolhida, de um *juiz das garantias*, era de rigor. Impende salientar que o anteprojeto não se limitou a estabelecer um juiz de inquéritos [...]. O juiz das garantias será o responsável pelo exercício das funções jurisdicionais alusivas à tutela imediata e direta das inviolabilidades pessoais [...]. O deslocamento de um órgão da jurisdição com função exclusiva de execução dessa missão atende a duas estratégias bem definidas, a saber: a) a otimização da atuação jurisdicional criminal [...]; e b) **manter o distanciamento do juiz do processo, responsável pela decisão de mérito, em relação aos elementos de convicção produzidos e dirigidos ao órgão da acusação** (BRASIL, 2009) (grifo nosso).

Ulteriormente, a Câmara dos Deputados recebeu proposta de um novo código processual penal (PL n. 7.987/2010), de autoria do Instituto dos Advogados Brasileiros, submetido à apreciação pelo Deputado Miro Teixeira (PDT/RJ), em 07 de dezembro de 2010. Tal como o projeto anterior, é fundamentado na harmonização do CPP aos princípios da Constituinte de 1988, mas ao tratar do juiz das garantias, não lhe conferiu o mesmo significado: para os autores, a "[...] denominação 'juiz das garantias' constitui um pleonasmo assustador, de vez que nenhum juiz pode ser juiz sem compromisso com tais garantias" (BRASIL, 2010).

Nesse viés – a despeito de ambos os projetos de lei de reforma global do CPP trazerem a figura do juiz como garante na fase da investigação criminal, bem como atribuir-lhe os mesmos atos e, especialmente, afastá-lo do julgamento de mérito – a proposta de 2010 não caracterizou o juiz das garantias consoante disposição do art. 15, do PLS 156/2009, e tampouco dedicou um capítulo do projeto a ele. Limitou-se em restringir a atuação de um mesmo magistrado na fase de investigação e na fase do processo, sem, contudo, criar uma figura ao processo penal.

Diante da existência de dois projetos de lei que vislumbram a completa mudança do CPP, aquele primeiro sobrepôs-se a esse último: o PLS 156/2009 foi enviado à Câmara de Deputados, convertendo-se no PL 8.045/2010; ao passo que o PL 7.987/2010 tramita apensado a esse, vez que tratam de matérias semelhantes. Hodiernamente, o PL 8.045/2010 está sob regime de tramitação especial e sujeito à apreciação do Plenário.

Em data mais recente, por iniciativa do Instituto Brasileiro de Ciências Criminais (IBCCRIM), da Pastoral Carcerária Nacional (CNBB), da Associação Juízes para a Democracia (AJD) e do Centro de Estudos em Desigualdade e Discriminação (CEDD/UnB), o Deputado Jean Wyllys (PSOL/RJ) propôs emenda ao CPP – então PL 7.973/2017 – para inserção do juiz das garantias. A redação do projeto em nada se difere daquela constante no projeto do novo CPP, a exceção da disposição topográfica dos dispositivos e da inexistência de *vatio legis*, razão pela qual segue a proposta de 2017 apensada ao PL 8.045/2010.

No ano de 2019, o Senador Cid Gomes (PDT/CE) apresentou ao Senado proposta de instituição do juiz garante no processo penal brasileiro. A estrutura da emenda ao CPP é quase idêntica àquela apresentada pelo Deputado Jean Wyllys, ressalvada a vacância que, nesse projeto (PL 4.981/2019) é de 90 dias.

Ainda nesse mesmo ano, foi realizada Reunião Deliberativa Ordinária para análise e debate das mudanças promovidas pelos PLs n.10.372/ 2018, n. 10.373/2018, e n. 882/2019, oportunidade em que a Deputada Margarete Coelho (PP/PI) apresentou proposta de emenda aos projetos para a instituição do juiz das garantias. De acordo com a autora da proposta

> Essa fase de inquérito, de instrução, de coleta, de deferimento e de indeferimento de provas, a fim de que o juiz de instrução e julgamento possa se debruçar sobre elas com a necessária isenção, tendo em vista que a prova não foi produzida por ele, realmente vai trazer uma garantia muito grande para o nosso sistema (BRASIL, 2019).

Aprovada na Câmara dos Deputados, a emenda, e os projetos de lei sobreditos, foram apensados ao PL 10.372/2018, o qual recebeu a numeração 6.341/2019, no Senado Federal. Encerrada a atuação do Poder Legiferante, o então PL 6.341/2019 foi levado à Presidência da República e, no que respeita unicamente ao instituto jurídico em apreço, não houve sancionamento com veto, sendo o PL transformado na Lei Ordinária n. 13.964/2019. Os parlamentares optaram por incorporar os dispositivos atinentes ao juiz das garantias nas Disposições Preliminares do CPP, dos arts. 3º-A ao 3º-F.

Através desse breve histórico, pode-se dizer, sem embargos, que o juiz das garantias – juiz garante, garantidor, das investigações preliminares, ou qualquer outra alcunha atribuída – não é uma descoberta dos últimos anos do ínterim 2009-2019, afinal, as propostas legislativas em muito se assemelhavam. Ademais, é possível observar a aplicação análoga desse instituto no estado de São Paulo e no Pará, em que os respectivos Tribunais de Justiça criaram o Departamento de Inquéritos Policiais (Dipo), na capital paulista, e a 1ª Vara Penal de Inquéritos Policiais, em Belém – em ambos os casos, tal como um juiz garante, os magistrados que atuam nessas repartições não interferem na fase processual e consequente decisão de mérito (RICHTER, 2020).

4 A SUSPENSÃO DA EFICÁCIA DA NORMA

Tal como explanado em momento anterior, a Lei 13.964/2019 foi publicada no dia 24 de dezembro de 2019 – já no período do recesso parlamentar federal e estadual – para entrar em vigor no dia 23 de janeiro de 2020. Neste ínterim, contudo, a comunidade jurídica fez-se presente para impugnar dispositivos instituídos pelo novel legislativo, pleiteando o controle de constitucionalidade concentrado, pela via abstrata (ou direta), ao Supremo Tribunal Federal, de sorte que se totalizaram quatro Ações Diretas de Inconstitucionalidade que pleiteiam à jurisdição constitucional a análise de alguns dos artigos instituídos pela Lei Anticrime no CPP.

A ADI n. 6.298 foi proposta pela Associação de Magistrados Brasileiros (AMB) e pela Associação de Juízes Federais do Brasil (AJUFE), e, além de impugnar os arts. 3º-A a 3º-F, o faz com o art. 20 o qual determina o prazo de *vacatio legis*. A ADI n. 6.299, ajuizada pelos partidos políticos PODEMOS e CIDADANIA, impugnou os mesmos dispositivos retro, bem como o art. 157, §5º. A ADI n. 6.300, cujo requerente é o Diretório Nacional do Partido Social Liberal (PSL), semelhante modo, também se opõe aos arts. 3º-A a 3º-F. Por derradeiro, a ADI n. 6.305, proposta pela Associação Nacional dos Membros do Ministério Público (CONAMP), impugna os arts. 3º-A; 3º-B, incisos IV, VIII, IX, X e XI; 3º-D, parágrafo único; bem como 28, *caput*; 28-A, incisos III e IV, e §§ 5º, 7º e 8º; e 310, §4º.

Este estudo, no entanto, por meio da apreciação da decisão monocrática prolatada pelo Ministro Luiz Fux, na ADI n. 6.298, a qual abarca em seu bojo as outras três ações sobreditas, limita-se às impugnações feitas aos dispositivos afetos ao juiz das garantias. A par dessas considerações, passa-se à exposição e ao exame das inconstitucionalidades formais e materiais verificadas pelo Ministro.

Os dois primeiros fundamentos – *natureza jurídica da norma* e *legitimidade para iniciativa legislativa* – são analisados conjuntamente, pois guardam relação de causa e consequência entre si.

Com fulcro nos arts. 22, 24 e 96, da Constituição, os quais determinam a competência legislativa, é contraposta a natureza jurídica da lei que institui o juiz das garantias, porquanto sua instituição atinge o orbe da organização judiciária, bem como a esfera adjetiva penal14.

Na decisão exarada, as normas processuais são consideradas como aquelas que refletem o modo operacional do qual os operadores da lei fazem uso para a efetiva prestação jurisdicional; ao passo que as normas de organização judiciária atuam em campo mais restrito, de modo a exercerem sua força cogente sobre a administração do Poder Judiciário. No entendimento do Ministro Fux:

> [...] a criação do juiz das garantias não apenas reforma, mas refunda o processo penal brasileiro e altera direta e estruturalmente o funcionamento de qualquer unidade judiciária criminal do país. Nesse ponto, os dispositivos questionados têm natureza materialmente híbrida, sendo simultaneamente norma geral processual e norma de organização judiciária, a reclamar a restrição do artigo 96 da Constituição (BRASIL, 2020).

O impasse levantado, portanto, está na inconstitucionalidade do Poder Legislativo propor projeto de lei que alcance a organização do Judiciário, como se observa pela redação do art. 3º-D15. Tendo-o por base, Fux conclui que a introdução legislativa atinente ao juiz das garantias caracteriza-se, predominantemente, por

---

14 O art. 22, I, declara a competência privativa da União para legislar sobre matéria processual; o art. 24, *caput* e §4º, determina a competência concorrente entre União, Estados e Distrito Federal para legislar sobre matéria processual quando aquela primeira se restrinja ao estabelecimento de normas de regra geral; e o art. 96, II, d, diz competir ao Supremo Tribunal Federal, aos Tribunais Superiores e aos Tribunais de Justiça propor ao Poder Legislativo respectivo alterações da organização e da divisão judiciária – todos da Constituição de 1988.
15 Art. 3º-D: O juiz que, na fase de investigação, praticar qualquer ato incluído nas competências dos arts. 4º e 5º deste Código ficará impedido de funcionar no processo.
Parágrafo único. Nas comarcas em que funcionar apenas um juiz, os tribunais criarão um sistema de rodízio de magistrados, a fim de atender às disposições deste Capítulo.

elementos comuns às normas de organização do Judiciário, razão pela qual considera – em sede liminar – o vício de iniciativa dos arts. 3º-A a 3º-F, suspendendo-lhes a eficácia por tempo não designado para posterior apreciação do Plenário.

No que tange à configuração da inconstitucionalidade material, são apontadas a *ausência de prévia dotação orçamentária* – e consequente custo de implementação do juiz das garantias pelo Judiciário, sobretudo quando se considera o período de vacância legal desproporcional às reformas necessárias –, bem como os impactos aos *valores constitucionais* concernentes à eficiência processualística, à duração razoável do processo, e à (im)parcialidade do julgador.

Quanto àquela primeira inconstitucionalidade, o Ministro Luiz Fux traz à baila as implicações fáticas compreendidas na implementação do juiz das garantias, as quais se relacionam mormente com a reestruturação dos recursos materiais, tecnológicos e humanos. Nesse prisma, o gasto financeiro é inevitável, razão pela qual se configura a violação dos art. 113 do Ato das Disposições Constitucionais Transitórias (ADCT), em razão da Lei n. 13.964/2019 quedar-se omissa quanto à estimativa do seu impacto orçamentário e financeiro.

Ademais, é verificada a dissonância com a Constituição no que respeita ao art. 169, cuja redação exige que as despesas da União, dos Estados e do Distrito Federal, sejam previstas em dotação orçamentária; como também do art. 99, o qual confere autonomia financeira (garantia institucional) ao Poder Judiciário. Essa autonomia financeira, como aduz Gilmar Mendes e Lenio Luiz Streck, "[...] materializa-se na outorga aos tribunais do poder de elaborar suas propostas orçamentárias dentro dos limites estabelecidos com os demais Poderes na lei de diretrizes orçamentárias" (CANOTILHO *et al*, 2018).

Noutro giro, no que toca à eficiência do processo penal a partir da instituição do juiz das garantias, aclara o Ministro –

ciente da recorrente comparação ao direito internacional – ser de importância salutar a apreciação de elementos outros da jurisdição criminal, a título de exemplo, o contingente processual, capacidade financeira e proximidade entre órgãos de acusação e julgamento. Do contrário, com a inserção não planejada desse instituto, bem como perquirição pouco profunda do ordenamento estrangeiro, haveria diminuição súbita da prestação jurisdicional e, como corolário, restaria inobservado o princípio da duração razoável do processo (art. 5º, LXXVIII, da Constituição), especialmente quando se considera o excesso de demandas e o número pouco expressivo de magistrados (BRASIL, 2020).

> Essas questões práticas ganham outra dimensão quando se verificam realidades locais, relativamente à ausência de magistrados em diversas comarcas do país, o déficit de digitalização dos processos ou de conexão adequada de internet em vários Estados, as dificuldades de deslocamento de juízes e servidores entre comarcas que dispõem de apenas um único magistrado, entre outras inúmeras situações (BRASIL, 2020).

Em arremate, a exegese do Ministro Luiz Fux, ora Relator da ADI n. 6.298, adentra o cerne justificador da incorporação do juiz das garantias ao ordenamento jurídico doméstico: a presunção de parcialidade do magistrado. Na interpretação do relator, "[...] não se pode inferir, a partir desse dado científico geral, que a estratégia institucional mais eficiente para minimizar eventuais vieses cognitivos de juízes criminais seja repartir as funções entre o juiz das garantias e o juiz da instrução" (BRASIL, 2020).

Destarte, observa-se que Luiz Fux mostra-se contrário àqueles que advogam a favor da segregação das competências de investigação e de julgamento para a legítima configuração do sistema acusatório a fim de se afastar da decisão meritória o juiz atuante na instrução criminal, porquanto seus atos na fase pré-processual – autorização para interceptação telefônica, afastamento de sigilos, busca e apreensão domiciliar, dentre outros – poderiam macular a prática imparcial da jurisdição.

Nessa esteira, considerando as inconstitucionalidades apresentadas como justificativas suficientes dos requisitos para concessão de decisão liminar – *fumus boni iuris* e *periculum in mora* –, a decisão monocrática prolatada pelo Ministro Presidente Dias Toffoli às ADIs n. 6.298, n. 6.299, n. 6.300, e n. 6.305, a qual a efetiva implementação do juiz das garantias pelo prazo de 180 dias, foi revogada pela decisão do Ministro Relator Luiz Fux. Atualmente, até que seja apreciado em Plenário, encontra-se suspensa, *sine die*, a eficácia do instituto.

CONSIDERAÇÕES FINAIS

A pretensão de instituir o juiz das garantias no Brasil envolve ao menos quatro eixos de análise, os quais, não obstante possam motivar discussões independentes, não passam ao largo de uma imbricação que os une em uma relação circular, a saber: i) a processualística penal, ii) a legitimidade da propositura, iii) o orçamento e iv) a *vacatio legis*.

A proximidade, atualmente, do *parquet* e do juiz parece não se bastar a uma mera configuração espacial, na medida em que as mesmas figuras estão envolvidas na fase investigatória. Desta sorte, o juiz das garantias apareceria como instituto que alargaria o distanciamento entre aquele que acusa e aquele que julga, de par com as balizas do sistema acusatório. Ora, fosse outra a figura que participa da investigação e que recebe a denúncia, que não a que julgará o mérito, poder-se-ia esperar uma maior imparcialidade do judiciário, haja vista que o juiz da instrução de nenhuma maneira estaria vinculado a decisões pré-processuais, as quais seriam, então, da alçada do juiz das garantias.

No que respeita à natureza da norma e à legitimidade da propositura, consoante apontamento primeiro do

Ministro Fux, afigura-se um jaez híbrido. Entretanto, diferente da conclusão a que chegou o Ministro Relator, a norma pende mais para uma natureza processual do que para uma natureza organizacional do judiciário. Com efeito, o cerne principal do juiz das garantias é a modificação da processualística penal, marcadamente quanto à fase de investigação, sendo a reorganização judicial uma consequência disso. Sustentar, portanto, que uma reformulação do processo penal, como essa, deveria partir do Judiciário desencontra o art. 22, inciso I, da Constituição; de fato, seria permitir ao Poder Judiciário um alcance tal, que poderia, até mesmo, imiscuir-se em matéria processual a nível substancial.

Não obstante pareceres favoráveis retro, há que se falar em um expressivo vício atinente à instituição do juiz das garantias pela Lei n. 13.964/2019. Em inobservância ao disposto no art. 113 do ADCT, referida lei não apresenta estimativa do seu impacto orçamentário e financeiro. Ademais disso, a extensão de 30 dias de *vacatio legis* é incompatível com um período proporcional às modificações que enseja. Tal se deve, decerto, em razão da proposta de emenda ao PL n. 10.372/2018 para implementação do juiz das garantias ter se mantido adstrita ao orbe legislativo, de modo a mitigar a comunicação com demais entes interessados pela inserção da nova figura jurídica ao ordenamento pátrio – especialmente o Judiciário, o Ministério Público e a Defensoria Pública –, impedindo, consectariamente, o amplo diálogo entre todos os atingidos pela mudança na lei adjetiva penal.

Quanto ao princípio da duração razoável do processo usado pelo Ministro Fux em desfavor do juiz das garantias, cumpre fazer um sopesamento, pois que, por óbvio, não se trata do único princípio em jogo. Se se admite, de um lado, como consta da medida cautelar em comento, a irrazoabilidade da duração do processo, de outro, acha-se o controle da legalidade e a garantia dos direitos do acusado. Sem ser necessária uma sobeja discussão, é possível inferir, de pronto, que, conquanto o Estado deva exercer o seu poder de polícia, a lei penal, em um Estado de Direito, como é o

Brasil, serve, antes de mais nada, como instrumento de defesa do indivíduo contra a coação estatal. Desta sorte, o garantismo deve prevalecer sobre a pretensão punitiva, se ambos restarem inconciliáveis.

Tudo somado, não se pode desconvir que a Lei Anticrime, no que concerne ao juiz das garantias, pecou em alterar o processo penal sem se ater aos óbices inerentes à instituição desse novo instituto, sobretudo em razão da pequena vacância ante a necessidade de se conceder ao Judiciário, por exemplo, tempo hábil à elaboração de proposta orçamentária a ser incluída na Lei de Diretrizes Orçamentárias, conforme determina a normativa constitucional. A despeito dessa lacuna, entende-se ser mais arrazoado colmatá-la do que dispensar por inteiro as benesses trazidas pelo juiz das garantias discutidas ao longo deste escrito.

A par disso, sendo sabido que o STF está procedendo à análise dos pedidos de entidades representantes da sociedade civil para o ingresso como *amicus curiae* em futuras audiências públicas que irão maximizar o diálogo entre todos os afetados pela instituição do juiz garante, milita-se pela manutenção da alteração legislativa, mas que a ela seja atribuída novas disposições que permitam sua harmonização à Carta Constitucional.

REFERÊNCIAS

ALEMANHA. *Strafprozeßordnung.* Disponível em: https://www.gesetze-im-internet.de/stpo/. Acesso em: 12 nov. 2020.

BRASIL. Câmara dos Deputados. *Transcrição literal das notas taquigráficas do grupo de trabalho destinado a analisar e debater as mudanças promovidas na legislação penal e processual penal pelos projetos de lei nº 10.372, de 2018, nº 10.373, de 2018, e nº 882, de 2019.* Brasília: Departamento de taquigrafia, revisão e redação, 19 set. 2019. Disponível em: https://escriba.camara.leg.br/escriba-servicosweb/html/57558. Acesso em 15 nov. 2020.

BRASIL. Constituição (1988). *Constituição da República Federativa do Brasil.* Brasília, DF: Presidência da República, [2020]. Disponível em: http://www.planalto.gov.br/ccivil_03/constituicao/constituicao.htm . Acesso em: 8 nov. 2020.

BRASIL. *Lei nº 13.964, de 2019.* Aperfeiçoa a legislação penal e processual penal. Disponível em: http://www.planalto.gov.br/ccivil_03/_ato2019-2022/2019/lei/L13964.htm. Acesso em: 8 nov. 2020.

BRASIL. *Projeto de lei do Senado nº 156, de 2009.* Dispõe sobre a reforma do Código de Processo Penal. Disponível em: https://www25.senado.leg.br/web/atividade/materias/-/materia/90645. Acesso em: 8 nov. 2020.

BRASIL. *Projeto de lei nº 4.981, de 2019.* Altera o Decreto-Lei nº 3.689, de 3 de outubro de 1941 (Código de Processo Penal), para estabelecer a figura do Juiz das Garantias responsável pela supervisão da investigação criminal. Disponível em: https://www25.senado.leg.br/web/atividade/materias/-/materia/138689. Acesso em: 8 nov. 2020.

BRASIL. *Projeto de lei nº 6.341, de 2019.* Aperfeiçoa a legislação penal e processual penal. Disponível em: https://www25.senado.leg.br/web/atividade/materias/-/materia/140099. Acesso em: 8 nov. 2020.

BRASIL. *Projeto de lei nº 7.973, de 2017.* Altera o Decreto-Lei nº 3.689, de 3 de outubro de 1941 - Código de Processo Penal, para estabelecer o juiz das garantias. Disponível em: https://www.camara.leg.br/proposicoesWeb/fichadetramitacao?idProposicao=2142894. Acesso em: 8 nov. 2020.

BRASIL. *Projeto de lei nº 7.989, de 2010.* Institui o Código de Processo Penal. Disponível em: https://www.camara.leg.br/proposicoesWeb/fichadetramitacao?idProposicao=488850. Acesso em: 8 nov. 2020.

BRASIL. *Projeto de lei nº 8.045, de 2010.* Código de Processo Penal.

Disponível em: https://www.camara.leg.br/proposicoesWeb/fichadetramitacao?idProposicao=490263. Acesso em: 8 nov. 2020.

BRASIL. *Projeto de lei nº 10.372, de 2018*. Introduz modificações na legislação penal e processual penal para aperfeiçoar o combate ao crime organizado, aos delitos de tráfico de drogas, tráfico de armas e milícia privada, aos crimes cometidos com violência ou grave ameaça e crimes hediondos, bem como para agilizar e modernizar a investigação criminal e a persecução penal. Disponível em: https://www.camara.leg.br/proposicoesWeb/fichadetramitacao?idProposicao=217817. Acesso em: 8 nov. 2020.

BRASIL. Supremo Tribunal Federal. *Ação direta de inconstitucionalidade nº 6.298/DF*. Relator: Min. Luiz Fux. Data de Publicação: 22/01/2020. Disponível em: http://www.stf.jus.br/arquivo/cms/noticiaNoticiaStf/anexo/ADI6298.pdf. Acesso em: 8 nov. 2020.

CANOTILHO, J. J. Gomes *et al* (Coord.). *Comentários à Constituição do Brasil*.2. ed. São Paulo: Saraiva Educação, 2018.

FERRAJOLI, Luigi. *Direito e razão:* teoria do garantismo penal. Trad. Ana Paula Zomer et al. São Paulo: Editora Revista dos Tribunais, 2002.

GÓMEZ COLOMER, Juan-Luis. La instrucción del proceso penal por el ministerio fiscal: aspectos estructurales a la luz del derecho comparado. *Revista Peruana de Derecho Procesal I*, p. 335-358, set. 1997. Disponível em: http://perso.unifr.ch/derechopenal/assets/files/articulos/a_20080521_91.pdf. Acesso em 12 nov. 2020.

GRINOVER, Ada Pellegrini. O código modelo de processo penal para a Ibero-América 10 anos depois. *Derecho PUCP*, n. 53, p. 949-959, 1 dez. 2000. Disponível em: http://revistas.pucp.edu.pe/index.php/derechopucp/article/view/6585. Acesso em: 13 nov. 2020.

ITÁLIA. *Codice di procedura penale*. Disponível em:

https://www.ipsoa.it/codici/cpp. Acesso em: 12 nov. 2020.

LIMA, Renato Brasileiro de. *Manual de processo penal:* volume único. 8. ed. Salvador: Editora JusPodivm, 2020.

LISZT, Franz von. *Tratado de direito penal allemão.* Trad. José Hygino Duarte Pereira. Rio de Janeiro: F. BRIGUIET & C. Editores, 1899.

LOPES JR., Aury. *Fundamentos do processo penal:* introdução crítica. 2. ed. São Paulo: Saraiva, 2016.

LOPES JR., Aury. *Sistemas de investigação preliminar no Processo Penal.* 2. ed. Rio de Janeiro: Lumen Juris, 2001.

MAIER, Julio B.J.; AMBOS, Kai (Coord.). *Las reformas procesales penales en América Latina.* Buenos Aires: Ad Hoc, 2000.

MAYA, André Machado. O juizado de garantias como fator determinante à estruturação democrática da jurisdição criminal: o contributo das reformas processuais penais latino-americanas à reforma processual penal brasileira. *Revista Novos Estudos Jurídicos – Eletrônica*, v. 23, n. 1, p. 71-88, jan./abr. 2018. Disponível em: https://siaiap32.univali.br/seer/index.php/nej/article/view/13036. Acesso em: 8 nov. 2020.

PACELLI, Eugênio. *Curso de processo penal.* 22. ed. São Paulo: Atlas, 2018.

PARAGUAI. *Código procesal penal.* Disponível em: https://www.bacn.gov.py/leyes-paraguayas/203/ley-n-1286-codigo-procesal-penal. Acesso em 13 nov. 2020.

RICHTER, André. Pará e São Paulo têm mecanismo semelhante ao juiz das garantias. *Agência Brasil*, Brasília. Disponível em: https://agenciabrasil.ebc.com.br/justica/noticia/2020-01/para-e-sao-paulo-tem-mecanismo-semelhante-ao-juiz-de-garantias. Acesso em 15 nov. 2020.

5

UMA ANÁLISE DA (IN)CONSTITUCIONALIDADE DO CONTRATO DE TRABALHO INTERMITENTE

Fernando Pereira Jorge[16]

Daniella Barbosa Pereira[17]

INTRODUÇÃO

A Constituição da República Federativa do Brasil de 1988 (CRFB/1988) consagra como direitos fundamentais do homem os direitos sociais. Estes exigem que o Estado tenha uma atuação positiva e, por isso, são também chamados de direitos prestacionais. O artigo 6º da CRFB/1988 enumera tais direitos, dentre os quais se faz presente o direito ao trabalho.

Em razão disso, observa-se uma busca à proteção dos trabalhadores e sua condição social, de modo que diversos dispositivos constitucionais visam regular as bases da relação contratual trabalhista e fixar os preceitos básicos do vínculo empregatício.

Paralelamente à previsão constitucional em análise, implementou-se no Brasil, por meio da Lei nº 13.467 de 13 de julho de 2017 (Lei nº 13.467/2017), a reforma trabalhista, que trouxe modificações significativas à Consolidação das Leis do Trabalho (CLT) e às suas legislações complementares, no tocante ao Direito do

---

[16] Especialista em Direito Processual; Docente na Universidade Estadual de Montes Claros (Unimontes).
[17] Bacharel em Direito pela Universidade Estadual de Montes Claros (Unimontes).

Trabalho, Processo do Trabalho e Justiça do Trabalho.

Dispositivos foram alterados, impactando diretamente a vida de trabalhadores e empregadores, tendo em vista que regulam questões sobre jornada de trabalho, férias, rescisão contratual, nova modalidade de contrato de trabalho, dentre outras.

Desse modo, passa-se ao estudo de uma das inovações trazidas pela reforma trabalhista, qual seja, a inserção do contrato de trabalho na modalidade intermitente, sobretudo em seu aspecto constitucional, haja vista a existência de Ações Diretas de Inconstitucionalidade (ADIs) que questionam sua validade.

Em síntese, trata-se de contrato de trabalho em que a prestação de serviços, com subordinação, não é contínua, ocorrendo com alternância de períodos de prestação de serviços e de inatividade, determinados em horas, dias ou meses, independentemente do tipo de atividade desenvolvida, à exceção dos aeronautas, regidos por legislação própria (BRASIL, 1943).

Há quem argumente que essa nova espécie de contrato trabalhista romperia com as noções de jornada de trabalho e salário mínimo, cujos limites estão previstos pela própria CRFB/1988, bem como com outros direitos constitucionais trabalhistas.

Para a compreensão da matéria, estuda-se as modificações advindas da Lei nº 13.467/2017, compreendendo a nova modalidade de contrato de trabalho por ela instituída, o contrato de trabalho intermitente, seu conceito e características.

Por fim, é feita uma análise da modalidade de contrato de trabalho intermitente frente às disposições constitucionais, a fim de se buscar melhor entendimento da discussão já existente em torno do assunto.

1 A REFORMA TRABALHISTA E O CONTRATO DE TRABALHO INTERMITENTE

Numa visão panorâmica sobre a reforma trabalhista, assevera-se que foram implementadas no Brasil, por intermédio da Lei nº 13.467/2017, diversas mudanças no ordenamento jurídico trabalhista nacional.

Cabe ressaltar, inicialmente, que a reforma se originou do Projeto de Lei nº 6.787/2016, apresentado à Câmara dos Deputados pelo Poder Executivo com as seguintes razões:

> [...] para aprimorar as relações do trabalho no Brasil, por meio da valorização da negociação coletiva entre trabalhadores e empregadores, atualizar os mecanismos de combate à informalidade da mão-de-obra no país, regulamentar o art. 11 da Constituição Federal, que assegura a eleição de representante dos trabalhadores na empresa, para promover-lhes o entendimento direto com os empregadores, e atualizar a Lei n.º 6.019, de 1974, que trata do trabalho temporário (BRASIL, 2016).

Enviado pela Presidência da República ao Congresso Nacional nos últimos dias de 2016, o projeto de lei, que promovia mudanças em apenas sete artigos da CLT, foi substituído pelo Projeto de Lei nº 38/2017, alterando substancialmente a legislação trabalhista.

Após o rápido trâmite legal, implementado de fevereiro a julho de 2017, houve sua aprovação e o projeto de lei supramencionado tornou-se a Lei nº 13.467/2017, vigorante a partir do dia 11 de novembro do mesmo ano (DELGADO, 2019).

Nesse sentido, não apenas a CLT sofreu alterações, mas também leis esparsas como a Lei do Trabalho Temporário, qual seja, a Lei nº 6.019/1974, a Lei do Fundo de Garantia por Tempo de Serviço (FGTS), a Lei nº 8.036/1990 e a Lei Orgânica da Seguridade

Social, a Lei nº 8.212/1991.

Com o argumento de se adaptar as antigas legislações à atual realidade, muitos dispositivos legais foram alterados, impactando diretamente a vida dos trabalhadores e dos empregadores, por regularem questões sobre jornada de trabalho, remuneração, férias, rescisão contratual, acordos coletivos e modalidade de contrato de trabalho. Diante disso, grande discussão doutrinária se formou em torno dos impactos destas mudanças no sistema jurídico brasileiro.

Há quem veja a reforma trabalhista como instrumento de valorização dos instrumentos de negociação coletiva do trabalho, haja vista a ampliação dos poderes de representação dos trabalhadores pelos sindicatos, e como meio de flexibilização da relação empregado e empregador, com a possibilidade de livres acordos entre eles (CORREIA; MIESSA, 2018).

Lara (2017), nesse sentido, entende que as medidas trazidas pela reforma trabalhista são fundamentais, a curto e médio prazos, para solucionar o problema de desemprego no Brasil e para inserir no mercado formal trabalhadores desprovidos de qualquer garantia trabalhista. Entende que a reforma pode agilizar a contratação trabalhista.

Assim, exemplifica-se com "a possibilidade de fracionamento das férias ou de modulação dos intervalos intrajornada, como ocorre em todos os cantos do mundo, sempre respeitando as garantias mínimas fixadas na Constituição e na legislação ordinária" (LARA, 2017, p. 20).

Lado outro, para Delgado e Delgado (2017, p.40), trata-se de claro retrocesso, retornando-se ao Direito "como instrumento de exclusão, segregação e sedimentação da desigualdade entre as pessoas humanas e grupos sociais".

Para tais autores (2017, p; 40),

> Profundamente dissociada das ideias matrizes da Constituição de 1988, como a concepção de Estado

Democrático de Direito, a principiologia humanística e social constitucional o conceito constitucional de direitos fundamentais da pessoa humana no campo justrabalhista e da compreensão constitucional do Direito como instrumento de civilização, a Lei n. 13.467/2017 tenta instituir múltiplos mecanismos em direção gravemente contrária e regressiva.

Desse modo, a nova legislação, além de restringir o acesso à Justiça do Trabalho pelo trabalhador brasileiro, teria deflagrado um processo de desregulamentação e flexibilização trabalhista (DELGADO, 2019).

Carvalho (2017, p. 93) considera ter havido uma perda do poder de barganha dos trabalhadores, já que

> [...] há vários elementos na reforma que ampliam a discricionariedade do empregador sobre os contratos individuais e coletivos, como expansão do banco de horas, jornada 12-36, indenização de intervalo de descanso, ampliação da jornada por tempo parcial, estabelecimento do trabalho intermitente, vedação da caracterização do trabalhador autônomo como empregado mesmo em caso de exclusividade e continuidade, possibilidade de terceirização irrestrita, [...], entre outros itens. Assim, ao mesmo tempo em que o ponto principal da reforma proposta é sobrepor o negociado sobre o legislado, de maneira a flexibilizar as relações de trabalho mediante a negociação entre empregadores e empregados, a reforma não se preocupa em fortalecer a associação coletiva dos trabalhadores; pelo contrário, estes tendem chegar à negociação mais enfraquecidos, na medida em que a Lei nº 13.467/2017 ainda procura descentralizar ao máximo as negociações, dificultando o aumento do poder de barganha dos trabalhadores, bem como procura restringir a intervenção da JT.

No mesmo sentido, Teixeira *et al* (2017) aduz que a reforma trabalhista, apesar de intitulada como fonte de segurança jurídica e forma de modernização das relações de trabalho, é, na verdade, meio de ajuste do trabalho às demandas empresariais. Estimula e legaliza a transformação do trabalhador em um empreendedor de si próprio.

No mais, há de se pontuar que, poucos dias depois do início de sua vigência, a reforma trabalhista foi alterada pela publicação da Medida Provisória nº 808/2017 (MP nº 808/2017) em uma edição extra do Diário Oficial da União, em 14 de novembro de 2017.

Por muitos intitulada como a "Reforma da Reforma", a MP nº 808/2017 teve vigência imediata, se tornando obrigatória nos 60 dias após sua publicação. Seu texto alterou pontos significativos da Lei nº 13.467/2017 e, em especial, regulamentou o contrato de trabalho intermitente, objeto desta pesquisa.

No entanto, pelo fato de não ter sido convertida em lei no prazo determinado, nem rejeitada pelo parlamento, a MP nº 808/2017 perdeu sua validade em 23 de abril de 2018, retomando-se, assim, a plena vigência do texto original da Lei nº 13.467/2017, conforme prevê o artigo 62, §3º da CRFB/1988.

Salienta-se, finalmente, que após quase três anos de seu sancionamento, já se observa repercussões e efeitos da efetiva aplicação dos preceitos da reforma trabalhista, apesar dos muitos questionamentos de sua constitucionalidade perante o STF, por meio de ADIs, o que se relaciona diretamente ao objeto de estudo deste trabalho.

1.1 O modelo de contrato de trabalho intermitente

Uma das grandes inovações da Lei nº 13.467/2017

foi a inserção de uma nova modalidade de contrato de trabalho à CLT: o contrato de trabalho intermitente, disposto no §3º do artigo 443 e regulamentado pelo artigo 452-A, ambos do referido diploma legal.

Esclarece-se que, atualmente, a matéria é regulada pela Portaria nº 349 de 23 de maio de 2018 do Ministério do Trabalho (Portaria nº 349/2018), que estabelece regras para a aplicação da Lei nº 13.467/2017.

À época em que se propôs a adoção deste contrato de trabalho no ordenamento jurídico brasileiro, buscava-se modernizar a legislação trabalhista de acordo com as alterações no mundo do trabalho. Visava-se, principalmente, coordenar os interesses dos trabalhadores não dispostos a trabalhar a semana inteira, bem como a existência de atividades econômicas que não demandariam número fixo de empregados em tempo integral (NOGUEIRA, 2017).

Em outra perspectiva, buscou-se formalizar os famosos "bicos", que são os trabalhos esporádicos, sem registro ou direitos, garantindo-se a seus trabalhadores vantagens que antes não lhes eram contempladas.

Analisando-se a regulamentação legal da modalidade de contrato de trabalho intermitente, vê-se que o §3º do artigo 443 da CLT, inserido pela Lei nº 13.467/2017 o conceitua como o "contrato de trabalho no qual a prestação deserviços, com subordinação, não é contínua, ocorrendo com alternância de períodos de prestação de serviços e de inatividade, determinados em horas, dias ou meses" (BRASIL, 2017a). Nesse sentido, a noção de duração de trabalho e salário envolvem o intervalo em que, efetivamente, o empregado esteve à disposição do empregador no ambiente de trabalho.

Lado outro, o período de inatividade, em que o trabalhador não é convocado a prestar seus serviços, não é considerado tempo à disposição do empregador. Neste ínterim, o empregado não presta serviços, mas também não recebe salário (CORREIA; MIESSA,

2018). No entanto, pode o trabalhador, neste espaço de tempo, prestar serviços a outros contratantes, já que a exclusividade não é característica inerente a este contrato de trabalho.

Finalmente, nos termos do referido dispositivo legal, aplicar-se-á a modalidade a qualquer tipo de atividade, à exceção dos aeronautas, que são regidos por legislação própria.

Além disso, seus requisitos e características estão dispostos, precipuamente, no artigo 452-A, *caput* e parágrafos, da CLT. Celebrado por escrito, com registro na Carteira de Trabalho e Previdência Social (CTPS), o contrato conterá o valor da hora de trabalho do empregado, que não poderá ser inferior ao valor hora do salário mínimo ou ao devido aos demais empregados exercentes da mesma função no estabelecimento, seja na modalidade intermitente ou não (BRASIL, 2017a).

Diversamente, a Portaria nº 349/2018 do Ministério do Trabalho, em seu artigo 2º, §2º, prevê que dadas as características especiais desse contrato, não constitui discriminação salarial o pagamento ao trabalhador intermitente de remuneração horária ou diária superior à paga aos demais trabalhadores da empresa contratados a prazo indeterminado.

Estabelece-se, ainda, que o empregador, de acordo com sua demanda, convocará o empregado para prestar serviços por tempo determinado, seja durante horas, dias, ou até mesmo meses, com, no mínimo, três dias corridos de antecedência e através de qualquer meio de comunicação eficaz, sendo importante, nas visões de Correia e Miessa (2018), que se dê por escrito, de preferência por meios eletrônicos, como e-mail, *whatsapp*, SMS e *facebook*. Aliás, é por meio da convocação que o empregado será informado da duração do trabalho a ser prestado na ocasião.

Recebido o chamado, o empregado tem o prazo de um dia útil para respondê-lo. Com seu silêncio, terminado o prazo, presume-se sua recusa. Esta, no entanto, é faculdade do empregado e não descaracteriza a subordinação inerente a este contrato de trabalho, nem configura infração trabalhista (DELGADO, M.; DELGADO, G., 2017).

Do contrário, a aceitação da oferta pelo empregado vincula as partes e caso haja o descumprimento do acordado sem justo motivo por qualquer delas, seja em razão do não comparecimento do empregado ao trabalho ou da desistência da contratação pelo empregador, aplicar-se-á de multa em 50% da remuneração que seria devida, com seu pagamento ou compensação em trabalho no prazo de 30 dias (DELGADO, M.; DELGADO, G., 2017).

Trata-se de multa inédita criada pela legislação, já que, até então, eram cabíveis outras penalidades no caso de desobediência às regras impostas, a exemplo da advertência, da suspensão disciplinar e da dispensa por justa causa. (CORREIA; MIESSA, 2018).

Ressalta-se que essa multa só será aplicada na ausência de justo motivo para o descumprimento do pactuado. No entanto, a CLT não elenca quais as hipóteses em que as partes estarão eximidas de seu pagamento, o que dependerá, dessa forma, da análise do caso concreto (CORREIA; MIESSA, 2018).

Nesse sentido, como exemplos de justo motivo para inaplicabilidade da multa, Correia e Miessa (2018) elencam as hipóteses de faltas justificadas, em que o empregado poderá deixar de comparecer ao serviço sem prejuízo do salário, previstas no artigo 473 da CLT, bem como a ocorrência de força maior.

Ademais, ainda no tocante à multa, não há previsão dos meios para sua cobrança. Entende-se que do empregado cabe o desconto da remuneração relativa aos próximos serviços por ele prestados ou a compensação em forma de trabalho. Em sentido contrário, quanto à multa aplicada ao empregador, na ausência do pagamento espontâneo no período estipulado pela lei, o trabalhador só poderia cobrá-la através de reclamação trabalhista.

Faz-se necessário salientar que, à época de vigência da MP nº 808/2017, essa multa havia sido revogada, mas com o término de sua vigência, subsiste ainda hoje.

No que se refere ao seu pagamento, em razão do vínculo empregatício existente, o empregado contratado na modalidade intermitente tem direito às parcelas trabalhistas previstas no artigo 7º da CRFB/1988, as quais estão elencadas no §6º do artigo 452-A da CLT: remuneração, férias proporcionais com acréscimo de um terço, décimo terceiro salário proporcional, repouso semanal remunerado e, ainda, adicionais legais (BRASIL, 2017a).

Trata-se de rol exemplificativo, conforme se infere de seu inciso V (adicionais legais), tendo em vista que poderão ser incluídas outras parcelas, à análise do caso concreto, como as referentes à hora noturna, ao adicional de insalubridade e ao adicional de periculosidade. Além disso, entende-se que é também devido vale transporte ao trabalhador, relativo aos dias de convocação ao trabalho (DELGADO, M.; DELGADO, G., 2017).

Nesse sentido, o recibo de pagamento deverá discriminar os valores pagos relativos a cada uma dessas parcelas e, apesar da previsão legal do pagamento imediato ao término do período de prestação de serviços, a Portaria nº 349/2018 do Ministério do Trabalho prevê que, quando o período de convocação exceder a um mês, o pagamento das parcelas não poderá ser estipulado em período superior ao mensal, devendo ser realizado até o quinto dia útil do mês seguinte ao trabalhado.

No que diz respeito às férias, garantia prevista no artigo 7º, XVII da CRFB/1988, prevê-se que o empregado contratado na modalidade intermitente, a cada doze meses, computando-se todo o período do contrato, inclusive o de inatividade, adquirirá direito a usufruir, nos doze meses subsequentes, um mês de férias, ocasião em que o empregador não poderá convocá-lo ao serviço. Nesse caso, a CLT, a qual dispõe que no contrato de trabalho intermitente o empregado receberá a parcela de férias proporcionais a cada fim de período de prestação de serviços, não deixa claro se as férias serão gozadas sem pagamento da remuneração e do terço constitucional.

Para Delgado e Delgado (2017), é possível, no momento de gozo do direito, que haja o pagamento das férias de 30 dias, com o terço constitucional previsto, através do cálculo de seu montante pela média mensal dos salários nos meses que compõem o período aquisitivo.

Em sentido oposto, Correia e Miessa (2018) aduzem que uma vez que o pagamento das férias se dará ao final de cada período de prestação de serviços, no momento de gozo das férias o empregado não receberá remuneração.

Finalmente, sobre a rescisão contratual, aduz Viveiros (2018) que o aviso prévio será calculado com base na média dos valores recebidos pelo empregado no curso do contrato de trabalho intermitente e serão considerados apenas os meses durante os quais o empregado tenha recebido parcelas remuneratórias no intervalo dos últimos doze meses ou período de vigência do contrato de trabalho intermitente, se este for inferior.

Ademais, o §8º do artigo 452-A da CLT prevê que o empregador, com base nos valores eventualmente pagos no período mensal ao trabalhador, efetuará o recolhimento da contribuição previdenciária e o valor do depósito do FGTS e fornecerá comprovante do cumprimento dessas obrigações ao empregado. Explica-se, neste sentido,

> [...] que caso o somatório de salário mensal não atinja o salário mínimo, que é a menor base de cálculo aceita pelo INSS, o empregado deverá recolher por conta própria a diferença calculada sobre o contracheque e o salário

mínimo, para que adquira a condição de segurado pelo INSS. Diante deste cenário, é possível a situação constrangedora de que o empregado tenha que recolher ao INSS valor superior à sua remuneração mensal (BENEVIDES; BORGES, 2018, p. 134).

É de se salientar, por fim, que a criação dessa nova forma de contrato de trabalho impacta a estrutura do Direito do Trabalho brasileiro, por se tratar de inovação no ordenamento jurídico nacional. Porém, há figuras semelhantes na legislação estrangeira.

2 A (IN) CONSTITUCIONALIDADE DO CONTRATO DE TRABALHO INTERMITENTE

Diante da inserção do contrato de trabalho intermitente no ordenamento jurídico brasileiro, é preciso que seja analisado se as regras referentes a essa forma de trabalho encontram-se ou não em consonância com o que dispõe o texto constitucional em vigor. Para contextualizar essa análise, faz-se necessário que, antes, seja feito um estudo do controle de constitucionalidade concentrado conforme previsto na CRFB/1988, a fim de compreender as ações relacionadas ao tema para, finalmente, analisar a constitucionalidade do contrato intermitente frente aos princípios constitucionais trabalhistas.

2.1 Ações Diretas de Inconstitucionalidade

O controle de constitucionalidade efetiva-se, no ordenamento jurídico brasileiro, pela análise da compatibilidade e da adequação entre as normas: leis, atos normativos e a CRFB/1988 (MASSON, 2019).

De fato, presume-se a constitucionalidade das leis e dos atos normativos. Contudo, verificada a contrariedade de determinada norma aos preceitos da CRFB/1988, aquela deverá ser considerada inconstitucional (NOVELINO, 2019).

A Ação Direta de Inconstitucionalidade (ADI) foi a primeira ação do controle concentrado abstrato de constitucionalidade instituída no ordenamento jurídico brasileiro e é modalidade prevista pelo artigo 102, I, "a", da CRFB/1988 e regulada pela Lei nº 9.868/1999.

Tem como legitimados, assim como as demais ações de controle concentrado, o Presidente da República, a Mesa do Senado Federal, a Mesa da Câmara dos Deputados, a Mesa de Assembleia Legislativa ou da Câmara Legislativa do Distrito Federal, o Governador de Estado ou do Distrito Federal, o Procurador-Geral da República, o Conselho Federal da Ordem dos Advogados do Brasil, os partidos políticos com representação no Congresso Nacional e as confederações sindicais ou entidades de classe de âmbito nacional, nos moldes do rol taxativo do artigo 103 da CRFB/1988.

Só poderão ser objeto de ADI os diplomas pós-constitucionais, ou seja, editados posteriormente à CRFB/1988 que será utilizada como parâmetro. Especificamente, tratar-se-á somente de leis (e demais atos normativos) federais e estaduais. Assim, os diplomas municipais serão objeto de controle através de ADPF (MASSON, 2019).

As decisões prolatadas nas ADIs, em regra, possuem efeitos *erga omnes*, ou seja, alcança a todos indistintamente, *ex tunc*, retroagindo como se nunca tivessem produzido efeitos válidos, e vinculante, em relação aos demais órgãos do Poder Judiciário e à Administração Pública direta e indireta, nas esferas federal, municipal e estadual (MASSON, 2019).

No entanto, é possível a modulação temporal dos efeitos da decisão, nos termos do artigo 27 da Lei nº 9.868/1999, podendo o STF, por razão de segurança jurídica ou relevante interesse social, ao declarar a inconstitucionalidade de lei ou ato normativo, restringir os efeitos da declaração ou decidir que ela só tenha eficácia a partir de seu trânsito em julgado ou de outro momento fixado (BRASIL, 1999a).

Como já mencionado no presente estudo, muitas alterações advindas da Lei nº 13.467/2017 são objeto de questionamentos perante o STF por meio de ADIs. Dentre elas, ressalta-se aquelas diretamente relacionadas ao contrato de trabalho intermitente, quais sejam, as ADIs nºs 5.826, 5.829 e 6.154.

Inicialmente, tratar-se-á da ADI nº 5.826, distribuída em 23 de novembro de 2017, ou seja, apenas doze dias após a entrada em vigor da Lei nº 13.467/2017, momento em que ainda estava em vigor a MP nº 808/2017, que a alterava em diversos pontos.

Tendo como relator o Ministro Edson Fachin, adotou-se o rito sumário, em razão da relevância da matéria debatida e sua importância para a ordem social e segurança jurídica, nos termos do artigo 12 da Lei nº 9.868/1999.

É de se esclarecer que a Federação Nacional dos Empregados em Postos de Serviços de Combustíveis e Derivados de Petróleo (FENEPOSPETRO), entidade sindical de segundo grau, propôs a ação em face da Lei nº 13.467/2017, que alterou o artigo 443, *caput* e § 3º e artigo 452-A, ambos da CLT, bem como da MP nº 808/2017, que alterou o *caput* do artigo 452-A e os §§ 2º e 6º, acrescentando a ele os §§10 a 15, e os artigos 452-B, 452-C, 452-D, 452-E, 452-F, 452-G, 452-H e 911-A, *caput* e parágrafos, todos da CLT18 (BRASIL, 2017c).

Fundamentou-se no sentido de que, embora o contrato de trabalho intermitente tenha sido introduzido ao

---

18A MP nº 808/2017 perdeu sua eficácia normativa em 23 de abril de 2018, retomando-se, assim, a plena vigência do texto original da Lei nº 13.467/2017. Desse modo, não mais existem na CLT os artigos 452-B, 452-C, 452-D, 452-E, 452-F, 452-G, 452-H e 911-A, questionados na ADI.

ordenamento jurídico brasileiro com o objetivo de ampliar a contratação de trabalhadores, seria ele, na verdade, forma de precarização da relação de emprego, servindo como escusa para pagamento de salários inferiores ao mínimo, de forma a não atender às necessidades básicas do trabalhador e de sua família. Ademais, teria como único objetivo o favorecimento da atividade empresarial em detrimento do trabalhador (BRASIL, 2017c).

Isto posto, sua inserção na CLT seria clara ofensa ao princípio da vedação do retrocesso, já que direitos trabalhistas, considerados direitos sociais, teriam sido suprimidos do ordenamento jurídico neste ponto e pelo fato de que, quando da estipulação do pagamento apenas de horas efetivamente trabalhadas, teria havido uma ressignificação do conceito de tempo de trabalho, prejudicial ao trabalhador (BRASIL, 2017c).

Por conseguinte, afrontaria, também, o princípio da dignidade da pessoa humana, estabelecido no artigo 1º, III, da CRFB/1988, haja vista a suposta coisificação do empregado, colocado numa condição de mero objeto à disposição do empregador (BRASIL, 2017c).

Ainda, contrariaria o princípio da vedação ao tratamento desumano, disposto no artigo 5º, III, da CRFB/1988, bem como a finalidade constitucional do direito do trabalho à melhoria da condição social do trabalhador, nos moldes do artigo 7º, *caput*, da CRFB/1988.

Ademais, tal modalidade de contrato seria forma de violação ao princípio da isonomia, consagrado no *caput* do artigo 5º da CRFB/1988, e possibilitaria o pagamento mensal inferior ao salário mínimo ao empregado, contrariando os preceitos constitucionais dispostos no artigo 7º, IV e VII da CRFB/1988 (BRASIL, 2017c).

Lado outro, a ausência de jornada prefixada iria em desencontro ao preceito trazido pelo artigo 7º, XIII da CRFB/1988, que limita a duração do trabalho normal ao tempo não superior a oito horas diárias e quarenta e quatro semanais. Consequentemente, prejudicaria também a aplicação do artigo 7º, XVI da CRFB/1988, que prevê a remuneração do serviço extraordinário superior em, no mínimo, cinquenta por cento à do normal (BRASIL, 2017c).

No mesmo sentido, afirma a parte autora que a nova espécie contratual seria forma de transferir os riscos da atividade econômica ao trabalhador, ensejando-lhe insegurança jurídica e social e atentando contra o valor social do trabalho, previsto no artigo 1º, IV da CRFB/1988 e a função social da propriedade, artigo 5º, XXIII da CRFB/1988.

Ademais, considera-se atingir os direitos constitucionais trabalhistas previstos no artigo 7º, VIII e XVII da CRFB/1988, já que se determina o pagamento parcelado do décimo terceiro salário e das férias acrescidas de 1/3, já incorporados ao baixo salário, sendo também ofensa ao princípio da proteção ao trabalhador (BRASIL, 2017c).

Em face dessas alegações, a entidade sindical postulante requereu a suspensão cautelar e, ao final, a declaração definitiva da inconstitucionalidade dos preceitos legais já mencionados, em razão da ofensa aos artigos 1º, *caput*, III e IV; 5º, *caput*, III e XXIII; 6º, *caput*; 7º, *caput*, IV, V, VII, VIII, XIII, XVI e XVII, todos da CRFB/1988 (BRASIL, 2017c).

Em sentido contrário, os requeridos, Presidência da República e Senado Federal, ouvida a AGU, a título preliminar, destacaram carecer a autora de legitimidade para figurar no polo ativo da referida ADI, tendo em vista tratar-se de entidade sindical de segundo grau, com o entendimento de que somente confederações sindicais, que se constituam de no mínimo três estados da federação, possuem qualidade de agir, em sede de controle concentrado, perante o STF. Assim, pugnou-se pelo não conhecimento da ação (BRASIL, 2017c).

Quanto às matérias de mérito, em síntese, manifestaram-se pela constitucionalidade dos artigos já mencionados, tendo em vista a presunção relativa de validade dos atos do Poder Público, impondo-se o ônus da prova a quem alega a inconstitucionalidade, do qual não teria se desincumbido a autora na ação proposta (BRASIL, 2017c).

Argumentam que os dispositivos impugnados não afrontam o princípio da dignidade da pessoa humana, mas sim, ampliam sua efetividade, incluindo milhares de trabalhadores no mercado formal (BRASIL, 2017c).

Nessa perspectiva, aduziu-se que o contrato de trabalho intermitente visa a geração de empregos, com a redução da informalidade e a promoção da segurança jurídica nas relações laborais, indo ao encontro dos valores da ordem econômica e financeira, elencados a partir do artigo 170 da CRFB/1988 e, em especial, ao princípio da busca do pleno emprego.

Ademais, consideraram que, em momento algum afastou-se os elementos constituintes de uma relação de emprego, dispostos nos artigos 2º e 3º da CLT, especialmente no que tange à subordinação e à alteridade, presentes na modalidade analisada.

Além disso, não haveria violação ao artigo 7º, IV e VII da CRFB/1988, que garantem salário mínimo ao trabalhador, considerando-se que a disposição legal não impede o pagamento proporcional ao tempo de trabalho prestado, desde que tomado como base o salário mínimo vigente (BRASIL, 2017c).

Ainda, considerou-se que essa modalidade de trabalho não reflete inovação jurídica, haja vista a estreita ligação com o trabalho avulso, que é aquele em que, por intermédio de um terceiro, o trabalhador presta serviços e recebe tão apenas por estes.

A Procuradoria-Geral da República, por se turno, além de tratar das matérias de mérito acima relacionadas, pugnou pela declaração da perda parcial e superveniente do objeto, nos tópicos que envolvam os dispositivos celetistas trazidos pela MP nº 808/2017, em razão do fim de sua eficácia normativa (BRASIL, 2017c).

Há de se ressaltar que, ao longo do processo, diversas entidades e instituições foram admitidas como *amicus curiae*, com base no artigo 7º, §2º da Lei nº 9.868/1999, considerando-se a repercussão social da matéria (BRASIL, 2017c).

Até o fim da edição do estudo ora em análise, a última movimentação da ADI nº 5.826 apontou a conclusão ao relator, em 25 de setembro de 2020, salientando-se que, anteriormente, foi incluída no calendário de julgamento pelo Presidente do Tribunal, com data prevista para 19 de novembro do mesmo ano. (BRASIL, 2017c).

No tocante à ADI nº 5.829, esta foi distribuída por prevenção, em 27 de novembro de 2017, tendo a Federação Nacional dos Trabalhadores em Empresas de Telecomunicações e Operadores de Mesas Telefônicas (FENATTEL), entidade sindical de segundo grau, como autora e questionando-se os mesmos dispositivos legais objetos da ADI já analisada (BRASIL, 2017d).

Ademais, além de terem as duas ações os mesmos procuradores constituídos, utiliza-se idêntica peça exordial e, consequentemente, os mesmos argumentos despendidos na ADI nº 5.826. Isso posto, determinou-se o apensamento dos autos da ADI nº 5.829 aos da ADI nº 5.826, a fim de que o julgamento de ambas se dê em conjunto.

Por último, tratar-se-á da ADI nº 6.154. Esta tem como autora a Confederação Nacional dos Trabalhadores da Indústria (CNTI), entidade sindical de grau superior, e foi distribuída em 07 de junho de 2019, por prevenção, razão pela qual também tem como relator o Ministro Edson Fachin (BRASIL, 2019b).

É importante ressaltar que, diferente das ADIs já abordadas, esta última tem também como objeto, o artigo 611-A, VIII, da CLT, que dispõe que a convenção coletiva e o acordo coletivo prevalecerão sobre a lei quando dispuserem sobre o contrato de trabalho intermitente (BRASIL, 2019b).

A pontuação dos principais argumentos levantados nas ADIs é importante para se aferir a constitucionalidade ou não do contrato de trabalho intermitente, razão pela qual, feito o seu levantamento, passa-se, neste momento, a analisá-los, com vistas a verificar se, de fato, possuem embasamento suficiente para afastar a validade das normas celetistas questionadas.

2.2 Análise do contrato de trabalho intermitente frente aos princípios constitucionais trabalhistas

O contrato de trabalho intermitente é, sem dúvidas, uma das grandes inovações advindas da Lei n° 13.467/2017, a chamada reforma trabalhista. Todavia, diversos questionamentos acerca de sua regulamentação legal ainda permeiam sua aplicação. Desse modo, busca-se, neste tópico, analisar suas características e verificar possíveis violações a direitos já sedimentados constitucionalmente.

Inicialmente, tratar-se-á da noção de duração de trabalho e salário, que envolvem o intervalo de efetiva disposição do empregado ao empregador, sem que se considere o período de inatividade. Assim, o empregado só perceberá remuneração pelas horas efetivamente laboradas (CORREIA; MIESSA, 2018).

Nesse sentido, a CRFB/1988 prevê, em seu artigo 7°, XIII e XIV, que a duração do trabalho normal não poderá ser superior a oito horas diárias e quarenta e quatro horas semanais, facultando-se a compensação de horários e a redução da jornada, mediante acordo ou convenção coletiva de trabalho, bem como a jornada de seis horas para o trabalho realizado em turnos ininterruptos de revezamento, salvo negociação coletiva (BRASIL, 1988).

Assim, a partir de uma leitura literal, a convocação

do trabalhador intermitente que não ultrapasse os limites de jornada estabelecidos pela lei ao trabalho normal ou àquele realizado em turnos de revezamento, neste aspecto, não contrariará as disposições constitucionais.

Todavia, há a ressalva de que o empregado é livre para prestar serviços a diversos empregadores. Desse modo, dependendo da demanda destes, poderá ser convocado a trabalhar para mais de um deles, não concomitantemente, mas em um mesmo espaço de tempo.

A título de exemplo, pode-se considerar que determinado empregador contrate o trabalhador intermitente por uma semana, para prestar serviços das seis às treze horas e, naquele mesmo período, outro empregador o convoque a trabalhar das dezessete horas à meia-noite. Atendendo ao chamado de ambos, acabaria o empregado trabalhando, naquele período, por tempo maior que o permitido.

Nessa perspectiva, em razão da ausência de regulamentação, a sequência de turnos de trabalho poderá fazer com que se ultrapasse o limite de tempo diário ou semanal estabelecido, o que acabaria por violar a garantia constitucional da limitação de jornada de trabalho, bem como o princípio da dignidade da pessoa humana.

Aliás, a imprevisibilidade em que vive o trabalhador intermitente, que só é cientificado acerca da duração do trabalho quando de sua convocação, viola também os princípios do bem estar social e individual e da segurança, já que ele sempre se cercará da instabilidade quanto à existência do trabalho, quanto à possibilidade de aceitação deste, visto que outras demandas já poderão estar acertadas, bem como da ausência de rotina e consequente insegurança quanto aos seus planos pessoais e profissionais.

> Ainda que o empregado possa trabalhar para diversos empregadores e, em tese, programar o tempo para vida pessoal, questiona-se se esta suposta liberdade e autonomia, bem como a possibilidade de trabalhar em vários empregos, não o conduzirá a exaustão física e

mental, em razão de longas jornadas laborais, sem olvidar a expectativa (e incerteza) gerada na espera do "chamado" do empregador, assim como eventuais consequências físicas e mentais (VEIGA, 2018, p. 23).

Nesse sentido, é como se houvesse a coisificação do trabalhador, equiparado a um objeto de mercancia, por estar sempre à disposição do empregador.

No tocante ao salário, prevê-se que, na modalidade, o valor da hora de trabalho pago ao empregado não poderá ser inferior ao mínimo legal ou ao correspondente ao dos demais empregados exercentes da mesma função no estabelecimento (BRASIL, 2017a).

Assim, há a observância ao princípio da isonomia nas relações de trabalho, se efetivo o pagamento de idêntico valor-hora dos trabalhadores que se encontrem em situações equivalentes, independentemente da modalidade contratual. No entanto, não se assegura a concretização da tão importante garantia constitucional do salário mínimo aos trabalhadores, prevista pelo artigo 7º, IV e VII, da CRFB/1988 tendo em vista que sua remuneração será proporcional às convocações ao trabalho e suas respectivas durações.

Nessa perspectiva, poderá sim o trabalhador ser demandado para prestar serviços em quantidade de tempo que lhe garantirá salário superior ao mínimo legal, não havendo, nesse caso, afronta à disposição da CRFB/1988.

Contudo, há, também, a possibilidade de, em determinadas épocas, não ser o empregado convocado ao trabalho por nenhum empregador ou ser pouco demandado, o que acarretará na violação da garantia constitucional, visto que ele nada receberá durante aquele tempo ou auferirá remuneração inferior ao salário mínimo. Consequentemente, ferir-se-á também os princípios da dignidade da pessoa humana, do bem-estar individual e social, da segurança e do valor social do trabalho.

Além disso, tem o empregado prazo exíguo de um dia útil para responder à convocação do trabalhador, de modo que o seu silêncio presume sua recusa. No entanto, não há previsão legislativa de como se dará a convocação e a aceitação pelo empregado, o que traduz, novamente, a insegurança em que poderá viver o trabalhador (BRASIL, 2017a).

No mais, prevê-se a cominação de multa de 50% da remuneração que seria devida à parte que descumprir o acordado sem justo motivo, após a aceitação da oferta pelo empregado. Todavia, não se enumera as situações em que as partes, diante do descumprimento, estariam eximidas de multa, o que possivelmente só se aferirá através da análise de casos concretos.

A legislação estabelece, somente, que a multa deverá ser paga em trinta dias ou compensada em igual prazo, mas não define os meios aptos à cobrança, o que possibilita o desconto na remuneração do trabalhador nos próximos períodos de prestação de serviços. Dessa forma, apesar de ser estabelecida a ambos, a sanção poderá ser mais prejudicial ao trabalhador, de quem poderá se descontar remunerações de seus próximos trabalhos. (BRASIL, 2017a)

De qualquer modo, cumpre esclarecer que caberá ao trabalhador, quando não haja o pagamento espontâneo de multa imposta ao empregador, cobrá-la por meio de reclamação trabalhista.

Em face dessas particularidades, o dispositivo que prevê a sanção encontra-se em descompasso com o princípio da proteção do trabalhador, já que viabiliza o cometimento de fraudes trabalhistas, com o desconto ilegal da multa, e permite seu endividamento perante seu empregador. Ademais, resta claro que quando de sua aplicação a este, em caso da recusa sua em pagar, mais complicada é a cobrança por parte do trabalhador.

Outrossim, viola-se, também, os princípios da

dignidade da pessoa humana e da garantia do salário mínimo, já que o trabalhador poderá "[...] prestar serviços por longos períodos sem recebimento de sua remuneração para quitar a dívida resultante da multa por descumprimento do acordo em trabalho intermitente" (CORREIA; MIESSA, 2018, p. 358).

Ainda, é forma de afronta ao princípio da isonomia de tratamento em relação aos empregados contratados em outras modalidades. Na legislação trabalhista, garante-se aos trabalhadores inseridos nessas outras espécies de contrato a possibilidade de faltas justificadas, sendo que as injustificadas acarretam apenas a perda de salário e benefícios referentes ao dia perdido. Aos trabalhadores intermitentes, por outro lado, não se preveem as hipóteses de falta por justo motivo, e quanto às injustificadas, atribui-se além das perdas, multa.

No que se refere ao §6º do artigo 452-A da CLT, essa norma determina o imediato pagamento das férias proporcionais com acréscimo de um terço, bem como do décimo terceiro salário proporcional, do repouso semanal remunerado e de outras parcelas, ao fim de cada período de prestação de serviços. (BRASIL, 2017a)

Desse modo, como ponto a ser destacado no tocante a esse mister, há o acerto proporcional das férias ao término de cada período laborado, que, possivelmente, criará a figura do gozo de férias anuais sem qualquer pagamento, violando claramente o disposto no artigo 7º, XVII da CRFB/1988.

Isso porque, enquanto usufrui das férias, o trabalhador não poderá ser convocado por aquele determinado empregador e, consequentemente, não será remunerado naquele período. Contudo, os valores recebidos proporcionalmente durante todo o ano aquisitivo de seu direito, muito provavelmente, já terão sido despendidos por ele.

Observe-se que o § 9º do art. 452-A traz expressa previsão legal do direito ao gozo de férias anuais de 30 (trinta) dias, mas, no entanto, não existe gozo de férias sem a respectiva remuneração acrescida de 1/3 contemporâneos ao gozo, conforme se depreende da clareza da norma constitucional mencionada (NOGUEIRA, 2017, p. 138).

Aliás, outra hipótese a ser considerada é da inexistência do efetivo gozo das férias pelo trabalhador, visto que, apesar de se impedir a convocação por determinado empregador naquele período, havendo mais de um tomador de serviços, nada obsta que os demais o convoquem ao trabalho.

Dessa forma, haverá clara violação constitucional ao direito às férias, já que estas deveriam ser sinônimo de descanso e lazer, o que traduz a inconstitucionalidade do contrato intermitente quanto a este aspecto, afrontando-se também o princípio da dignidade da pessoa humana e do valor social do trabalho.

Finalmente, a respeito do tratamento dado às questões previdenciárias relativas a esta modalidade contratual, prevê-se apenas o recolhimento da contribuição previdenciária e o depósito do FGTS pelo empregador, na forma da lei, com base nos valores pagos em um mês.

Caso o valor total do salário mensal não atinja o salário mínimo, menor base de cálculo aceita pelo Instituto Nacional do Seguro Social (INSS), o empregado deverá recolher a diferença para adquirir a condição de segurado (BENEVIDES; BORGES, 2018).

Assim, há de se ressaltar que os depósitos de FGTS e recolhimento do INSS, por óbvio, só se darão quando da efetiva prestação de trabalho. Assim, ante a possibilidade da não convocação do empregado em determinados meses, este poderá precisar trabalhar por período maior de tempo para se aposentar.

Diante da análise realizada, verifica-se que, em

alguns de seus aspectos e em determinadas situações, pode o contrato de trabalho intermitente violar preceitos constitucionais frontalmente, o que traduz sua inconstitucionalidade.

A despeito da existência de discussão doutrinária sobre o tema, até que as ADIs estudadas sejam julgadas pelo STF e que todos os aspectos analisados sejam considerados, presume-se a constitucionalidade do contrato de trabalho intermitente, sendo este, inclusive, já adotado no mercado de trabalho brasileiro.

CONSIDERAÇÕES FINAIS

Feito um exame objetivo do tema, foi possível visualizar a existência de relevantes questionamentos em torno da aplicação e regulamentação da modalidade contratual intermitente, apontando-se, assim, para uma possível incompatibilidade com os preceitos constitucionais em vigor.

Nessa perspectiva, percebeu-se que, apesar de o legislador ter visado a garantia aos trabalhadores, antes informais, de direitos que não lhes eram concedidos pelo ordenamento jurídico, o contrato de trabalho intermitente, em sua atual previsão legal, acaba por ferir frontalmente a CRFB/1988. Nesse sentido, quando da aplicação concreta de espécie de contratação, é possível vislumbrar hipóteses de efetiva inconstitucionalidade.

Entre os caminhos percorridos para esta conclusão, destacam-se a análise dos princípios constitucionais de proteção ao trabalhador, bem como dos fundamentos contidos nas ADIs estudadas e das discussões doutrinárias a respeito do tema.

Todavia, diante da importância e atualidade do tema em discussão, embora se reconheça no presente trabalho a inconstitucionalidade da modalidade de contrato trabalho intermitente, conclui-se também que há muito a se discutir sobre o tema e, até que o STF aprecie a questão, a modalidade é plenamente válida, visto que há presunção relativa de sua constitucionalidade.

Outrossim, o Ministério do Trabalho, através da Relação Anual de Informações Sociais (RAIS) divulgou estatísticas que demonstram que, em 2019, já havia no país 156.756 trabalhadores intermitentes. (BRASIL, 2019a).

Ademais, em razão da pandemia de COVID-19, observou-se um aumento significativo da contratação de trabalhadores por meio do contrato de trabalho intermitente, em contramão à extinção de diversos postos de trabalho, bem como à instabilidade do mercado como um todo.

Por fim, é evidente que, sendo o princípio da dignidade da pessoa humana epicentro do ordenamento jurídico brasileiro, a maneira com a qual o trabalho intermitente está atualmente regulado é cercado por problemas estruturais, em consequência de um regramento raso, evidenciando-se, dessa forma, a precarização de direitos dos trabalhadores.

REFERÊNCIAS

ALVES. Amauri Cesar. Trabalho Intermitente e os Desafios da Conceituação Jurídica. *Revista Síntese trabalhista e previdenciária*. v.29 n. 346. São Paulo (SP), 2018. p. 09-39. Disponível em: https://portal.trt3.jus.br/escola/artigos/2019/artigo-amauri-cesar-alves-trabalho-intermitente-e-os-desafios-da-conceituacao-juridica.pdf. Acesso em: 01 nov. 2020.

BENEVIDES, Nauani Shades; BORGES, Carolina Biazatti. Regulamentação do trabalho intermitente: modernização ou precarização dos direitos do trabalhador? *In*: Congresso de Estudos Jurídicos Internacionais e Seminário Internacional de Pesquisa, Trabalho, Tecnologias, Multinacionais e Migrações -TTMMS. *Anais* [...]. Belo Horizonte (MG): Universidade Federal de Minas Gerais,

2018. p. 123-137

BRASIL. *Decreto-lei nº 5.452, de 1º de maio de 1943*. Aprova a consolidação das leis do trabalho. Planalto, Brasília (DF), 1943.Disponível em: http://www.planalto.gov.br/ccivil03/decreto-lei/del5452.htm. Acesso em: 01 nov. 2020.

BRASIL. *Constituição da República Federativa do Brasil de 1988*. Brasília (DF): Presidência da República. Disponível em: http://www.planalto.gov.br/ccivil_03/constituicao/ constituicaocompilado.htm. Acesso em: 01 nov. 2020.

BRASIL. *Lei nº 9.868, de 10 de novembro de 1999*. Planalto, Brasília (DF), 1999a. Disponível em: http://www.planalto.gov.br/ccivil_03/LEIS/L9868.htm. Acesso em: 02 nov. 2020.

BRASIL. *Lei nº 9.882, de 03 de dezembro de 1999*. Planalto, Brasília (DF), 1999b. Disponível em: http://www.planalto.gov.br/ccivil_03/leis/l9882.htm. Acesso em: 02 nov. 2020.

BRASIL. *Lei nº 13.467, de 13 de julho de 2017*. Planalto, Brasília (DF), 2017a. Disponível em: http://www.planalto.gov.br/ccivil_03/_ato2015-2018/2017/lei/l13467.htm. Acesso em: 01 nov. 2020.

BRASIL. *Medida Provisória nº 808, de 14 de novembro de 2017*. Planalto, Brasília (DF), 2017b. Disponível em: http://www.planalto.gov.br/ccivil_03/_Ato2015-2018/2017/Mpv/mpv808.htm. Acesso em: 01 nov. 2020.

BRASIL. Ministério do Trabalho. *Relação anual de informações sociais (RAIS) 2019*. Brasília (DF): 2019a. Disponível em: http://pdet.mte.gov.br/rais?view=default. Acesso em: 01 nov. 2020.

BRASIL. Ministério do Trabalho. *Portaria nº 349, de 23 de maio de 2018*. Brasília (DF), 24 maio 2018b. Seção 1. p. 92. Disponível em:

http://www.in.gov.br/materia/-/asset_publisher/Kujrw0TZC2Mb/content/id/15752792/do1-2018-05-24-portaria-n-349-de-23-de-maio-de-2018-15 752788. Acesso em: 01 nov. 2020.

BRASIL. *Projeto de Lei nº 6.787, 2016*. Brasília (DF), 2016. Disponível em: https://www.camara.leg.br/proposicoesWeb/fichadetramitacao?idProposicao

=2122076. Acesso em: 01 nov. 2020.

BRASIL. Supremo Tribunal Federal. *Ação direta de inconstitucionalidade (ADI) nº 5826,* Distrito Federal. Rel. Min. Edson Fachin. Brasília (DF), 23 nov. 2017c. Disponível em: https://redir.stf.jus.br/estfvisualizadorpub/jsp/consultarprocessoeletronico/ConsultarProcessoEletronico.jsf?seqobjetoincidente=5317595. Acesso em: 01 nov. 2020.

BRASIL. Supremo Tribunal Federal. *Ação direta de inconstitucionalidade (ADI) nº 5829*, Distrito Federal. Rel. Min. Edson Fachin. Brasília (DF), 27 nov. 2017d. Disponível em: https://redir.stf.jus.br/estfvisualizadorpub/jsp/consultarprocessoeletronico/ConsultarProcessoEletronico.jsf?seqobjetoincidente=5319438. Acesso em: 01 nov. 2020.

BRASIL. Supremo Tribunal Federal. *Ação direta de inconstitucionalidade (ADI) nº 6154,* Distrito Federal. Rel. Min. Edson Fachin. Brasília (DF), 07. jun. 2019b. Disponível em: https://redir.stf.jus.br/estfvisualizadorpub/jsp/consultarprocessoeletronico/ConsultarProcessoEletronico.jsf?seqobjetoincidente=5715222. Acesso em: 01 nov. 2020.

CARVALHO, Sandro Sacchet de. Uma visão geral sobre a reforma trabalhista. *Mercado de trabalho*: conjuntura e análise. Brasília (DF): Instituto de Pesquisa Econômica Aplicada; Ministério do Trabalho, 2017. p. 81-94. Disponível em:

http://repositorio.ipea.gov.br/handle/11058/8130. Acesso em: 02 nov. 2020.

CORREIA, Henrique; MIESSA, Élisson. *Manual da reforma trabalhista*: o que mudou? Salvador (BA): Juspodivm, 2018.

DELGADO, Maurício Godinho. *Curso de direito do trabalho*. 18. ed. São Paulo (SP): LTr, 2019.

DELGADO, Maurício Godinho. *Princípios constitucionais do trabalho e princípios de direito individual e coletivo do trabalho*. 5. ed. São Paulo (SP):LTr, 2017.

DELGADO, Maurício Godinho; DELGADO, Gabriela Neves. *A reforma trabalhista no Brasil*: com os comentários à Lei n. 13.467/2017. São Paulo (SP): LTr, 2017.

JORNADA DE DIREITO MATERIAL E PROCESSUAL DO TRABALHO, 2.; CONGRESSO NACIONAL DE MAGISTRADOS DA JUSTIÇA DO TRABALHO, 19., 2018, Brasília. *Reforma trabalhista: enunciados aprovados*. Brasília (DF): Associação Nacional dos Magistrados da Justiça do Trabalho, 2018. Disponível em: https://www.anamatra.org.br/attachments/article/27175/livreto_RT_Jornada_19_Conamat_site.pdf. Acesso em: 01 nov. 2020.

LARA, João Bosco Pinto. A reforma trabalhista e a segurança jurídica: análise crítica. *Revista do Tribunal Regional do Trabalho da 3ª Região*. Belo Horizonte (MG), 2017. p. 97-141. Disponível em: http://as1.trt3.jus.br/bd-trt3/handle/11103/35729. Acesso em: 02 nov.2020.

LEITE, Carlos Henrique Bezerra. *Curso de direito do trabalho*. 11. ed. São Paulo (SP): Saraiva Educação, 2019.

MASSON, Nathalia. *Manual de direito constitucional*. 7. ed. Salvador (BA): JusPodivm, 2019.

NOGUEIRA, Eliana dos Santos Alves. O contrato de trabalho

intermitente na reforma trabalhista brasileira: contraponto com o modelo italiano. *Revista do Tribunal Regional do Trabalho da 15ª região,* 2017, n.51. p. 127-148. Disponível em https://juslaboris.tst.jus.br/handle/20.500.12178/125435. Acesso em: 02 nov. 2020

NOVELINO, Marcelo. *Curso de direito constitucional.* 14. ed. Salvador (BA): JusPodivm, 2019.

TEIXEIRA, Marilane Oliveira, et al.*Contribuição crítica à reforma trabalhista.* Campinas (SP): Centro de Estudos Sindicais e de Economia do Trabalho, Universidade de Campinas, 2017. Disponível em:

https://www.eco.unicamp.br/images/arquivos/Reformatrabalhista.pdf. Acesso em: 01 nov. 2020.

VEIGA, Aloysio Corrêa da. Reforma trabalhista e trabalho intermitente. *Revista eletrônica Tribunal Regional do Trabalho da 9ª Região.* v. 8. n. 74. Curitiba (PR), 2018. p. 15-26. Disponível em: https://hdl.handle.net/20.500.12178/150433. Acesso em: 01 nov. 2020.

VIVEIROS, Luciano. *CLT comentada pela reforma trabalhista (Lei nº 13.467/2017).* 9. ed. Belo Horizonte (MG): Fórum, 2018.

6

PROTEÇÃO DE DADOS PESSOAIS: COMENTÁRIOS À LEI Nº 13.709/2018

Herbert Alcântara Ferreira[19]
Ana Juliana da Silva Neta[20]

INTRODUÇÃO

No contexto atual da Sociedade da Informação, como se referem vários estudiosos ao cenário social atual, nota-se a expressiva participação das Tecnologias da Informação e Comunicação (TICs). O desenvolvimento rápido e integrado dos instrumentos da TICs afeta profundamente as relações sociais, econômicas e políticas. Observa-se a exponencial geração, acúmulo e disponibilização de dados diretamente associada ao advento dos avanços tecnológicos, emergindo termos como *Big Data*, Inteligência Artificial (IA) e *Machine Learning*.

Sob a perspectiva de Castells (1999), a sociedade contemporânea tem a informação, e, portanto, os dados, como o principal fator de produção. Além dos dados como elemento medular, a convergência de tecnologias e a lógica de rede também se manifestam como requisitos coexistentes – sendo que a primeira reporta a atuação interligada das técnicas informacionais e a segunda viabiliza o manuseio de resultados repentinos diante interação complexa (WERTHEIN,2000).

Em vista dessa condição de interação complexa de técnicas e câmbio informacional, faz-se válido pontuar a existência de

---

[19] Advogado. Professor efetivo da Unimontes. Doutorando pela Universidade Federal de Santa Catarina. Vice presidente da 11a subseção da OABMG.
[20] Acadêmica do Curso de Direito da Universidade Estadual de Montes Claros.

uma economia informacional. Sob o entendimento de Nehmy e Pim (2002, *apud* DZIEKANIAK, 2011), é evidente um estreitamento entre as operações com os dados e o poder econômico, uma vez que as informações extraídas do tratamento de dados podem direcionar as escolhas dos titulares (OLIVEIRA, 2020). Em vista disso, nota-se uma pluralidade de receptores da informação e uma infinita malha de transmissões, verificando a facilidade de difundir o conteúdo e, em contrapartida, a dificuldade de controlar o fluxo conhecimentos, suscitando o debate quanto à segurança das informações, bem como a responsabilização dos agentes de tratamento em caso de violação ou vazamento de dados (ALVES, 2015).

Assim, ao exemplo da União Europeia, em 14 de agosto de 2018, o Brasil aprovou a Lei nº 13.709/2018, conhecida como Lei Geral de Proteção de Dados (LGPD), dispondo sobre o tratamento de dados pessoais com o objetivo de proteger os direitos fundamentais à liberdade e privacidade.

> Art. 1º Esta Lei dispõe sobre o tratamento de dados pessoais, inclusive nos meios digitais, por pessoa natural ou por pessoa jurídica de direito público ou privado, com o objetivo de proteger os direitos fundamentais de liberdade e de privacidade e o livre desenvolvimento da personalidade da pessoa natural (BRASIL, 2018).

Considerando tal inovação legislativa, o presente estudo tem como objetivo analisar as principais alterações com o advento da Lei Geral de Proteção de Dados Pessoais (LGPD). Inicialmente, discute-se o contexto social atual de modo a compreender a necessidade e importância da referida lei, passando para uma análise dos principais dispositivos da referida lei. Posteriormente, analisa-se a insegurança jurídica da aplicação da lei frente aos desafios de implementação.

Assim, este trabalho justifica-se diante da necessidade de se compreender as novas políticas de privacidade de dados pessoais e os impactos da nova lei, bem como as dificuldades de sua aplicação, contribuindo, ainda, com o estudo para evidenciar os pontos negativos e positivos do referido regulamento, em especial no que se refere a sua eficácia, fiscalização e sanções.

O objetivo não é esgotar o assunto, mas apresentar as principais alterações, uma vez que são de grande relevância e complexidade para toda a sociedade, haja vista sua repercussão no exercício de direitos e deveres. Deve-se levar em consideração que algumas alterações já estão em vigor desde 18 de dezembro de 2018, sendo que os demais artigos passaram a ser aplicados no dia 18 de setembro de 2020, com exceção das sanções administrativas, cuja vigência se deu a partir de 1º de agosto de 2021.

Portanto, mostra-se de suma importância o exame dessa legislação para toda a sociedade, de modo a contribuir com os titulares dos dados, as empresas e o Estado, que devem implementar a nova lei, além dos controladores de dados e, ainda, a sociedade acadêmica, consolidando-se um conhecimento mais profundo sobre essa temática.

Para fundamentação do trabalho, realizou-se uma pesquisa teórica com base em doutrinas relacionadas à matéria e por meio de estudos que exploram os seus principais núcleos: a Ciência da Informação e a Lei nº 13.709/2018.

A pesquisa utilizou-se, ainda, de interpretação das leis internacionais, como por exemplo, o Regulamento Geral sobre Proteção de Dados, a *General Data Protection Regulation* (GDPR). A LGPD observa diretrizes traçadas *a priori* pela normativa europeia.

1 SOCIEDADE, DADOS E INFORMAÇÃO

O contexto de criação da LGPD encontra-se na Sociedade da Informação, marcada pelo desenvolvimento das TICs, na qual, conforme Castells (1999), a informação é o principal fator de produção, apresentando-se como um elemento decisivo tanto no setor econômico, como no social.

O reflexo principal, e debatido no presente trabalho, do desenvolvimento das TICs é a formação de bancos de dados úteis para operações e estratégias econômicas e negociais. A transferência contínua dessas informações sob ação da convergência de tecnologias e a prevalência da lógica de rede – isto é, percursos das técnicas informacionais que passaram a agir de forma interligada e o manuseio de resultados repentinos diante interação complexa, incorre, em decorrência do dificultoso controle dos dados, em violações aos direitos fundamentais de liberdade e de privacidade. (WERTHEIN, 2000).

Nesse sentido, diante do estreitamento entre a informação e o poder econômico, desenvolve-se a economia informacional, observada a pluralidade de receptores e a expressiva malha de transmissões, configurando-se um contexto em que há a facilidade de difundir o conteúdo e, em contrapartida, a dificuldade de controlar o fluxo de dados (ALVES, 2015).

A tecnologia *machine learning* consiste em projetar algoritmos que extraem informações de dados de forma automática. A automatização, em outras palavras, significa que o aprendizado da máquina se ocupa com a adoção de uma metodologia sem muitas especializações, de forma a abranger múltiplos conjuntos de dados, produzindo um material útil. O objetivo do *machine learning* é, portanto, apanhar o máximo de padrões usando um procedimento genérico – como ocorre na filtragem automática de um tópico relevante em um corpo extenso de dados (DEISENROTH, *et al.*, 2020). Entretanto, no limiar, os algoritmos possuíam tarefas determinadas e a elaboração de sua estrutura era minuciosa.

> [...] nas origens dos sistemas de computação, os algoritmos precisavam ser programados para desempenharem determinada tarefa e deviam ser descritos minunciosamente. Com o *Big Data*, tornou-se possível que o algoritmo desenvolvesse a si mesmo, dispensando programação específica e, na verdade, o próprio *Big Data* ganhou valor e utilidade por conta dos algoritmos. Noutras palavras, o algoritmo de aprendizado – que opera de forma predominante na rede mundial de computadores e na Web 2.0 – descobrem tudo sozinhos e programam a si mesmos a partir dos dados que estão disponíveis *on-line*. Paulatinamente, o

machine learning, a tecnologia que constrói a si mesma, está recriando a ciência, a tecnologia, os negócios, a política e a guerra (OLIVEIRA, 2020).

No contexto econômico, os dados possuem viés financeiro, pois permitem a identificação de perfis de consumo, induzindo o padrão de comportamento, influenciando na tomada de decisões, sejam aquisitivas ou até políticas. Diante disso, observada a influência dos algoritmos sobre a decisão de um titular de dados, questiona-se a respeito dos direitos desse titular (OLIVEIRA, 2020).

O direito à privacidade, disposto no artigo 5º, X, da Constituição da República Federativa do Brasil de 1988 (CRFB), trata da inviolabilidade da intimidade, da vida privada, da honra e da imagem das pessoas. Nesse mesmo sentido, o artigo XII da Declaração Universal dos Direitos Humanos, que assim defini: "Ninguém será sujeito à interferência em sua vida privada, em sua família, em seu lar ou em sua correspondência, nem a ataque à sua honra e reputação. Todo ser humano tem direito à proteção da lei contra tais interferências ou ataques." (1948).

Ocorre que os direitos da personalidade foram tutelados em um contexto social diverso do atual, não comtemplando por completo as necessidades da Sociedade da Informação. Esta consiste em uma sociedade influenciada por tecnologias da informação e comunicação, na qual os dados possuem um viés econômico, e, assim, a economia se orienta e se movimenta a partir de dados pessoais.

Os dados, de que trata a pesquisa, são os chamados dados pessoais, são informações atribuídas a uma pessoa identificada ou identificável e, portanto, possui uma estreita relação com o íntimo do indivíduo que figura como titular (DONEDA, 2010).

Os dados refletem informações inerentes aos seus titulares e, por assim dizer, são extensão de um sujeito de direitos. Os dados pessoais são parte do seu titular, tratando-se de sua intimidade, vida privada, honra e imagem. Assim, os dados pessoais estão inseridos no contexto dos direitos humanos e sua própria condição humana, e, portanto, devem ser tutelados da mesma forma.

Desse modo, os dados pessoais devem ser compreendidos como parte integrante do contexto de direitos da personalidade, reconhecidos como direitos fundamentais garantidos pela CRFB e pela Declaração dos Direitos Humanos.

Ocorre que o direito não estava preparado para compreender e tutelar o intenso fluxo de dados e informações pessoais, bem como o estreitamento entre a informação e o poder econômico, sendo impossível prever as implicações desse avanço social e tecnológico. Contudo, a ciência jurídica não pode manter-se estática frente à acentuada violação de preceitos fundamentais, afastando-se do entendimento de que os dados pessoais são extensão de um sujeito de direitos. Por essa razão, diante do consequente impacto social, mostra-se necessário refletir sobre a proteção dos direitos inerentes ao indivíduo no contexto da Sociedade da Informação.

Além disso, a necessidade de um regulamento para nortear e conduzir o ambiente de fluxo de dados é observado quando se consideram o vazamento de dados pessoais, cada vez mais recorrente.

Nesse sentido, com o objetivo de disciplinar a proteção de dados pessoais, coibindo o vazamento de dados e regulamentando a coleta, o uso e tratamento dos dados pessoais, ao exemplo da União Europeia, o Brasil aprovou a Lei Geral de Proteção de dados (LGPD).

2 LEI GERAL DE PROTEÇÃO DE DADOS

A Lei nº 13.709, de 14 de agosto de 2018, a Lei Geral de Proteção de Dados (LGPD), junto à Lei nº 12.527/2011, a Lei de Acesso à Informação e a Lei nº 12.965/2014, o Marco Civil da Informática, buscam normatizar o tratamento de dados pessoais com o objetivo de proteger os direitos fundamentais à liberdade e à privacidade, bem como oferecer segurança jurídica aos agentes que tratam os dados.

Conforme o art. 2º da LGPD, a lei aplica-se a qualquer operação de tratamento realizada por pessoa natural ou por pessoa jurídica, pública ou privada, independentemente do meio, no território nacional ou no país onde estiverem localizados os dados, desde que a operação de tratamento seja realizada no território nacional, que tenha por objetivo a oferta ou o fornecimento de bens ou serviços ou o tratamento de dados de indivíduos localizados no território nacional e cujos dados tenham sido coletados no território nacional.

Para os fins da referida lei, o tratamento de dados refere-se a toda operação realizada, tais como: coleta, produção, recepção, classificação, utilização, acesso, reprodução, transmissão, distribuição, processamento, arquivamento, armazenamento, eliminação, avaliação ou controle da informação, modificação, comunicação, transferência, difusão ou extração. Quanto aos dados pessoais, tratam-se de informações relacionadas à pessoa natural, identificada ou identificável, podendo ser também dados pessoais sensíveis ou anonimizados.

Os dados pessoais sensíveis são aqueles que se referem à origem racial ou étnica, convicção religiosa, opinião política, filiação a sindicato ou a organização de caráter religioso, filosófico ou político, dado referente à saúde ou à vida sexual, dado genético ou biométrico, quando vinculado a uma pessoa natural.

Os dados anonimizados são os relativos ao titular que não possa ser identificado, considerando a utilização de meios técnicos razoáveis e disponíveis na ocasião de seu tratamento.

A LGPD prevê em seu art. 7º as hipóteses que permitem a realização do tratamento de dados:

> Art. 7º O tratamento de dados pessoais somente poderá ser realizado nas seguintes hipóteses:
> I - mediante o fornecimento de consentimento pelo titular;
> II - para o cumprimento de obrigação legal ou regulatória pelo controlador;
> III - pela administração pública, para o tratamento e uso compartilhado de dados necessários à execução de políticas públicas previstas em leis e regulamentos ou respaldadas em

contratos, convênios ou instrumentos congêneres, observadas as disposições do Capítulo IV desta Lei;
IV - para a realização de estudos por órgão de pesquisa, garantida, sempre que possível, a anonimização dos dados pessoais;
V - quando necessário para a execução de contrato ou de procedimentos preliminares relacionados a contrato do qual seja parte o titular, a pedido do titular dos dados;
VI - para o exercício regular de direitos em processo judicial, administrativo ou arbitral, esse último nos termos da Lei nº 9.307, de 23 de setembro de 1996 (Lei de Arbitragem);
VII - para a proteção da vida ou da incolumidade física do titular ou de terceiro;
VIII - para a tutela da saúde, exclusivamente, em procedimento realizado por profissionais de saúde, serviços de saúde ou autoridade sanitária;
IX - quando necessário para atender aos interesses legítimos do controlador ou de terceiro, exceto no caso de prevalecerem direitos e liberdades fundamentais do titular que exijam a proteção dos dados pessoais; ou
X - para a proteção do crédito, inclusive quanto ao disposto na legislação pertinente.

Conforme o art. 18 da LGPD, o titular dos dados pessoais tem direito, mediante requisição, à confirmação da existência de tratamento; acesso aos dados; correção; atualização; anonimização, bloqueio ou eliminação; portabilidade dos dados a outro fornecedor de serviço ou produto; eliminação dos dados pessoais tratados com o consentimento do titular, exceto nas hipóteses que permitem a conservação. O titular deve, ainda, ser devidamente informado das entidades públicas e privadas com as quais o controlador realizou uso compartilhado de dados e da possibilidade de não fornecer consentimento e sobre as consequências da negativa. O titular pode, também, revogar o consentimento.

A referida lei inclui o tratamento dos processamentos de dados automatizados. Como já debatido anteriormente, o estreitamento entre informação e o poder econômico priorizou o desenvolvimento de uma série de funcionalidades e técnicas que possibilitam o armazenamento e o tratamento de uma grande quantidade de dados (*Big Data*). O processamento automatizado de dados reflete em decisões automáticas, determinando por exemplo quais anúncios serão exibidos para determinado titular de dados.

Nesse sentido, a lei prevê, em seu art. 20, que os titulares dos dados podem solicitar a revisão de decisões automatizadas, ou seja, que utilizam como base o tratamento automatizado de dados pessoais, quando afetarem seus interesses. O controlador deve, ainda, sempre que solicitado, fornecer informações claras e adequadas a respeito dos critérios e dos procedimentos utilizados para a decisão automatizada, observados os segredos comercial e industrial. Nos casos de segredos comerciais e industriais, pode a autoridade nacional realizar auditoria para verificar o tratamento automatizado de dados pessoais.

A LGPD determina, em seu capítulo IX, atribuições a dois órgãos quanto à competência para regular e fiscalizar o cumprimento da lei. A Autoridade Nacional de Proteção de Dados (ANPD) e o Conselho Nacional de Proteção de Dados Pessoais e da Privacidade, vetados no texto original por vício de inconstitucionalidade, foram previstos novamente pela Lei nº 13.583, de 9 de julho de 2019.

A ANPD é um órgão da administração pública federal, integrado à Presidência da República. Sua natureza jurídica é transitória, sendo que sua avaliação deverá ocorrer em até 2 (dois) anos da data da entrada em vigor da estrutura regimental do órgão, podendo ser transformado pelo Poder Executivo em entidade da administração pública federal indireta, submetida a regime autárquico especial e vinculada à Presidência da República. Dentre as atribuições da ANPD, estão: zelar pela proteção dos dados pessoais, nos termos da legislação; elaborar diretrizes para a Política Nacional de Proteção de Dados Pessoais e da Privacidade; fiscalizar e aplicar sanções em caso de tratamento de dados realizado em descumprimento à legislação.

Quantos às sanções administrativas, na LGPD, mais precisamente, no art. 52, *caput*, estão previstas as sanções administrativas em casos de infrações cometidas as suas disposições:

> Art. 52. Os agentes de tratamento de dados, em razão das infrações cometidas às normas previstas nesta Lei, ficam sujeitos às seguintes sanções administrativas aplicáveis pela autoridade nacional:
> I - advertência, com indicação de prazo para adoção de medidas corretivas;
> II - multa simples, de até 2% (dois por cento) do faturamento da pessoa jurídica de direito privado, grupo ou conglomerado no Brasil no seu último exercício, excluídos os tributos, limitada, no total, a R$ 50.000.000,00 (cinquenta milhões de reais) por infração;
> III - multa diária, observado o limite total a que se refere o inciso II;
> IV - publicização da infração após devidamente apurada e confirmada a sua ocorrência;
> V - bloqueio dos dados pessoais a que se refere a infração até a sua regularização;
> VI - eliminação dos dados pessoais a que se refere a infração;
> VII - (VETADO);
> VIII - (VETADO);
> IX - (VETADO).
> ~~X - (VETADO); (Incluído pela Lei n° 13.853, de 2019)~~ (Promulgação partes vetadas)
> ~~XI - (VETADO); (Incluído pela Lei n° 13.853, de 2019)~~ (Promulgação partes vetadas)
> ~~XII - (VETADO). (Incluído pela Lei n° 13.853, de 2019)~~ (Promulgação partes vetadas)
> X - suspensão parcial do funcionamento do banco de dados a que se refere a infração pelo período máximo de 6 (seis) meses, prorrogável por igual período, até a regularização da atividade de tratamento pelo controlador; (Incluído pela Lei n° 13.853, de 2019)
> XI - suspensão do exercício da atividade de tratamento dos dados pessoais a que se refere a infração pelo período máximo de 6 (seis) meses, prorrogável por igual período; (Incluído pela Lei n° 13.853, de 2019)
> XII - proibição parcial ou total do exercício de atividades relacionadas a tratamento de dados. (Incluído pela Lei n° 13.853, de 2019) (BRASIL, 2018).

Considerando essa normativa e os demais parâmetros estabelecidos pela LGPD, constata-se ser ela uma legislação que imprime um grande avanço para o Brasil, que agora possui uma lei exclusiva para regulamentar o tratamento de dados pessoais, buscando não só a garantia de direitos individuais, mas também a inovação e fomento do desenvolvimento econômico. Contudo, ainda há desafios em sua efetiva aplicação, como se verá adiante.

3 VIGÊNCIA DA LEI GERAL DE PROTEÇÃO DE DADOS E A INSEGURANÇA JURÍDICA

A LGPD foi promulgada em 14 de agosto de 2018, sendo que, inicialmente, conforme redação do art. 65, a previsão era entrar em vigor "após decorridos 18 (dezoito) meses de sua publicação oficial", isto é, no dia 15 de agosto de 2018.

Ocorre que a Presidência da República vetou os artigos 55 ao 59, que tratavam da Autoridade Nacional de Proteção de Dados – ANPD e do Conselho Nacional de Proteção de Dados Pessoais e da Privacidade, alegando violação ao artigo 61, § 1º, II, "e", cumulado com o artigo 37, XIX da Constituição, incorrendo, assim, em vício de inconstitucionalidade.

Nessa ocasião, o então Presidente da República, Michel Temer, editou a Medida Provisória de nº 869, em 27 de dezembro de 2018, criando a Autoridade Nacional de Proteção de Dados (ANPD) e o Conselho Nacional de Proteção de Dados Pessoais e da Privacidade e passando a prever dois prazos para a entrada em vigor: (a) quanto aos artigos que dispõem sobre Autoridade Nacional de Proteção de Dados (ANPD) e o Conselho Nacional de Proteção de Dados Pessoais e da Privacidade, os artigos 55-A ao 55-K, artigo 58-A e artigo 58-B, no dia 28 de dezembro de 2018; e (b) quanto aos demais artigos da Lei nº 13.709/2018, 24 meses após a data de sua publicação.

O objetivo principal da Medida Provisória foi criar

a Autoridade Nacional de Proteção de Dados – ANPD, uma vez que a ausência de previsão desse órgão, responsável por zelar, implementar e fiscalizar o cumprimento da LGPD, impossibilitaria a garantia de aplicabilidade da norma de forma eficaz.

Em 08 de julho de 2019, a MP nº 869/18 foi convertida na Lei nº 13.853/2019, modificando alguns dispositivos da Lei nº 13.709/18 para "dispor sobre a proteção de dados pessoais e para criar a Autoridade Nacional de Proteção de Dados; e dá outras providências". (BRASIL, 2019).

E novamente, em abril de 2020, nova Medida Provisória nº 959/20 foi editada para adiar o início das regras de proteção de dados para maio de 2021 em razão, dos impactos econômicos e sociais da crise decorrente da pandemia do novo coronavírus, de modo que não seria possível garantir a aplicação da LGPD. A MP nº 959/20, revogando o inciso II do art. 65 de LGPD, suspendeu a aplicação da LGPD que deveria ter entrado em vigor, para os demais artigos, no dia 14 de agosto de 2020.

Em 12 de junho de 2020, foi editada a Lei nº 14.010/2020 que instituiu o Regime Jurídico Emergencial e Transitório das relações jurídicas de Direito Privado (RJET), também em função do regime pandêmico vivenciado pelo mundo desde março de 2020. Trata-se de uma norma emergencial, assim, não tem o objetivo de modificar a legislação vigente, mas apenas dispor de medidas provisórias, suspendendo a eficácia de artigos de leis incompatíveis com o período de crise e pandemia do novo coronavírus. Nesse sentido, a referida lei tratou nas disposições finais de alterações à LGPD.

Conforme a Lei nº 14.010/20, que acrescentou o inciso I-A ao art. 65 da Lei 13.709/18, as sanções previstas no arts. 52, 53 e 54 da LGPD teriam a vigência iniciada em 1º de agosto de 2021, considerando o período de recessão econômica. Os artigos 55-A ao 55-L, 58-A e 58-B teriam o início da vigência em 28 de dezembro de 2018, conforme redação dada pela Lei nº 13.853/19. Quanto aos demais artigos, teriam vigência em 03 de maio de 2021, conforme redação dada pela medida provisória nº 959/20.

Fato é que apesar da Lei nº 14.010/20 buscar reduzir os impactos socioeconômicos causados pela atual crise econômica, postergando as sanções administrativas da LGPD, a insegurança com relação à convolação da MP 959/20 em lei não eximiu os empresários da necessidade de investir nas adequações à LGPD.

Contudo, o art. 4º da MP que tratava do adiamento da LGPD não foi convertido em lei. A MP nº 959/20 foi convertida na Lei nº 14.058/2020, em 17 de setembro de 2020, tratando apenas do benefício emergencial, outro assunto tratado na mesma MP, sem fazer menção ao adiamento da LGPD, inicialmente previsto. O Senado removeu o artigo que tratava do adiamento na conversão da MP na Lei nº 14.058/20. Assim, os demais artigos, ou os chamados artigos residuais, da LGPD passaram a vigorar junto com a publicação da Lei nº 14.058/20, quando a MP não estaria mais valendo.

Dessa forma, com a publicação da Lei nº 14.058/20, a LGPD passou a vigorar em todo o território nacional, exceto as sanções que, conforme Lei nº 14.010/20, passaram a vigorar somente em agosto de 2021. No entanto, ainda que postergadas as sanções administrativas dos arts. 52, 53 e 54, a lei prevê questões de responsabilidade civil, criminal e trabalhista, de modo que, antes mesmo da integral vigência da lei, já era ela mencionada em decisões judiciais.

Em resumo, o texto original da LGPD entraria em vigor 18 meses após a sua publicação em 14 de agosto de 2018. Contudo, previamente a sua entrada em vigor, em 27 de dezembro de 2018, foi editada a MP nº 869/2018, convertida na Lei nº 13.853/2019 em 8 de julho de 2019, que acrescentou artigos à LGPD relativos à criação da Autoridade Nacional de Proteção de Dados (ANPD), que entrariam em vigor em 28 de dezembro de 2018 e, quanto aos demais artigos, 24 meses após a data de sua publicação. Em 29 de abril de 2020, nova MP foi editada, a MP nº 989/2020, prorrogando novamente a entrada em vigor destes demais artigos para o dia 3 de maio de 2021. Em seguida, em 10 de junho de 2020, a Lei nº 14.010/2020, que trata do Regime Jurídico Emergencial e Transitório, adiou o início da vigência dos artigos relativos às sanções administrativas para o dia 1º de agosto de 2021. Em 17 de setembro de 2020, a MP nº 989/2020 é convertida na Lei nº 14.058/2020 não convalescendo o adiamento anteriormente previsto.

É importante observar a insegurança jurídica e instabilidade gerada em decorrência da incerteza quanto ao início da vigência da referida lei. Conviveu-se com a expectativa de uma lei com artigos em vigor, outros na eminência de entrar em vigor após tentativas de adiamento. As recorrentes alterações prejudicam a implantação da nova lei, gerando a percepção de instabilidade e insegurança jurídica, comprometendo a eficácia da nova regulamentação.

Ocorre que esse contexto de indefinição dificulta a realização de planejamentos estratégicos e financeiros, a atualização de sistemas, treinamento de profissionais e adaptação de instrumentos para adequação À complexa lei. Assim, devido à incerteza quanto ao início da vigência dessa legislação, aliada à crise econômica do país, as adequações deixaram de ser prioridade para as empresas, que suspenderam ou postergaram as medidas de adequação com a LGPD.

Outro ponto de insegurança é quanto à inércia do Poder Executivo na criação da Autoridade Nacional de Proteção de Dados (ANPD). Conforme a LGPD, a ANPD é um órgão da administração pública integrado à Presidência da República com a função de fiscalizar a aplicação da lei.

Como já mencionado, a criação da ANPD estava prevista no texto original da LGPD, contudo foi vetado por vício de inconstitucionalidade, só sendo novamente prevista na Medida Provisória nº 869, de 27 de dezembro de 2018, convertida na Lei nº 13.853, em 8 de julho de 2019. Além disso, a estrutura regimental e o quadro da ANPD dependiam da agenda do Poder Executivo para indicação e aprovação dos responsáveis.

Em 27 de agosto de 2020, o Decreto n° 10.474 regulamentou a ANPD. Porém, a vigência do decreto ainda estava condicionada à publicação da nomeação do Diretor-Presidente da ANPD. Assim, só no dia 20 de outubro de 2020 que o Senado aprovou os nomes indicados pelo governo para compor a primeira diretoria.

As empresas brasileiras conviveram com a expectativa da entrada em vigor da LGPD por mais de 2 (dois) anos. Trata-se de uma lei complexa, sendo que a implementação das novas regras pelas empresas não é um processo simples. Para tanto, empresas precisaram investir capital em novas tecnologias, capacitações e treinamentos para se adaptar à nova lei. Ocorre que a insegurança e instabilidade tornam esse processo ainda mais lento e incerto.

A Lei n° 13.709/2018 sofreu diversas modificações antes mesmo de sua vigência e, sobretudo, quanto a sua vigência. Após adiamentos, mas ainda com indefinições, a LGPD finalmente passou a vigorar no dia 18 de setembro de 2020, exceto pelas sanções administrativas. Contudo, a referida lei ainda será alvo de discussões e incertezas, tendo em vista a sua complexidade e importância, bem como a incompleta estrutura para implementação da lei.

CONSIDERAÇÕES FINAIS

A proposta central deste estudo foi analisar as principais alterações trazidas a partir do advento da Lei Geral de Proteção de Dados Pessoais (LGPD), com uma análise a respeito das novas políticas de privacidade de dados pessoais.

Durante os registros efetivados, discutiu-se o contexto social de criação da referida lei, buscando compreender a justificativa e os objetivos dessa regulamentação. Assim, identificou-se implicações oriundas da estrutura capitalista em torno dos dados, que tomou a posição de produto mais estimado dentro da Sociedade da Informação. No que diz respeito ao tratamento desse item econômico, nota-se o desenvolvimento contínuo de TICs – Tecnologias de Informação e Comunicação – para aperfeiçoar o processo informacional.

Ademais, analisou-se os principais dispositivos da lei em comento. Observou-se que a Lei nº 13.709/2018 disciplinou as políticas de privacidade de dados pessoais, coibindo o vazamento de dados e regulamentando a coleta, o uso e tratamento dos dados pessoais, realizando uma interseção das legislações que tutelam a proteção de dados e o direito à privacidade.

Além disso, discutiu-a insegurança jurídica de aplicação da lei frente aos desafios de sua implementação, principalmente no que se refere às constantes alterações e adiamentos. Ocorre que a LGPD sofreu diversas modificações, sobretudo quanto ao início da sua vigência.

A LGPD mostra-se como uma lei complexa. Assim, para a sua implementação é preciso investir em novas tecnologias, capacitações e treinamentos. Ocorre que a insegurança jurídica e a instabilidade dessa norma levaram a um processo de adequação ainda mais lento e incerto. A Medida Provisória nº 989/2020, que adiava o início da vigência da LGPD, ao ser convertida na Lei nº 14.058/2020 não convalesceu o adiamento até então previsto. Dessa forma, as empresas brasileiras tiveram que conviver com essa expectativa de adiamento ou entrar em vigor imediata da LGPD.

A LGPD finalmente passou a vigorar no dia 18 de setembro de 2020, exceto pelas sanções administrativas que a vigência só teve início em 1º de agosto de 2021. Todavia, ainda há indefinições quanto a aplicação no caso concreto da referida lei. Trata-se de uma lei ainda em discussão frente a sua complexidade e importância, bem como, a incompleta estrutura para implementação da lei.

REFERÊNCIAS

AGAMBEN, G. *O que é contemporâneo?* E outros ensaios. Trad. De Vinícius Nicastro Honesko. Chapecó: Argos, 2009.

AGÊNCIA SENADO. *Senado confirma primeira diretoria da Autoridade Nacional de Proteção de Dados.* Disponível em:

https://www12.senado.leg.br/noticias/materias/2020/10/20/senad o-confirma-primeira-diretoria-da-autoridade-nacional-de-protecao-de-dados. Acesso em: 16 dez 2020

ALVES, F. R. S.; LEAL, M. C. H. O dever de proteção na sociedade da informação. *Seminário Internacional Demandas Sociais e Políticas Públicas na Sociedade Contemporânea*, 2015.

ASSOCIAÇÃO BRASILEIRA DE NORMAS TÉCNICAS. *ISSO 27001*: Tecnologia da informação — Técnicas de segurança — Sistemas de gestão de segurança da informação — Requisitos. Rio de Janeiro (RJ).

BACHELARD, G. *A epistemologia*. Lisboa: Edições 70, 2013.

BAUNAM, Z. *Modernidade líquida*. Tradução de Plínio Dentzien. Rio de Janeiro: Zahar, 2001.

BENVENISTE, E. *Problemas de lingüística geral I*. 5. ed. Campinas: Pontes Editores, 2005.

BERNERS-LEE, T. *Linked data - Design issues*. 2009, Disponível em: https://www.w3.org/DesignIssues/LinkedData.html. Acesso em: 17 dez. 2020.

BORKO, H. Information science: what is it? *American Documentation*, v.19, n.1, p. 3-5, 1968.

BRASIL. *Decreto nº 10.474, de 26 de agosto de 2020*. Disponível em: https://www.in.gov.br/en/web/dou/-/decreto-n-10.474-de-26-de-agosto-de-2020-274389226.
Acesso em: 17 dez. 2020

BRASIL. *Lei nº 14.010, de 10 de junho de 2020*. Disponível em: http://www.planalto.gov.br/ccivil_03/_ato2019-2022/2020/lei/L14010.htm. Acesso em: 15 dez. 2020.

BRASIL. *Lei nº 14.058, de 17 de setembro de 2020*. Disponível em: https://www.in.gov.br/en/web/dou/-/lei-n-14.058-de-17-de-setembro-de-2020-278155040. Acesso em: 15 dez. 2020.

BRASIL. *Lei nº. 13.709, de 14 de agosto de 2018*. Disponível em: http://www.planalto.gov.br/ccivil_03/_ato2015-2018/2018/Lei/L13709.htm. Acesso em: 15 dez. 2020.

BRASIL. *Lei nº 13.853, de 8 de julho de 2019*. Disponível em:

http://www.planalto.gov.br/ccivil_03/_ato2019-2022/2019/lei/l13853.htm. Acesso em: 17 dez. 2020

BURKE, P. *Uma história social do conhecimento*. Rio de Janeiro: Zahar Ed., 2003.

CASTELLS, M. *Sociedade em rede*. **Tradução: Roneide Venâncio. 6ed. São Paulo; Paz e Terra, 1999. (p. 67-203/467-518)**

CAPURRO, R. Epistemología y ciencia de la información. Encontro Nacional de Pesquisa em Ciência da Informação. 5. 2003, Belo Horizonte. *Anais*... Belo Horizonte: UFMG, 2003. Disponível em: http://repositorios.questoesemrede.uff.br/repositorios/bitstream/handle/123456789/542/CONFESP_Capurro.pdf?sequence=1. Acesso em: 15 de dez. 2020

CHALMERS, A.F. *O que é a ciência afinal?* São Paulo: Brasiliense, 1993.

COLL, S. Power, knowledge, and the subjects of privacy: Understanding privacy as the ally of surveillance. *Information Communication and Society*, v. 17, n. 10, p. 1250–1263, 2014.

CONEGLIAN, C. S., et al. O papel da web semântica nos processos do big data. *Encontros Bibli: revista eletrônica de biblioteconomia e ciência da informação*, v. 23, n. 53, p. 137-146, 2018.

COMISSÃO DA DIREITO DA TECNOLOGIA DA INFORMAÇÃO. OAB PERNAMBUCO. *O que estão fazendo com os meus dados?* A importância da Lei Geral de Proteção de Dados. / Coordenação Paloma Mendes Saldanha. Recife: SerifaFina, 2019.

DEISENROTH, M. P., *et al. Mathematics from machine learning.* Cambridge: Cambridge University Press, 2020.

DONEDA, D. (org). *A proteção de dados pessoais nas relações de consumo: para além da informação creditícia*. Escola Nacional de Defesa do Consumidor. Brasília: SDE/ DPDC, 2010.

GANDOMI, A.; HAIDER, M. Beyond the hype: Big data concepts, methods, and analytics. *International journal of information management*, v. 35, n. 2, p. 137-144, 2015.

GUANDALINI, C. A.; SANTOS, A. A. Linked Open Data: conceito, relações e importância na Era da Informação. *Múltiplos*

Olhares em Ciência da Informação, v. 8, n. 2, 2018.

IBM. *What is big data?:* Bringing big data to the enterprise. Disponível em: https://www.ibm.com/analytics/hadoop/big-data-analytics. Acesso em: 17 dez. 2020

JAPIASSU, H. *Introdução ao pensamento epistemológico*. 2.ed. Rio de Janeiro: Francisco Alves, 1977.

LISBOA, R. S. Direito na sociedade da informação. *Revista dos Tribunais,* v. 95, p. 106, 2006.

MACHADO, R., *et al.* Vazamentos de Dados: Histórico, Impacto Socioeconômico e as Novas Leis de Proteçao de Dados. In: *Anais da XVII Escola Regional de Redes de Computadores.* SBC, 2019. p. 154-159.

MALDONATO, V. N. *LGPD:* Lei Geral de Proteção de Dados pessoais: manual de implementação. São Paulo: Thomson Reuters Brasil, 2019.

MARCHIORI, P. Z.; LOPES, J. Princípios de informação equitativa nas políticas de privacidade online de empresas brasileiras | Principles of equitable information in Brazilian firms' online privacy policies. *Liinc em Revista*, v. 12, n. 1, 2016.

MARRAFON, M. A., *et al. Importância da revisão humana das decisões automatizadas na Lei Geral de Proteção de Dados.* Disponível em: https://www.conjur.com.br/2019-set-09/constituicao-poder-importancia-revisao-humana-decisoes-automatizadas-lgpd. Acesso em: 17 dez. 2020.

MATTELART, A. *Sociedade do conhecimento e controle da informação e da comunicação.* Conferência proferida na sessão aberta do V Encontro Latino de Economia Política da Informação, Comunicação e Cultura, realizado em Salvador, de 9 a 11 de novembro de 2005. Disponível em: www.gepicc.ufba.br/enlepicc/ArmandMattelartPortugues.pdf. Acesso em: 17 dez. 2020.

MORIN, E. *O problema epistemológico da complexidade.* 2.ed. Mem Martins: Publicações Europa-América, 2000.

OLIVEIRA, B. P. G. Inteligência artificial e proteção de dados: sobre a audodeterminação informativa e a manipulação informacional por *machine learning. Humanidades e tecnologia (FINOM),* v. 26, n. 1, p. 162-

186, 2020.

ORGANIZAÇÃO DAS NAÇÕES UNIDAS. *Declaração Universal dos Direitos Humanos*, 1948. Disponível em: https://www.unicef.org/brazil/declaracao-universal-dos-direitos-humanos. Acesso em: 20 dez. 2020.

RENDÓN–ROJAS, M. A. Epistemologia da Ciência da Informação: objeto de estudo e principais categorias. *InCID: Revista de Ciência da Informação e Documentação*, v. 3, n. 1, p. 3-14, 2012.

SCHOPENHAUER, A. *O mundo com vontade e como representação*. Tradução de Jair Barboza. São Paulo: UNESP, 2005.

UNIÃO EUROPEIA. Regulamento (UE) 2016/679 do Parlamento Europeu e do Conselho. *Jornal Oficial da União Europeia*. 2016.

VELHO, R. Em vigor a partir de agosto, implementação da Lei Geral de Proteção de Dados ainda enfrenta desafios. *Cienc. Cult.*, São Paulo, v. 72, n. 2, p. 09-11, abril. 2020. Disponível em: http://cienciaecultura.bvs.br/scielo.php?script=sci_arttext&pid=S0009-67252020000200004&lng=en&nrm=iso>. Acesso em: 28 jan. 2021.

WERTHEIN, J. A sociedade da informação e seus desafios. *Ciência da Informação*, v. 29, n. 2, p. 71– 77, 2000. Disponível em: http://www.scielo.br/scielo.php?script=sci_arttext&pid=S0100-19652000000200009&lng=pt&tlng=p. Acesso em: 15 dez. 2020

7

INFORMATIZAÇÃO JUDICIÁRIA E ACESSO À JUSTIÇA: ANÁLISE DE MUDANÇAS LEGISLATIVAS NA PRÁTICA JURÍDICA AO MUNDO DIGITAL

Ionete de Magalhães Souza [21]

Camila Maria Alves Tolentino Gomes [22]

Fabiana Aparecida Soares Gomes [23]

INTRODUÇÃO

O cenário global é marcado por um exponencial desenvolvimento tecnológico, sendo este um reflexo da Era Digital, a qual a sociedade contemporânea está inserida. Assim, mudanças tecnológicas ocasionam mudanças comportamentais e, consequentemente, alterações jurídicas (PINHEIRO, 2020). Estas modificações tendem a transformar toda a estrutura do universo jurídico, sobretudo, como será abordado neste trabalho, do Poder Judiciário.

A terceira onda do movimento de acesso à justiça, de acordo com Mauro Cappelletti e Bryant Garth (2020), dá enfoque à

---

[21] Graduada em Direito, Especialista em Processo e Direito Civil pela Universidade Estadual de Montes Claros - Unimontes. Mestre em Direito - Instituições Jurídico-Políticas - pela Universidade Federal de Santa Catarina - UFSC, Doutora em Direito - Ciências Jurídicas e Sociais, pela *Universidad Del Museu Social Argentino* - UMSA. Idealizadora e Coordenadora do Programa S.A.J. Itinerante/Unimontes (2002-2017). Professora Universitária. Advogada

[22] Acadêmica do Curso de Direito da Universidade Estadual de Montes Claros (Unimontes).

[23] [23] Acadêmica do Curso de Direito da Universidade Estadual de Montes Claros (Unimontes).

questão da acessibilidade judicial, a partir de uma perspectiva mais ampla, isto é, tendo como respaldo os empecilhos inter-relacionados, que impedem a efetivação do acesso à justiça de forma equânime. Dentre tais empecilhos estão os altos custos e também a morosidade do sistema judicial, esta causada pelo elevado índice de demandas.

Assim, faz-se necessário aprimorar a atuação da atividade pública, a fim de alcançar uma maior eficiência na prestação de serviços (BAPTISTA; COSTA, 2020). A subutilização dos recursos tecnológicos tende a causar a obsolescência do Judiciário, sendo imprescindível averiguar, pois, a possibilidade de utilização das tecnologias da informação (TI), enquanto instrumentos de acesso à justiça.

O presente estudo, a fim de alcançar o objetivo proposto, fundamentou-se em análise bibliográfica, valendo-se da revisão de artigos científicos, da obra "Acesso à justiça", e da consulta documental da Constituição da República Federativa do Brasil de 1988 (CRFB/1988) e da Lei n. 11.419, de 19 de dezembro de 2006.

Por meio de uma análise crítica acerca das mudanças legislativas que fundem a prática jurídica ao mundo digital, com o respaldo das referências nacionais, buscou-se estabelecer as relações existentes entre o tema e demais conceitos, de maneira a debater os aspectos e consequências das alterações legislativas decorrentes da evolução tecnológica do Judiciário brasileiro. Entende-se oportuno, pois, analisar a informatização do Poder Judiciário, enquanto mecanismo efetivador do acesso à justiça, bem como os obstáculos para sua implementação, haja vista a crescente importância da tecnologia no âmbito jurídico.

1 A REFORMA TECNOLÓGICA DO JUDICIÁRIO E SUAS NUANCES

De acordo com o artigo 5º, XXXV, da CRFB/1988, "a lei não excluirá da apreciação do Poder Judiciário lesão ou ameaça de direito". Tal prerrogativa prevê o acesso à justiça, elemento fundamental para o pleno exercício da cidadania.

Todavia, um dos entraves antepostos para a garantia do direito supracitado é o excesso de prazo despendido pelo Judiciário, que acaba por culminar no descrédito da população no que diz respeito à capacidade operacional do Judiciário brasileiro. "Ao processamento moroso são associados os sentimentos de impunidade e insegurança, e ao processamento ágil é atribuída a eficácia do sistema na pacificação dos conflitos sociais" (RIBEIRO, 2020).

> O tempo da justiça brasileira, formalmente, é o ordenado e definido por normas inscritas nos diversos códigos processuais, os quais regulam a cronologia da intervenção judicial e, por isso, deve ser conhecido e seguido pelos operadores do direito. Contudo, o que se percebe é que na realidade cotidiana dos tribunais esse tempo nem sempre é respeitado, transformando o sistema em algo moroso e, por isso, objeto de constantes críticas (RIBEIRO, 2020).

Outrossim, essa lentidão processual fere o princípio constitucional da celeridade, incluído pela Emenda Constitucional n. 45, previsto no art. 5º, LXXVIII, que preconiza que "a todos, no âmbito judicial e administrativo, são assegurados a razoável duração do processo e os meios que garantam a celeridade de sua tramitação".

Portanto, por incumbir ao Poder Judiciário, dentre os demais poderes da União, efetivar o acesso à justiça, urge a necessidade de superar a questão da morosidade dos processos judiciais; e, com o fito de que essa resolução ocorra da forma mais efetiva possível, emerge a possibilidade de incorporação da tecnologia pelo Poder Judiciário.

Nesse viés, premente foi a necessidade de adequação do Judiciário à era cibernética.

Nas palavras de G.C. Leroy e L.F.F. Cordeiro:

> Buscar o crescimento exponencial da aplicação de tecnologia ao Judiciário, com vistas a obter maior celeridade e efetividade, julgando cada vez mais litígios, sem diminuir a qualidade das decisões e propiciando

satisfação aos anseios da sociedade é realidade que se impõe na atualidade, principalmente aos órgãos públicos (LEROY; CORDEIRO, 2020).

Como forma de acompanhar a evolução da sociedade, em 19 de dezembro de 2006 houve a promulgação da Lei n. 11.419, também conhecida como "Lei do Processo Eletrônico", que consolidou a possibilidade de utilizar meios eletrônicos nos atos processuais; sendo aplicada aos processos civil, penal e trabalhista, bem como aos Juizados Especiais, em qualquer grau de jurisdição (BRASIL[5], 2020). Essa lei, ao conceber a tramitação processual via *internet*, por meio do processo eletrônico, como, por exemplo, a prática de atos e até o envio de peças processuais, acabou por estimular a inovação da estrutura organizacional do Judiciário brasileiro (BAPTISTA; COSTA, 2020).

Os processos sistematizados de forma eletrônica tendem a viabilizar o acesso à justiça, de forma menos burocratizada, além de promoverem uma expressiva diminuição de gastos e uma maior comodidade para propor demandas (TAVARES *et. al.*, 2020). Todavia, um dos benefícios mais significativos para a garantia de um pleno acesso à ordem jurídica justa é o fato dos processos judiciais eletrônicos possibilitarem uma maior celeridade e eficácia para os pronunciamentos judiciais.

Tendo como base as diretrizes da Lei n. 11.419, promulgou-se, em 23 de março de 2012, a Resolução n. 94 do Conselho Superior de Justiça do Trabalho (CSJT), responsável por instituir o Sistema de Processo Judicial Eletrônico da Justiça do Trabalho (PJe-JT). Tal sistema, para além de consolidar as TI no âmbito jurídico, estabeleceu os fundamentos para o funcionamento e implantação do processamento de informações e prática de atos referentes aos processos (CONSELHO SUPERIOR DA JUSTIÇA DO TRABALHO, 2020). Além disso, por possibilitar o acompanhamento e a prática dos processos por meio das vias eletrônicas, o PJe- JT tende a promover maior transparência nos atos.

Ademais, vale pontuar as sugestões de mudanças e aprimoramentos do Judiciário nacional, como, por exemplo, a concepção de J. A. Ruschel, que suscita a ideia de adoção da ferramenta de gestão *Business Intelligence (BI)*, sistema composto por um conjunto de tecnologias da informação e que se baseia no fator "tendência". Por ser utilizado para homogeneizar processos penais, isto é, as sentenças judiciais; o BI conduz, para além do aceleramento dos processos, à culminação de decisões justas (RUSCHEL, 2020).

O método de gestão supramencionado foi implantado, até mesmo culturalmente, no Tribunal de Justiça de Santa Catarina (TJSC), a princípio para o controle dos homicídios dolosos; e, devido aos resultados positivos, tende a ser ampliado para outros processos. De acordo com Ruschel (2020), "[...] este modelo servirá à modernização da justiça brasileira, possibilitando inclusive uma reengenharia de processos, dando inclusive subsídio para a alteração do Código de Processo Penal".

Outro fator tecnológico que desponta nas discussões sobre a reforma digital do Judiciário é a utilização da Inteligência Artificial (IA), que consiste em *softwares* e ferramentas inteligentes cujo objetivo é realizar, por meio da automação das atividades administrativas, decisões baseadas em dados (REUSING; SILVA A; SILVA G., 2020). Conforme Henrique Alves Pinto: "a IA é a tentativa de transpor a capacidade humana de cognição para sistemas artificiais" (PINTO, 2020).

Originado do latim *inteliligentia ou intellectus e intellego*, que significa conhecer, a IA se fundamenta no processo de criação de uma máquina ou um computador por meio de técnicas consideradas inteligentes (LEROY; CORDEIRO, 2020). A Revolução Industrial teria, pois, chegado ao seu quarto estágio; isto é, momento em que a tecnologia e a inteligência artificial configuram-se enquanto líderes dos métodos produtivos e da vida como um todo, em especial no século XXI (REUSING; SILVA A.; SILVA G., 2020).

Nessa acepção, o uso da IA consistiria em um mecanismo capaz de facilitar a garantia a um efetivo acesso à justiça, uma "vez que tem grande potencialidade para diminuir a quantidade de demandas repetitivas por meio da desburocratização de procedimentos e auxílio na atividade do juiz e seus auxiliares, inclusive aprimorando a qualidade da produção" (LEROY; CORDEIRO, 2020).

No que concerne às contribuições que a IA pode proporcionar aos magistrados, F. R. Porto assevera:

> Assim, numa visão holística da aplicação da IA no Judiciário, podemos identificar as seguintes atuações: (a) auxiliando o Magistrado na realização de atos de constrição (penhora on line, Renajud e outros); (b) auxiliando o Magistrado a identificar os casos de suspensão por decisões em recursos repetitivos, IRDR, Reclamações e etc., possibilitando que o processo seja identificado e suspenso sem esforço humano maior do que aquele baseado em confirmar o que a máquina apontou; (c) auxiliar o Magistrado na degravação de audiências, poupando enorme tempo; (d) auxiliar na classificação adequada dos processos, gerando dados estatísticos mais consistentes; (e) auxiliar o Magistrado na elaboração do relatório dos processos, filtrando as etapas relevantes do processos e sintetizando o mesmo; (f) auxiliar na identificação de fraudes; (g) auxiliar na identificação de litigante contumaz; (h) auxiliar na identificação de demandas de massa; (i) auxiliar na avaliação de risco (probabilidade/ impacto de algo acontecer no futuro); (j) auxiliar na gestão relativa à antecipação de conflitos a partir de dados não estruturados; (k) auxiliar o Magistrado na avaliação da jurisprudência aplicada ao caso; (l) possibilitar uma melhor experiência de atendimento ao usuário: sistemas conversacionais, "chat bot" (atendimento para ouvidoria e Corregedoria); (m) identificar votos divergentes na pauta eletrônica; (n) auxiliar na gestão cartorária, identificando pontos de gargalos, processos paralisados, servidores com menor/maior carga de trabalho; (o) identificar e reunir processos para movimentação em lote, e (p) auxiliar o Magistrado na elaboração de minutas de despachos, decisões e sentenças (PORTO, 2020).

Cabe a ressalva de que, em consonância com os preceitos da IA, o Supremo Tribunal Federal desenvolveu e implementou, em convênio com a Universidade de Brasília, a ferramenta "VICTOR", cuja finalidade é acelerar a tramitação processual dentro do STF. Esse sistema, baseado no *deep learning* e composto por algoritmos que realizam a análise de textos processuais, tenciona detectar precisamente os temas mais recorrentes de repercussão geral no que diz respeito aos recursos extraordinários.

> Apesar de estar em fase inicial de desenvolvimento, tem pretensões bastante inovadoras; um dos objetivos básicos desse projeto é a aplicação das técnicas do *machine learning* na busca e no reconhecimento de padrões nos processos jurídicos relativos a julgamentos de repercussão geral do STF (PINTO, 2020).

Entretanto, haja vista o cenário de mudanças tecnológicas que permeia o Judiciário brasileiro, Leroy e Cordeiro (2020) pontuam a não descartabilidade da atividade humana em face dos atos processuais. "Não se trata de retirar a competência ou substituir os magistrados em determinadas atividades, mas sim de ferramenta de apoio às decisões, colaborando para a efetiva prestação jurisdicional." (LEROY; CORDEIRO, 2020).

1.1 Pandemia e a necessidade da reforma tecnológica

Em decorrência do cenário excepcional provocado pela deflagração da pandemia da Covid-19, doença causada pela infecção do vírus Sars-CoV-2, toda a conjuntura nacional foi alterada, sobretudo a esfera judicial. Como consequência dessa realidade, o Judiciário brasileiro, a fim de garantir o acesso à justiça durante o período emergencial vigente, e ao mesmo tempo compatibilizar a continuidade da atividade jurisdicional com a preservação da saúde dos envolvidos no panorama processual, foi compelido a incorporar as TIs em seus procedimentos e ampliar os serviços digitais.

> O funcionamento do Poder Judiciário, no atual contexto vivenciado em razão da COVID-19, seria inconcebível

sem a implementação da tecnologia, que se estende por todo o iter procedimental, desde a propositura da ação eletronicamente até seu julgamento em sessões virtuais (WERNECK; ANDREATINI, 2020).

A esse respeito, a modernização das atividades judiciais foi adiantada em razão da quarentena decorrente do contexto pandêmico, tendo sido indispensável que os tribunais se reorganizassem, o que culminou no *home office*. Logo, em 19 de março de 2020, o Conselho Nacional de Justiça (CNJ), com vistas a contribuir para a contenção do vírus concomitantemente à garantia do acesso à justiça, decretou a Resolução n. 313, que disciplinou a adequação dos tribunais ao sistema remoto (CONSELHO NACIONAL DE JUSTIÇA, 2020). Além disso, o CNJ, em abril de 2020, disponibilizou aos tribunais uma plataforma emergencial de videoconferência para a efetuação de audiências remotas (ROBORTELLA; PINTO, 2020).

Outra modificação legislativa decorrente dos reflexos da pandemia foi a promulgação da Lei n. 13. 994, de 24 de abril de 2020, que autorizou a conciliação não presencial nos juizados especiais cíveis (BRASIL[4], 2020). Essa possibilidade de autocomposição por vias eletrônicas corroborou o texto do art. 334, § 7°, do novo Código de Processo Civil (CPC), que prevê que "a audiência de conciliação ou de mediação pode realizar-se por meio eletrônico, nos termos da lei" (BRASIL[1], 2020). Contudo, apesar de haver previsão anterior contida no CPC, a Lei n. 13.994, ao causar uma desobstrução do Judiciário no contexto pandêmico, propiciou uma mudança no cenário institucional processualístico capaz de ampliar o acesso à justiça nas circunstâncias atuais.

Ademais, em 4 de setembro de 2020, houve o deferimento do Programa de Modernização do Judiciário cearense (Promojud), sancionado pelo governador Camilo Santana e cuja autoria recai sobre o Tribunal de Justiça do Ceará (TJCE). O programa objetiva informatizar o sistema judiciário estadual a fim de promover maior celeridade e eficácia nos processos. Nesse viés, os investimentos direcionados ao projeto serão aplicados em inteligência artificial e transformação tecnológica, o que viabilizará à Justiça estadual a possibilidade de promover aperfeiçoamentos tecnológicos no que tange à prestação dos serviços jurisdicionais (TJCE, 2020).

1.2 O benefício da reforma tecnológica para a democracia: direito à verdade e à memória

O direito à verdade seria um direito fundamental, que se baseia no fato de qualquer cidadão possuir a possibilidade de ter acesso às informações que dizem respeito à população em geral; informações estas normalmente sob o poder estatal ou de instituições privadas. Já o direito à memória consistiria no acesso, conservação e utilização do passado, bem como dos bens materiais e imateriais, enquanto patrimônio cultural de uma coletividade em específico (SANTOS, 2020).

Tais prerrogativas, por não estarem expressamente elencadas na CRFB/1988, são consideradas direitos fundamentais implícitos. Todavia, podem ser caracterizadas como direitos fundamentais em decorrência da cláusula de abertura material dos direitos e garantias fundamentais, isto é, do preceito da fundamentalidade material, analisado a partir do princípio da dignidade da pessoa humana; bem como da noção de fundamentalidade formal, por respaldarem-se no regime e fundamentos legitimados pelo texto constitucional (SANTOS, 2020).

Com o fim de corroborar essa asserção, analisa-se o art. 5º, § 2º, da CRFB/1988, que consagra que "Os direitos e garantias expressos nesta Constituição não excluem outros decorrentes do regime e dos princípios por ela adotados, ou dos tratados internacionais em que a República Federativa do Brasil seja parte".

> O direito à verdade e à memória enquanto corolário do regime democrático, do princípio republicano, do princípio ético-jurídico da dignidade da pessoa humana, do princípio da publicidade e do direito à informação é sim um direito fundamental. Isso ocorre porque além da

sua relevância para a sociedade, o direito à verdade e à memória decorre do regime democrático e de diversos princípios constitucionais, possuindo, inclusive, equivalência aos direitos e garantias fundamentais constantes do Título II da Carta Magna (SANTOS, 2020).

Neste mesmo diapasão, infere-se que os direitos à verdade e à memória se respaldam no princípio da publicidade, que consiste no fato de todas as partes envolvidas possuírem a possibilidade de conhecer e acompanhar, em sua plenitude, todos os termos da demanda (SANTOS, 2020).

Como preleciona o Conselho Nacional de Justiça (BRASIL[2], 2020):

> A publicidade dos atos processuais, garantida à sociedade em geral por meio da disponibilização de informações na rede mundial de computadores, de livre acesso independentemente de prévio cadastro no sistema processual eletrônico, corresponde às informações sobre os dados básicos, que compreendem número, classe e assuntos do processo; nome das partes e de seus advogados; movimentação processual; inteiro teor das decisões, sentenças, votos e acórdãos (BRASIL[2], 2020).

Em outras palavras, o alcance às informações de interesse público fundamenta-se nos direitos instrumentais que conferem publicidade aos processos, isto é, o direito à verdade e à memória. Dessa forma, a modernização do Judiciário, ao buscar uma maior disponibilização de informações processuais por vias eletrônicas, tem como objetivo, para além de aproximar o Judiciário do jurisdicionado, promover maior transparência nos processos e, consequentemente, um efetivo acesso à justiça. Por disponibilizar amplamente as informações judiciais, o Poder Judiciário tecnicizado tende, precipuamente, a proporcionar o pleno conhecimento dos fatos processuais por parte do jurisdicionado, e, assim, democratizar o acesso à informação.

Neste cerne, depreende-se que a tecnicização do Judiciário contribuiria para a consolidação dos direitos à verdade e à memória, e, consequentemente, para a democratização do sistema judicial brasileiro. O acesso à informação seria, pois, um mecanismo de equidade, que nada mais é do que a base para a concretização da justiça.

Consoante entendimento de Aparecida Luzia Alzira Zuin e Aparecida Maria S. Fernandes:

> Pode-se elencar a equidade enquanto princípio fundamental dos direitos humanos, como a realização em concreto da justiça social, visando oportunizar ao jurisdicionado o acesso às informações, a fim de minimizar as diferenças temporais e espaciais, trazendo aos desiguais uma igualdade substancial do acesso à Justiça (ZUIN; FERNANDES, 2020).

Dessa forma, a informatização judiciária tende a consolidar direitos postulados pela democracia, e, assim, promover uma instituição judicial mais democrática, a fim de "que permita acesso integral aos interessados e envolvidos, desmitificando que a justiça é opressora, burocrática, antiquada e morosa" (ZUIN; FERNANDES, 2020).

2 OS ENTRAVES AO PLENO ACESSO À INFORMAÇÃO X EMPECILHOS PARA A ELETRONIZAÇÃO DOS PROCESSOS

No ordenamento jurídico brasileiro, o direito à informação foi introduzido pela Lei nº 12.527/2011, conhecida como Lei de Acesso à Informação (LAI), que entrou em vigor seis meses após sua promulgação, possibilitando a qualquer pessoa, física ou jurídica, sem a necessidade de apresentação de motivos específicos, o recebimento de informações públicas de órgãos e entidades (BRASIL[6], 2020). A definição de informação para Pagliarini e Agostini (2020) está ligada à ideia de comunicação, sendo um elemento "humanizador" que abre as fronteiras para o crescimento intelectual do cidadão, de modo que as pessoas criam e recriam símbolos que serão passados para terceiros; gerando, assim, uma maior agregação entre as pessoas e as comunidades. Dessa forma, a informação é o elemento primordial para o acesso efetivo aos outros direitos.

De acordo com Marshall, citado por Michelle Ribeiro Lage de Amorim e Felipe de Souza da Silva: "o cidadão pleno exerce direitos civis, políticos e sociais, os quais são adquiridos de forma lógica e sequencial, nessa ordem" (AMORIM e SILVA, 2021, p.2). No entanto, a educação do povo brasileiro, direito social garantido pela CRFB/1988, tem sido o principal entrave para a concretização de outros direitos. Haja vista que a educação é obtida por meio do acesso à informação adequada, compreende-se que uma parcela significativa da população não possui acesso à educação de qualidade; sendo, pois, um impedimento para a construção de uma cidadania plena e igualitária.

Nesse sentido, para atingir o equilíbrio social, o direito busca aplicar normas que possuem a função de organizar as relações sociais e promover a igualdade perante os cidadãos, como é defendido por Rúbia Martins e Carlos Cândido de Almeida:

> O Direito é reflexo do contexto social, político e econômico da sociedade na qual está inserido. É o espelho do modo de vida das diferentes sociedades e grupos sociais existentes. Ele emerge da sociedade para regular as atividades humanas e para que o convívio social seja possível (MARTINS; ALMEIDA, 2020, p.146).

No entanto, é notória a existência de dificuldades para a efetividade do acesso ao conhecimento holístico, advindas tanto dos interessados quanto daqueles que devem garantir a proteção desse direito.

Analisando a história da humanidade, é possível notar que o acesso à informação sempre foi uma premissa não democratizada, principalmente no que tange àqueles que não detinham grandes poderes aquisitivos ou "status social", tal como no período medieval, no qual muitos livros eram disponibilizados apenas para uma fração mínima da população. Por trás dessa indisponibilidade de livros à majoritária parcela social, encontrava-se o poder que o acesso à informação conferia àqueles que o possuíam, desencadeando uma divisão social e intelectual entre os cidadãos de uma mesma sociedade, aspecto este que se perpetua no século XXI (VERGER, 2020).

Todavia, o acelerado desenvolvimento das telecomunicações apontou melhorias em diversos setores da sociedade, como, por exemplo, no que se refere ao acesso à informação, que se tornou mais alcançável, porém ainda bastante inacessível para muitos brasileiros. Desse modo, tendo em vista a Lei n. 11.419, cujo fito é regular o processo de eletronização do Judiciário nacional a fim de sincronizar a esfera judicial às novas TIs, entende-se que a desinformação e o conservacionismo de grande parcela da população resultam em um obstáculo para a compreensão e aceitação do novo método operante adotado pelo Poder Judiciário brasileiro (BANDEIRA, 2020).

Segundo Walter Nunes da Silva Júnior (2020), o Sistema Judicial Eletrônico instaurou um modelo de processamento automatizado, com a utilização de um sistema mais desenvolvido que gerencia documentos eletronicamente, reduzindo as ações necessárias para regularizar demandas judiciais, além de colaborar para a simplificação dos procedimentos. Todavia, a população brasileira possui certo preconceito com a nova forma operacional do Judiciário, de maneira que uma parcela da sociedade acredita que seja ineficiente para solucionar litígios e vulnerável por estar conectada diretamente a uma rede de dados (SILVA JÚNIOR, 2020).

2.1 O acesso transparente à informação no Brasil X *Fake News*

É sabido que a disseminação de informações tomou proporções exacerbadas nos últimos anos, em decorrência do surgimento das redes sociais. Devido a essa acelerada propagação informativa, houve o surgimento das tão famosas *fake news*.

De acordo com o Dicionário de Cambridge, o termo *fake news* pode ser compreendido como uma história falsa que aparenta ser um conteúdo jornalístico sério, normalmente disseminado na *internet*, para influenciar determinados comportamentos na população, gerando decisões distorcidas e, consequentemente, revolta. Essas supracitadas notícias falsas normalmente possuem a intenção de obter algum tipo de vantagem, seja financeira (por meio de receitas advindas de anúncios), política ou eleitoral (CAMBRIDGE, 2021).

Apesar do termo *fake news* ser uma expressão nova, a disseminação de notícias falsas é tão antiga quanto a própria língua. Para mais, embora a questão tenha alcançado especial importância para o Judiciário com a eletronização dos processos, já era feita anteriormente uma ampla mobilização para combater a circulação de notícias falsas na *internet* (BANDEIRA, 2020).

No entanto, a despeito da abrangente movimentação para combater a circulação de notícias falsas, o Judiciário tem se mostrado incapaz de competir com a *internet*, não devido à morosidade das demandas judiciárias, mas em relação ao grau de rapidez "em que a informação se prolifera e circula em uma quantidade e velocidade vultosas" (BRISOLA; ROMEIRO, 2020, p. 3).

Nessa perspectiva, consoante a afirmação de Tânia Reckziegel, Conselheira do Conselho Nacional de Justiça (CNJ), em entrevista para a Agência CNJ de Notícia:

> As práticas de informação hoje constituem uma atividade cada vez mais organizada, sofisticada, e que vêm contando com mais recursos, tanto financeiros como tecnológicos. O resultado é o aumento do desafio para quem queira combater as fake news, porque não só aumentam em termos de quantidade, mas em novos formatos que são utilizados (BANDEIRA, 2020).

Assim, é notório que, com a evolução tecnológica,

novas barreiras sejam encontradas para diferenciar a verdadeira notícia das *fake news*, de forma que, quanto mais leigo o cidadão é, mais será suscetível a falsas notícias em redes sociais e em mídias de entretenimento. As *fake news*, pois, podem provocar um verdadeiro colapso na sociedade, uma vez que a evolução das ferramentas de comunicação conferiu também uma maior celeridade à disseminação de conteúdo (BANDEIRA, 2020).

Não obstante, as *fake news* interferem diretamente no direito de acesso transparente a informações, de maneira que pequenos boatos de *internet* passam a influenciar e manipular usuários das redes sociais, interferindo drasticamente no posicionamento desses indivíduos; o que pode gerar, pois, preconceitos em relação às mudanças desenvolvidas em diversos setores da sociedade, bem como nas ocorridas dentro do Poder Judiciário brasileiro (BANDEIRA, 2020).

De acordo com Walter Nunes da Silva Júnior (2020), as alterações desenvolvidas no âmbito dos processos judiciais buscam a concretização do direito de acesso à justiça, à luz dos preceitos que permeiam o atual modelo de Estado democrático constitucional. Contudo, a propagação das *fake news* acaba ocasionando a desinformação e, consequentemente, desenvolve um pensamento distorcido sobre os reais benefícios da modernização do Judiciário Brasileiro.

2.2 O acesso aos meios eletrônicos, como impeditivo de inserção da população na esfera digital

No cenário hodierno, as relações humanas estão sendo alteradas pela evolução das tecnologias de informação e de processamento de dados. A tecnologia está causando uma constante alteração nos processos sociais e judiciais. No entanto, como afirma Valéria Ribas do Nascimento e Mauro Marafiga Camozzato:

> Durante esse processo, o incremento das novas tecnologias não espera a inclusão de toda a parcela da população. Os indivíduos que já possuem acesso à

Internet, em vários níveis, aguardam o desafio de exercer a sua cidadania com liberdade e responsabilidade, em uma sociedade verticalizada na qual os poderes do mercado e da política podem aproveitar-se do potencial tecnológico para direcionar o futuro da democracia (NASCIMENTO; CAMOZZATO, 2020).

Em outras palavras, apesar da constante evolução das TIs, a inclusão de todos os indivíduos na esfera tecnológica não é algo esperado, devido a diversos fatores econômicos e sociais. Cada um desses aspectos contribui para a exclusão digital, ocasionando sérias consequências para a parcela populacional que não terá acesso aos meios tecnológicos, tão importantes nos dias atuais.

De acordo com Victor Hugo Pereira Gonçalves, a desvinculação do interesse público da inclusão digital é um fator crucial para a manutenção da exclusão, de maneira, pois, que a inclusão necessita ser intermediada pelo setor público. Assim, ainda que o cidadão possua condições para adquirir os aparelhos tecnológicos, fica à mercê da disponibilidade oferecida pelos provedores de comunicação e pela formatação neoliberal dos Estados contemporâneos. "É o mercado que define quem será incluído ou excluído, quanto de velocidade de transmissão (banda larga ou não), número de pessoas atendidas, assistência técnica, no que é apoiado pela contínua fiscalização ineficiente dos Estados" (GONÇALVES, 2020, p. 45).

Dentre as dificuldades sociais enfrentadas, como a falta de acessibilidade aos meios eletrônicos, há também a carência de infraestrutura de *internet*, uma vez que um serviço de rede deficiente acarreta demasiados prejuízos. Ilustra-se isto por meio do fato de algumas regiões do país não possuírem *internet* "banda larga" e 3G eficientes e confiáveis, de maneira que prejudica os residentes dessas localidades, impedindo-os de resguardar seus direitos. Dessa forma, como afirma Luiz Lozzano. Sanches Neto: "[...] o cidadão comum, que deveria ser o primeiro e principal beneficiado, pode configurar em uma posição secundária em todo esse processo" (SANCHES NETO, 2020, p. 5).

Ademais, além do fato de nem todas as regiões do país possuírem bons provedores de internet, quando têm, possuem um valor muito elevado para grande parcela da população, que muitas vezes deixam de investir em um bom plano de banda larga, para terem uma alimentação básica (COSTA, 2020).

Por outro lado, dados do Instituto Brasileiro de Geografia e Estatística (IBGE) e do Comitê Gestor da Internet do Brasil (CGI) apontam que a problemática da inclusão digital vai muito além da "banda larga" fixa ou móvel disponível nas localidades nacionais. De 57,5 milhões de residências brasileiras, 68,8% não têm um dispositivo tecnológico que conecte à *internet*. E, segundo a Pesquisa Nacional por Amostra de Domicílios (Pnad) 2008, do IBGE, dentre aqueles que têm um dispositivo, 23,5% deles não possuem acesso à *internet* (COSTA, 2020).

Dessa forma, para o Comitê Gestor da Internet, criado em 2003, o maior impedimento para efetivar a inclusão digital no Brasil está essencialmente relacionada aos índices de distribuição de renda e de educação no país (COSTA, 2020). Logo, se não há um pleno acesso aos meios eletrônicos, por parte da majoritária parcela social brasileira, a integridade do processo por vias digitais fica comprometida, uma vez que o Judiciário se tornará mais inalcançável para muitas pessoas e a estas, consequentemente, será impossibilitado o efetivo acesso à justiça.

2.3 A linguagem jurídica X A linguagem tecnológica

A linguagem jurídica nasce a partir de um estudo mais amplo do direito em si; e, na maioria das vezes, é mais rebuscada e restrita aos profissionais da área. Os textos jurídicos sempre foram marcados por suas construções complexas e por um elevado grau de capital intelectual da língua, não somente com relação ao processo de formação da estrutura textual, mas também quanto ao conhecimento profundo das regras gramaticais da norma padrão da língua portuguesa (MOREIRA *et. al.*, 2020).

Dessa forma, é substancial a necessidade do uso correto da língua portuguesa pelos operadores do direito, a fim de que haja uma interpretação correta das sentenças e demais documentos proferidos.

No entanto, essa construção de textos complexos tem se mostrado como um impedimento letal para o pleno acesso à justiça. A realidade é que grande parcela dos cidadãos brasileiros não possuem o domínio da língua portuguesa padrão e, menos ainda, da linguagem jurídica. Dessa forma, aqueles que desconhecem o vocabulário jurídico têm seu direito de acesso à justiça apenas emoldurado no texto constitucional, tendo em vista que a linguagem judicial é bastante complexa, específica e não democratizada (COSTA; SILVA; RANGEL, 2020). Ademais, Valdeciliana da Silva Ramos Andrade (s.d, s.p, apud COSTA; SILVA; RANGEL, 2020, p. 1088) assevera que "o uso da linguagem técnica não é nem pode ser pressuposto para o emprego do juridiquês. A linguagem técnica jurídica, dessa forma, deve ser clara e objetiva."

Insta salientar que, com a modernização do Judiciário brasileiro, para além dos termos jurídicos, vocábulos técnicos serão cada vez mais empregados nos sistemas judiciais eletrônicos; tornando, assim, o Judiciário ainda mais complexo e não inclusivo para os cidadãos mais leigos. A falta de domínio da linguagem empregada nos processos digitais, jurídica e tecnológica, tendo em vista seu caráter específico e não democratizado, tende a dificultar a compreensão por parte dos jurisdicionados no que diz respeito à utilização do mecanismo em questão; o que interfere, pois, na efetivação do pleno acesso à justiça.

Dessa maneira, o Judiciário, partindo do pressuposto de que as plataformas digitais devem ser espaços plenamente democratizados, deve promover uma prestação de serviços judiciais sem abismos, a fim de que os jurisdicionados possam compreender a linguagem interposta nas plataformas eletrônicas. Assim, por meio da implantação de uma cidadania dialógica nos processos digitais, objetiva-se dissipar qualquer distância existente entre os cidadãos e o Poder Judiciário, de maneira a não excluir nenhum indivíduo de suas garantias e direitos. A obra de Mauro Cappelletti e Bryant Garth defende, seguindo a prerrogativa supramencionada, que o sistema seja "igualmente acessível a todos", dentro do conceito de uma justiça universal, integrativa, constituindo, em sua definição, o mais básico dos direitos humanos (CAPPELLETTI; GARTH, 2020, p. 8).

CONSIDERAÇÕES FINAIS

A partir das premissas delineadas, faz imperiosa a constatação que, com a disparidade existente entre a estrutura do Poder Judiciário brasileiro, até então vigente, e os avanços tecnológicos que permeiam a sociedade, é imprescindível que ocorra uma alteração das bases de funcionamento institucional da instância supramencionada. Para tal, é necessário que alguns problemas estruturais sejam superados. Dentre esses obstáculos, que se antepõem à concretização de um sistema judicial amplamente informatizado, pode-se mencionar a parca interatividade tecnológica que possui parcela significativa da população brasileira, a dificuldade de acesso transparente à informação, em grande parte devido à propagação das *fake news*, e também a barreira linguística erigida tanto pelo universo jurídico quanto tecnológico.

Todavia, apesar de todas as vicissitudes ocasionadas pela pandemia do novo coronavírus, o estímulo, em decorrência do cenário pandêmico, à reordenação do arranjo organizacional do Judiciário pátrio, por meio de sua modernização, mostrou-se de extrema importância no que diz respeito à concretização da tutela de direitos; além de ter suscitado a discussão sobre o provimento de prerrogativas constitucionais implícitas até então omitidas, como, por exemplo, os direitos à verdade e à memória.

Outrossim, o século XXI foi marcado pela produção de significativos avanços no que tange à qualidade do serviço jurídico, tendo a tecnologia papel salutar nesses progressos, visto que se configurou enquanto ferramenta de aperfeiçoamento das práticas jurídicas. Logo, é possível dizer que a tecnologia ressignificou as atividades processuais hodiernas, tornando-se recurso indispensável para a prática jurídica, em especial judiciária.

Nesse viés, modificações legislativas que propulsionaram a modernização da esfera judicial pátria, como, por exemplo, a Lei n. 11.419/2006, configuram-se como importantes instrumentos de ampliação do acesso à justiça. Entretanto, apesar do precípuo benefício de proporcionar maior celeridade aos atos judiciais, tornando razoável a duração do processo, as limitações que se apresentam à plena informatização do Judiciário, sobretudo sociais, devem ser minoradas. Dessa forma, após tornar possível o acesso transparente à informação, viabilizar o pleno alcance aos meios eletrônicos e também a compreensão da linguagem interposta nas plataformas judiciais, o Judiciário brasileiro aprimorará sua capacidade operacional e, consequentemente, viabilizará a efetiva concretização de uma gestão judiciária ciberdemocrática.

REFERÊNCIAS

AMORIM, Michelle Ribeiro Lage de; SILVA, Felipe de Souza da. *Impactos da Implantação da Lei de Acesso à informação no serviço público Brasileiro.* [S. l.], 2014. Disponível em: https://www.academia.edu/9495060/Impactos_da_Implanta%C3%A7%C3%A3o_da_Lei_de_Acesso_%C3%A0_Informa%C3%A7%C3%A3o_no_Servi%C3%A7o_P%C3%BAblico_Brasileiro_Impacts_of_the_Implementation_of_the_Law_on_Access_to_Information_in_the_Brazilian_Public_Service. Acesso em: 5 jan. 2021.

BANDEIRA, Regina. *Fake news: conselheira do CNJ alerta para o impacto delas na Justiça.* [S. l.], 3 abr. 2020. Disponível em: https://www.cnj.jus.br/fake-news-conselheira-do-cnj-alerta-para-o-impacto-delas-na-justica/. Acesso em: 24 nov. 2020.

BAPTISTA, Isabelle de. COSTA, Priscila Rezende da. *O impacto da inovação no Poder Judiciário: um ensaio teórico.* In: Anais Encontro de

Administração da Justiça ENAJUS 2019. Universidade de Brasília, 2019. Disponível em: http://www.enajus.org.br/anais/assets/papers/2019/257.pdf. Acesso em: 21 nov. 2020.

BRASIL[1]. *Código de Processo Civil* (2015). Código de Processo Civil Brasileiro. Brasília, DF: Senado, 2015. Disponível em: http://www.planalto.gov.br/ccivil_03/_ato2015-2018/2015/lei/l13105.htm. Acesso em: 22 de nov. de 2020.

BRASIL[2]. Conselho Nacional de Justiça. *Processo eletrônico. Princípio da publicidade. Informações processuais pela internet. Direito fundamental. Sociedade em geral e interessados diretos: Distinção. Processos criminais e trabalhistas.* Ato normativo n. 0001776-16.2010.2.00.0000 . Relator: Conselheiro Walter Nunes da Silva Júnior. Revista de Direito Administrativo, Rio de Janeiro, v. 255, p. 289-326, set./dez. 2010. Disponível em: http://bibliotecadigital.fgv.br/ojs/index.php/rda/article/view/8440/7188. Acesso em: 23 nov. 2020.

BRASIL[3]. *Constituição da República Federativa do Brasil*: promulgada em 5 de outubro de 1988. Brasília: Senado Federal, Subsecretaria de Edições Técnicas, 2007.

BRASIL[4]. *Lei n. 13.994, de 24 de abril de 2020.* Disponível em: http://www.planalto.gov.br/ccivil_03/_ato2019-2022/2020/lei/l13994.htm. Acesso em: 22 de nov. de 2020.

BRASIL[5]. *Lei nº 11.419/2006, de 19 de dezembro de 2006.* Dispõe sobre a informatização do Processo judicial; altera a Lei nº 5.869, de 11 de janeiro de 1973 – Código de Processo Civil; e dá outras providências. Disponível em: http://www.planalto.gov.br/ccivil_03/_ato2004-2006/2006/lei/l11419.htm. Acesso em: 21 nov. 2020.

BRASIL[6]. *Lei nº 12.527, de 18 de novembro de 2011.* Regula o acesso a informações previsto no inciso XXXIII do art. 5o, no inciso II do § 3o do art. 37 e no § 2o do art. 216 da Constituição Federal; altera a Lei no 8.112, de 11 de dezembro de 1990; revoga a Lei no 11.111, de 5 de maio de 2005, e dispositivos da Lei no 8.159, de 8 de janeiro de 1991; e dá outras providências. Disponível em:

http://www.planalto.gov.br/ccivil_03/_ato2011-2014/2011/lei/l12527.htm. Acesso em: 23 nov. 2020.

BRISOLA, A. C.; ROMEIRO, N. L. *A competência crítica em informação como resistência: uma análise sobre o uso da informação na atualidade*. Revista Brasileira de Biblioteconomia e Documentação, São Paulo, 20 p., jan. 2018. Disponível em: Acesso em: 24 nov. 2020.

CAMBRIDGE Dictionary. [*S. l.*], 19 jan. 2020. Disponível em: https://dictionary.cambridge.org/pt/dicionario/ingles/fake-news. Acesso em: 7 jan. 2021.

CAPPELLETTI, Mauro; GARTH, Bryant. *Acesso à Justiça*. (Título original: *Access to Justice: The Worldwide Movement to Make Rights Effective*. Tradução: Ellen Gracie Northfleet). Porto Alegre: Sérgio Antonio Fabris Editor, 1988, 168p. Acesso em: 21 nov. 2020.

CONSELHO NACIONAL DE JUSTIÇA. *Resolução n. 313, de 19 de março de 2020*. Diário da Justiça [do] Conselho Nacional de Justiça, Brasília, DF, 19 mar. 2020. Disponível em: https://www.cnj.jus.br/wp-content/uploads/2020/03/Resolu%C3%A7%C3%A3o-n%C2%BA-313-5.pdf. Acesso em: 22 de nov. de 2020.

CONSELHO SUPERIOR DA JUSTIÇA DO TRABALHO. *Resolução n. 94, de 23 de março de 2012*. Diário Eletrônico da Justiça do Trabalho, Brasília, DF, 23 mar. 2020. Disponível em: http://www.csjt.jus.br/c/document_library/get_file?uuid=9b2979a4-718e-4f8a-ab34-65cb9da49d9b&groupId=955023. Acesso em: 21 de nov. de 2020.

COSTA, Lorena Bomfim da; SILVA, Pâmella do Carmo; RANGEL, Tauã Lima Verdan. *Interpretação, juridiquês e a dificuldade de entendimento dos textos jurídicos: As barreiras de uma linguagem hermética no direito*. [*S. l.*], 10 dez. 2009. Disponível em: http://www.filologia.org.br/rph/ANO22/66supl/0080.pdf. Acesso em: 25 nov. 2020.

COSTA, Mário Vinícius. *Inclusão digital - Banda larga em todo o País - Embora o governo ainda trabalhe no plano, há várias ações em curso*. [*S. l.*], 10 dez. 2009. Disponível em:

https://www.ipea.gov.br/desafios/index.php?option=com_content&view=article&id=1265:reportagens-materias&Itemid=39. Acesso em: 24 nov. 2020.

GONÇALVES, Victor Hugo Pereira. *Inclusão digital como direito fundamental*. 2012. 134 f. Dissertação (Mestrado em Direitos Humanos) – Faculdade de Direito, Universidade de São Paulo, São Paulo, 2012. Disponível em: Acesso em 24 nov. 2020.

LEROY, G. C.; CORDEIRO, L. F. F. de. *À inserção das lawtechs, legaltechs e inteligência artificial no âmbito jurídico: Primeiras reflexões sobre o uso da inteligência artificial e os atos do magistrado*. In: Anais de Resumos Expandidos do I Congresso de Ciência, Tecnologia e Inovação: Políticas e Leis. Anais. Belo Horizonte (MG) Faculdade de Direito da UFMG, 2018. Disponível em: https://www.even3.com.br/anais/observalei/131534-a-insercao-das-lawtechs-legaltechs-e-inteligencia-artificial-no-ambito-juridico--primeiras-reflexoes-sobre-o-uso/.Acesso em: 21 de nov. de 2020.

MOREIRA, Nedriane Scaratti, MARTELLI, Flavia; MAKOWSKI, Rose Maria; STUMPF. Alana Carina. *Linguagem jurídica: termos técnicos e juridiquês*. Disponível em: https://portalperiodicos.unoesc.edu.br/acsa/article/view/193. Acesso em 25 nov. 2020.

MARTINS, Rúbia; ALMEIDA, Carlos Cândido de. *Direito e Ciência da Informação: uma possibilidade de interface interdisciplinar*. Ibersid. 2012, p. 145-151. Disponível em: Acesso em: 25 dez. 2020.

NASCIMENTO, Valéria Ribas do; CAMOZZATO, Mauro Marafiga. *A inclusão digital e o acesso à informação como pressupostos para a cidadania na sociedade informacional*. [S. l.], 19 jan. 2017. Disponível em: http://www.publicadireito.com.br/artigos/?cod=83b7afcfe4ad452c. Acesso em: 30 dez. 2020.

PAGLIARINI, Alexandre Coutinho; AGOSTINI, Leonardo Cesar de. *A relação entre regime democrático e direito à informação*. Direitos fundamentais & justiça, v. 8, p. 73-81, 2009. Disponível em: http://www.dfj.inf.br/Arquivos/PDF_Livre/08_Artigo_4.pdf. Acesso em: 01 jan. 2021.

PINHEIRO, Patricia Peck. *Direito digital*. 5. ed. São Paulo: Saraiva, 2013. Disponível em: https://docero.com.br/doc/5vvc. Acesso em: 21 nov. 2020.

PINTO, Henrique Alves. *A utilização da inteligência artificial no processo de tomada de decisões: por uma necessária accountability*. Revista de Informação Legislativa: Brasília, DF, v. 57, n. 225, p. 43-60, jan./mar. 2020. Disponível em: https://www12.senado.leg.br/ril/edicoes/57/225/ril_v57_n225_p43.pdf. Acesso em: 21 nov. 2020.

PORTO, F. R. *O impacto de utilização da inteligência artificial no executivo fiscal. Estudo de caso do Tribunal de Justiça do Rio de Janeiro*. Direito em Movimento, Rio de Janeiro, v. 17 - n. 1, p. 142-199, 1º sem., 2019. Disponível em: https://www.emerj.tjrj.jus.br/revistadireitoemovimento_online/edicoes/volume17_numero1/volume17_numero1_142.pdf. Acesso em 21 de nov. de 2020.

Programa de Modernização do Judiciário é sancionado pelo Governo estadual. Tribunal de Justiça do estado do Ceará, 2020. Disponível em: https://www.tjce.jus.br/noticias/programa-de-modernizacao-do-judiciario-e-sancionado-pelo-governo-estadual/. Acesso em: 22 nov. 2020.

REUSING, Luciana; SILVA, Arthur Viana da; SILVA, Gustavo Lima da. *Tecnologia e Poder Judiciário: Reflexões sobre a implantação da inteligência artificial no Tribunal de Justiça do estado do Paraná*. In: Anais do XIII Congresso de Direito de Autor e Interesse Público. Anais. Curitiba (PR), Unicuritiba, p. 37-55, 2019. Disponível em: https://www.researchgate.net/profile/PAULA_CARINA_DE_ARAUJO/publication/344405073_A_producao_cientifica_do_Congresso_de_Direito_de_Autor_e_Interesse_Publico_sob_uma_perspectiva_bibliometrica/links/5f71f78da6fdcc00864396b6/A-producao-cientifica-do-Congresso-de-Direito-de-Autor-e-Interesse-Publico-sob-uma-perspectiva bibliometrica.pdf#page=37. Acesso em: 21 nov. 2020.

RIBEIRO, Ludmila. *A emenda constitucional 45 e a questão do acesso à justiça*.

Revista Direito GV, São Paulo, 4(2), p. 465-492, jul-dez, 2008. Disponível em: https://www.scielo.br/pdf/rdgv/v4n2/a06v4n2.pdf. Acesso em: 21 de nov. de 2020.

ROBORTELLA, Ana Cristina; PINTO, Taylise Seixas e Gabriel Silva. *Os avanços da justiça em tempos de pandemia.* LexLatin, 2020. Disponível em: https://br.lexlatin.com/portal/opiniao/os-avancos-da-justica-em-tempos-de-pandemia. Acesso em: 22 nov. de 2020.

RUSCHEL, J. A.. *Governo eletrônico: Business Intelligence para a modernização do Judiciário.* Portal de E-governo, inclusão digital e sociedade do conhecimento, 2011. Disponível em: https://www.researchgate.net/profile/Airton_Ruschel/publication/267546992_Governo_eletronico_Business_Intelligence_para_a_modernizacao_do_Judiciario/links/545cc5ce0cf27487b44c76dd.pdf. Acesso em 21 de nov. de 2020.

SANCHES NETO, Luiz Lozzano. *Controle Social da Gestão Pública e a Lei de Acesso à Informação.* Observatório do Governo Eletrônico, [S.l.], 7. maio 2015. Disponível em: https://egov.ufsc.br/portal/conteudo/controle-social-da-gest%C3%A3o-p%C3%BAblica-e-lei-de-acesso-informa%C3%A7%C3%A3o . Acesso em: 28 dez. 2020.

SANTOS, Claiz Maria Pereira Gunça dos. *O reconhecimento do direito à verdade e à memória como um direito fundamental implícito no ordenamento jurídico brasileiro.* In.: LEAL, Rogério Gesta. EILBAUM, Lucia. MEYER-PFLUG, Samantha Ribeiro. Justiça de transição: verdade, memória e justiça. Ed: FUNJAB. CONPEDI. 2014. Acesso em: 25 nov. 2020.

SILVA JÚNIOR, Walter Nunes da. *Reforma tópica do processo penal: inovações aos procedimentos ordinário e sumário, com o novo regime de provas, principais modificações do júri e as medidas cautelares pessoais (prisão e medidas diversas da prisão).* 2. ed. Rio de Janeiro: Renovar, 2012. Acesso em: 03 dez. 2020.

TAVARES, Gabriela Gonçalves et al. *Modernização tecnológica do judiciário e o processo eletrônico.* Revista Philologus, Ano 24, n. 72. Rio de Janeiro, set./dez.2018. Disponível em:

http://www.filologia.org.br/rph/ANO24/72supl/102.pdf. Acesso em: 21 nov. 2020.

VERGER, Jacques. *Homens e Saber na Idade Média*. [S. l.], 1999. Disponível em: http://www.escritoriodolivro.com.br/historias/idademedia.php. Acesso em: 7 dez. 2020.

WERNECK, Isadora; ANDREATINI, Lívia Losso. *Resolução online de disputas em tempos de COVID-19: considerações sobre a Lei nº. 13.994/20*. Jusbrasil, 18 de mai. de 2020. Disponível em: https://processualistas.jusbrasil.com.br/artigos/846588460/resolucao-online-de-disputas-em-tempos-de-covid-19-consideracoes-sobre-a-lei-n-13994-20?ref=feed. Acesso em: 22 de nov. de 2020.

ZUIN, Aparecida Luzia Alzira; FERNANDES, Aparecida Maria S. *O Direito à Informação, Justiça com Equidade e o Acesso à Justiça por meio da Central de Processos Eletrônicos*. Revista de Filosofia da Região Amazônica, vol. 5, n. 1, jan.-jun. 2018. Disponível em: https://www.periodicos.unir.br/index.php/clareira/article/view/4043. Acesso em: 23 nov. 2020.

8

MÉTODOS CONSENSUAIS DE RESOLUÇÃO DE CONFLITOS E A ADMINISTRAÇÃO PÚBLICA[24]

Leandro Luciano Silva Ravnjak[25]
Gabriel Araújo Borges[26]
Rodrigo Leal Teixeira[27]

INTRODUÇÃO

A convivência em sociedade, inevitavelmente, acarreta atritos entre os indivíduos, muitas vezes as concepções culturais, morais, religiosas, políticas e familiares de alguém entram em conflito com o pensamento de outra pessoa, ou o direito de um pode acabar por atingir direitos de terceiros, ou, ainda, a interpretação sobre uma circunstância pode ser divergente, dentre outras situações que potencialmente podem gerar desentendimentos.

Na presença de conflitos, é comum buscar em um terceiro, o auxílio para encontrar a melhor saída e, tradicionalmente, o

---

[24] Capítulo produzido a partir dos resultados do projeto de iniciação científica "O princípio da razoável duração do processo no Juizado Especial de Fazenda Pública da Comarca de Montes Claros-MG." Premiado no 13º FEPEG realizado em 2019. Avaliado na área de pesquisa.
[25] Advogado. Doutor em Educação pela FAE/UFMG. Professor do Curso de Direito da UNIMONTES. Docente do Centro Universitário FIPMoc. Docente do Programa de Pós-Graduação em Educação da UNIMONTES- PPGE.
[26] Bacharel em Direito pela Unimontes. Pós-Graduando em Direito Constitucional pela Faculdade Única de Ipatinga.
[27] Advogado. Mestre em Direito Público pela FUMEC. Professor do Curso de Direito da UNIMONTES. Docente do Centro Universitário FIPMoc.

Poder Judiciário, por competência e excelência, foi quem sempre atuou para dirimir os conflitos. A busca por uma resposta jurisdicional resultou na sobrecarga do Judiciário e na ausência de resoluções em tempo razoável, potencializando os conflitos.

      O legislador, atento a esses problemas, trouxe e reafirmou em vários diplomas legais as soluções consensuais de conflitos, tanto em âmbito judicial, quanto extrajudicial, por meio de acordo e transação. Através dos meios consensuais, tenta-se fazer com que as próprias partes encontrem uma solução que melhor atenda aos interesses de ambas, evitando que o conflito se arraste por longo período.

      A possibilidade de solucionar os conflitos de maneira consensual se estende, inclusive, à Administração Pública. Contudo, na prática, observa-se a resistência por parte dos administradores públicos quanto à resolução pacífica dos conflitos, tendo como principais fundamentos a indisponibilidade e a supremacia do interesse público.

      O presente capítulo evidencia a compatibilidade dos métodos de resolução consensual de conflitos e os princípios da Administração Pública. Além dos dados empíricos, realiza-se o caminho da evolução normativa relacionada à temática, inicia-se com a Lei Federal nº 9.099, de 26 de setembro 1995, que dispõe sobre os Juizados Especiais Cíveis e Criminais, passa pela Lei Federal nº 12.153, de 22 de dezembro de 2009, dispõe sobre os Juizados Especiais da Fazenda Pública no âmbito dos Estados, do Distrito Federal, dos Territórios e dos Municípios, pela Lei 13 105 de 2015, Código de Processo Civil, até a Lei Estadual nº Lei 23.172, de 20 de dezembro de 2018, que autoriza a Advocacia-Geral do Estado a não ajuizar, não contestar ou desistir de ação em curso, não interpor recurso ou desistir de recurso que tenha sido interposto nos casos que especifica e cria a Câmara de Prevenção e Resolução Administrativa de Conflitos, com sua posterior regulamentação, com o Decreto Estadual nº 47.963, de 28 de maio de 2020, que reorganizou a Advocacia Geral do Estado de

Minas Gerais, chegando, por fim, à Resolução AGE nº 61, que regulamenta a composição, o funcionamento e o fluxo de procedimentos da CPRAC, no âmbito do Poder Executivo do Estado de Minas Gerais.

Sob a perspectiva do método, trata-se de texto resultado de abordagem qualitativa, com emprego da pesquisa bibliográfica, tendo como principais referências Hely Lopes Meirelles, Maria Sylvia Zanella Di Pietro, José dos Santos Carvalho Filho, Celso Antônio Bandeira de Mello, Humberto Teodoro Júnior, Cândido Rangel Dinamarco, Daniel Amorim Assumpção Neves, Mauro Cappelleti e Bryan Garth. A investida documental operou sob a legislação pertinente à temática e pesquisa no âmbito do Tribunal de Justiça do Estado de Minas Gerais, em especial junto ao Juizado Especial da Fazenda Pública da Comarca de Montes Claros-MG.

Optou-se pelo método dialético de exposição, o que permite apresentar ao leitor, além da introdução e da conclusão, os temas centrais distribuídos em três seções: a primeira com a abordagem sobre princípios da Administração Pública, a segunda com exposição relacionada aos métodos consensuais de resolução de conflitos e acesso à justiça e, a terceira com a evidenciação do estado da arte da resolução consensual de conflitos envolvendo a Fazenda Pública no Juizado Especial da Comarca de Montes Claros, MG.

1 PRINCÍPIOS DA ADMINISTRAÇÃO PÚBLICA

O Estado Democrático de Direito exige de todos a observância da lei, inclusive daqueles que a produzem e a executam, não havendo assim ninguém com privilégios. Por sua vez, o Direito é dividido em vários ramos, sendo o Direito Administrativo um dos principais ramos responsáveis por delimitar a atuação estatal e daqueles que integram a organização do Estado, estes conhecidos como agentes públicos.

A expressão Administração Pública, segundo Marinela (2015), é todo aparato estatal utilizado para a realização de serviços voltados para satisfazer interesses da coletividade.

Todo este aparato estatal, pode ser compreendido em dois sentidos, quais sejam, subjetivo, formal ou orgânico e objetivo, material ou funcional.

Para Di Pietro (2018) o sentido subjetivo refere-se àqueles que exercem a atividade administrativa, envolvendo pessoas jurídicas, órgãos e agentes públicos responsáveis por exercer a função administrativa. Já o sentido objetivo, corresponde à atividade que o Estado exerce, sendo a Administração Pública a função administrativa, exercida precipuamente pelo Poder Executivo.

Para pautar a atuação da Administração Pública e de seus agentes, o Direito Administrativo socorre-se à Constituição Federal[28] e às legislações esparsas como a Lei de Licitações e Contratos (Lei 8.666/1993), Lei de Improbidade Administrativa (Lei 8.429/1992), Lei de Introdução às Normas do Direito Brasileiro (Decreto-Lei 4.657/1942), que com outros institutos, formam o arcabouço do regime jurídico administrativo.

Todavia, cumpre destacar que regime jurídico administrativo não é constituído apenas de textos normativos, também é formado por princípios específicos do Direito Administrativo.

Para Mello (2009), o Direito Administrativo possui princípios peculiares, que guardam relação lógica entre si, de modo que seja mantida coerência e unidade, dois princípios são basilares e norteadores deste ramo do direito, o princípio da supremacia do interesse público sobre o privado e o princípio da indisponibilidade do interesse público.

O interesse público é "[...] a dimensão pública dos

---

[28] Por questão estética e estilística, optou-se pela expressão Constituição Federal para referir-se à Constituição da República Federativa do Brasil, de 05 de outubro de 1988.

interesses individuais, ou seja, dos interesses de cada indivíduo enquanto partícipe da sociedade" (MELLO, 2009, p. 58). Ressalta o autor que o interesse público pode contrariar o interesse privado de um indivíduo ou de uma parte da coletividade, mas nunca poderá contrariar o interesse da coletividade por inteiro.

Assim, pelo princípio da supremacia do interesse público, a Administração terá alguns privilégios que a deixarão em uma situação de superioridade em detrimento do interesse privado, bem como possuirá algumas prerrogativas e obrigações que não alcançam particulares (MARINELA, 2015). A título de exemplo, pode-se citar o poder de a Administração desapropriar uma propriedade privada em prol da coletividade e a previsão de cláusulas exorbitantes em contratos administrativos.

Erigir o interesse público a um patamar superior ao interesse individual demonstra uma das formas de manifestação da terceira dimensão dos direitos humanos, que estão voltados para solidariedade. Não há proporcionalidade na manutenção de uma vontade particular em detrimento de algo que pode beneficiar inúmeras pessoas. Da supremacia do interesse público que surge verticalização das relações da Administração Pública com os particulares.

> Significa que o Poder Público se encontra em situação de autoridade, de comando, relativamente aos particulares, como indispensável condição para gerir os interesses públicos, postos em confronto. Compreende, em face da sua desigualdade, a possibilidade, em favor da Administração, de constituir os privados em obrigações por meio de ato unilateral daquela. Implica, outrossim, muitas vezes, o direito de modificar, também unilateralmente, relações já estabelecidas (MELLO, 2009, p. 70).

Segundo Meirelles (2016), decorre do princípio da supremacia do interesse público, o princípio da indisponibilidade do interesse público consistente na impossibilidade de a Administração Pública renunciar algo que integra o interesse público, considerando ser propriedade de toda coletividade, não cabendo ao gestor sua disposição.

A indisponibilidade que paira sobre as ações da Administração decorre de que sua função é de guarda e gestão do patrimônio público, não de propriedade dos bens da coletividade. Como explica Marinela (2015), o administrador público exerce uma função, ou seja, uma atividade em nome e interesse de outrem, estando assim vedada a aplicação da autonomia da vontade da mesma forma das relações privadas.

Fazendo-se alusão ao princípio da legalidade e da finalidade, o administrador age para atingir o fim da lei, fim esse entendido como o que melhor atende aos interesses públicos. Seguindo a estrutura orgânica e representativa apresentada em nossa constituição, o Poder Legislativo é composto por representantes do povo, sendo assim, os legisladores manifestam a vontade pública. Portanto, qualquer disponibilidade de bens públicos deve ocorrer com a devida autorização legislativa, o que demonstra a vontade indireta do povo de dispor de algum interesse.

> Precisamente por não poder dispor dos interesses públicos cuja guarda lhes é atribuída por lei, os poderes atribuídos à Administração têm o caráter de poder-dever; são poderes que ela não pode deixar de exercer, sob pena de responder pela omissão. Assim, a autoridade não pode renunciar ao exercício das competências que lhe são outorgadas por lei; não pode deixar de punir quando constate a prática de ilícito administrativo; não pode deixar de exercer o poder de polícia para coibir o exercício dos direitos individuais em conflito com o bem-estar coletivo; não pode deixar de exercer os poderes decorrentes da hierarquia; não pode fazer liberalidade com o dinheiro público. Cada vez que ela se omite no exercício de seus poderes, é o interesse público que está sendo prejudicado (DI PIETRO, 2018, p. 135).

Estes dois princípios, o da supremacia do interesse público e o da indisponibilidade, na visão de Mello (2009), são responsáveis por construir todo o sistema do Direito Administrativo, contudo, existem outros princípios que regem o agir da Administração Pública, em especial os constitucionais, que segundo o *caput* do artigo 37, da Constituição Federal, "a administração pública direta e indireta de qualquer dos Poderes da União, dos Estados, do Distrito Federal e dos Municípios obedecerá aos princípios de legalidade, impessoalidade, moralidade, publicidade e eficiência [...]" (BRASIL, 1988).

Tendo em vista a adoção do sistema institucional "Estado Democrático de Direito", o princípio da legalidade ganha centralidade. O império da lei no Estado Democrático de Direito, impõe a observância da lei, não apenas ao particular, mas, em especial ao Estado, que se submete às normas emanadas dele próprio. Inicialmente apresentado no artigo 5º, inciso II, da Constituição Federal, este princípio garante que ninguém será obrigado a fazer ou deixar de fazer algo senão em virtude de lei. Sendo assim, no tocante aos particulares, tudo que não seja proibido pela lei a eles seria permitido.

Por outro lado, o princípio da legalidade tem sentido diverso para a Administração Pública, já que ela só poderá fazer aquilo que a lei determina (MARINELA, 2015). Ainda que não haja nenhuma proibição sobre determinado assunto, se a lei não autoriza a Administração agir de uma forma, ela, em princípio, nada poderá fazer.

Todavia, se por um lado o império da lei impõe restrições ao agir da Administração Pública, por outro, a própria legalidade não obsta a prática de atos discricionários, na verdade, ocorre que a discricionariedade também é pautada nos ditames legais associados à conveniência e à oportunidade. Um claro exemplo de discricionariedade é a aplicação da pena de suspensão de até noventa dias ao agente público prevista no artigo 130, *caput*, da Lei 8.112/1990[29]. Quem aplica a sanção tem margem legal para atuar, isto é, a pena só poderá ser aplicada às condutas especificadas em lei e até o limite também estabelecido em lei.

Já o princípio da impessoalidade pode ser visto sob dois aspectos. Em um primeiro, a atuação da Administração Pública não pode gerar o benefício de alguns particulares, nem o prejuízo de outros, estando assim vinculada tão somente à finalidade pública (DI PIETRO, 2018). Dessa forma, o princípio visa ao fim principal da Administração Pública, ou seja, o interesse da coletividade e não de particulares, caso contrário, está configurado o desvio de finalidade. Aqui se encontra íntima relação do princípio da impessoalidade com a isonomia prevista no texto constitucional.

No segundo aspecto, procura-se evitar a propaganda do servidor para sua promoção pessoal, já que os atos da Administração não são vinculados ao servidor, dessa forma, busca-se não pessoalizar os atos praticados (MEIRELLES, 2016).

Visando garantir que o administrador atue conforme os preceitos éticos, tem-se o princípio da moralidade, que, conforme o Código de Ética Profissional do Servidor Público Civil do Poder Executivo Federal (Decreto 1.171/1994), o servidor público deve, em suas ações, sopesar o honesto e o desonesto, além de outros preceitos como legalidade, justiça, conveniência e oportunidade. Consoante Lei 9.784/1999, a moralidade administrativa está relacionada à boa-fé, ao decoro e à probidade. Vale ressaltar que o dever de agir de acordo com os preceitos morais é requisito de validade do ato administrativo, dessa forma, quando não os respeitar o ato deve ser reconhecido como nulo.

Como ressalta Carvalho Filho (2018), o dever de

---

[29] Art. 130. A suspensão será aplicada em caso de reincidência das faltas punidas com advertência e de violação das demais proibições que não tipifiquem infração sujeita a penalidade de demissão, não podendo exceder de 90 (noventa) dias. (BRASIL, 1990)

agir conforme preceitos éticos diz respeito tanto ao trato dos servidores públicos com o público, quanto nas relações entre os próprios servidores. A preocupação é tamanha em manter a moralidade no âmbito da Administração Pública que a Lei de Improbidade Administrativa prevê uma série de atos ilícitos com as respectivas sanções a fim de garantir o bom funcionamento da máquina pública, de modo a punir o enriquecimento ilícito, o dano ao erário e os atos atentatórios aos princípios da Administração Pública.

Na Constituição Federal, consta, ainda, o princípio da publicidade, que permite o conhecimento por parte dos administrados sobre os atos praticados pela Administração, buscando maior transparência da atuação administrativa, além de proporcionar maiores possibilidades de fiscalização da coisa pública e dos atos da administrativos. O constituinte para viabilizar maior aplicabilidade deste princípio, elegeu alguns mecanismos constitucionais, dentre eles, direito de petição e o mandado de segurança.

Por fim, o outro princípio constitucional da Administração Pública, é o da eficiência, introduzido pela Emenda Constitucional 19/1998, com o intuito de garantir qualidade na prestação do serviço buscando aumentar a produtividade e garantir economicidade, neste caso, voltado para a parte financeira, assim, a prestação do serviço pela Administração Pública deve procurar melhor aproveitamento dos recursos públicos respeitado o interesse público.

> O princípio da eficiência exige que a atividade administrativa seja exercida com presteza, perfeição e rendimento funcional. É o mais moderno princípio da função administrativa, que já não se contenta em ser desempenhada apenas com legalidade, exigindo resultados positivos para o serviço público e satisfatório atendimento das necessidades da comunidade e de seus membros.66 O princípio deve ser entendido e aplicado no sentido de que a atividade administrativa (causa) deve buscar e produzir um resultado (efeito) razoável em face do atendimento do interesse público visado (MEIRELLES, 2016, p. 105).

Apesar de perceber-se certa delimitação dos conceitos acima apresentados, é necessário aplicação interdependente entre eles para que haja o devido funcionamento da Administração Pública, porém, para que isso ocorra de forma mais eficaz, o Direito Administrativo estabelece outros princípios, que guardam ligação entre si e, principalmente, com os apresentados no caput do artigo 37 da Constituição Federal.

Dentre outros princípios do Direito Administrativo necessários à atuação da Administração, destaca-se o princípio da economicidade, estabelecido no caput do artigo 70 da Constituição Federal, com o propósito de proteger as finanças públicas. Esse princípio guarda intimidade com o princípio da eficiência apresentado no artigo 37 do texto constitucional e, nas palavras de Di Pietro (2018), a Administração deve agir de modo a garantir maior relação custo benefício, ofertando serviços de qualidade sem gerar grandes despesas aos cofres públicos, primando pelo caminho mais vantajoso financeiramente ao interesse público.

Portanto, a eficiência "[...] consiste na busca de resultados práticos de produtividade, de economicidade, com a consequente redução de desperdícios do dinheiro público e rendimentos típicos da iniciativa privada, sendo que, nessa situação, o lucro é do povo [...]" (MARINELA, 2015, p. 78).

2 MÉTODOS CONSENSUAIS DE RESOLUÇÃO DE CONFLITOS E ACESSO À JUSTIÇA

O Código de Processo Civil de 2015 (CPC/2015) valorizou sobremaneira os métodos consensuais de resolução de conflitos. Pode-se ver como uma tentativa de diminuir a grande judicialização presente nos tribunais afora, que aumentam consideravelmente a carga de serviço e afetam diretamente a celeridade na prestação jurisdicional. Não só isso, mas por meio de métodos de autocomposição, abre-se aos envolvidos a possibilidade de resolverem seus problemas por conta própria, contando apenas com um auxílio de um terceiro.

De acordo com levantamento realizado pelo Conselho Nacional de Justiça (CNJ), no ano de 2019, no Tribunal de Justiça do Estado de Minas Gerais (TJMG) foram distribuídas 1.649.265 novas ações e já havia 3.772.400 ações pendentes ao passo que no mesmo ano o TJMG contava com apenas 1.083 magistrados, ou seja, no ano de 2019, cada magistrado do TJMG seria responsável por cerca de 5.006 ações.

Esses dados evidenciam a desproporção entre a demanda levada a juízo e os recursos humanos à disposição para atendê-la, o que interfere na duração razoável do processo comprometendo o acesso à justiça.

Conforme explica Neves (2019), o princípio da razoável duração do processo se traduz no direito que as partes têm a um processo sem dilações indevidas e seu fundamento constitucional se encontra no artigo 5º, LXXVIII. Cumpre destacar, ainda, que o CPC/2015 tornou a razoável duração do processo um princípio que abrange não só a fase de conhecimento, como também a fase satisfativa do processo.

Assim, o princípio da duração razoável do processo pode ser compreendido como a prestação jurisdicional equilibrada, em que a celeridade processual não seria fundamento para a violação de garantias processuais constitucionais e, nem a marcha processual da prestação jurisdicional seria causa para o perecimento, ou, esvaziamento do direito perseguido pelos jurisdicionados, contribuindo para a materialização do acesso à justiça.

O acesso à justiça, para este estudo, envolve não apenas a observância da garantia constitucional da inafastabilidade da prestação jurisdicional, mas um conjunto de diretos e garantias constitucionalmente consignados, como o devido processo legal, material e formal, e seus subprincípios, a exemplo do respeito ao contraditório e à ampla defesa, a inadmissibilidade de provas ilícitas, o duplo grau de jurisdição, a razoável duração do processo, além de outros infraconstitucionalmente estatuídos, que são igualmente comprometidos, em certa medida, pelo excesso de judicialização.

Retomando à realidade do TJMG, o elevado número de ações associado à insuficiência de recursos humanos, acarreta a morosidade da prestação jurisdicional por parte do tribunal, que nos dizeres de Barbosa (1999, p. 40), a "[...] justiça atrasada não é justiça, senão injustiça qualificada e manifesta".

Por ouro lado, não é plausível atribuir, exclusivamente, aos tribunais a responsabilidade pela morosidade da prestação jurisdicional, uma vez que o excesso de judicializações decorre cada vez mais da perpetuação da cultura do litígio.

Ocorre que o desprestigio à cultura do litígio deve partir do comportamento do jurisdicionado em deixar de submeter ao Judiciário demandas que possam ser resolvidas por meios consensuais, isso porque, além da sobrecarga do Judiciário, a decisão judicial pode desagradar os litigantes, enquanto a composição alcançada pelas próprias partes atenderia melhor a realidade de cada um e fortaleceria a cultura do diálogo em detrimento da cultura do litígio.

No ordenamento jurídico pátrio, há três espécies de solução alternativa de conflitos, quais sejam: a arbitragem, a mediação e a autocomposição, esta também conhecida por conciliação.

A arbitragem, hoje regulada pela Lei 9.307/1996 (Lei de Arbitragem), consiste em um procedimento mais simplificado que os trâmites judiciais no qual se busca a solução do conflito através de um terceiro, chamado de árbitro, escolhido consensualmente pelas partes envolvidas (DINAMARCO; LOPES, 2017). Insta salientar que o artigo 1º da Lei de Arbitragem dispõe que somente direitos patrimoniais disponíveis podem ser discutidos em por meio arbitragem.

A mediação tem seu conceito legal no parágrafo único do artigo 1º da Lei 13.140/2015, diz respeito à "[...] atividade técnica exercida por terceiro imparcial sem poder decisório, que, escolhido ou aceito pelas partes, as auxilia e estimula a identificar ou desenvolver soluções consensuais para a controvérsia" (BRASIL, 2015). O regramento da mediação ainda está previsto no CPC/2015, ao afirmar que a técnica de mediação será utilizada preferencialmente nos casos em que houver vínculo anterior entre as partes. Ademais, o mediador tem função de facilitar o diálogo entre as partes para que elas mesmas cheguem à melhor solução da controvérsia.

Por fim, ainda há a conciliação, segundo o qual um terceiro também auxiliará na resolução da questão apresentada pelas partes, todavia, em comparação ao mediador, é possível notar uma atuação mais ativa do conciliador, vez que este poderá propor soluções que achar mais adequadas. O diploma processual civil ainda afirma que a conciliação terá preferência em casos em que as partes não possuam um vínculo anterior.

> As vantagens dessas soluções alternativas consistem principalmente em evitar as dificuldades que empecem e dificultam a tutela jurisdicional, a saber: a) o custo financeiro do processo (taxas judiciárias, honorários de advogados, perícias etc.), que na conciliação ou na mediação ficam significativamente reduzidos; b) a excessiva duração dos trâmites processuais, que muitas vezes causa a diluição da utilidade do resultado final; c) o necessário cumprimento das formas processuais, com a irracional tendência de muitos a favorecer o formalismo. Indicam-se também em prol da arbitragem (d) o melhor conhecimento da matéria a ser julgada pelos árbitros especializados, além (e) do menor apego à rigidez da lei, dada a possibilidade de optar pelo juízo de equidade (CPC, art. 140, par., c/c LA, art. 2º) e (f) da possibilidade de convencionar a confidencialidade, que favorece a preservação da privacidade ou mesmo de segredos empresariais (DINAMARCO; LOPES, 2017, p. 32-33).

Como observa Theodoro Júnior (2018), admitir as soluções extrajudiciais de conflito não é desacreditar na jurisdição estatal, mas sim uma tentativa de contornar a cultura da litigiosidade que permeia a sociedade, que vê a solução judicial como a única possível. O grande problema dessa inflação jurisdicional é a obstrução na prestação do serviço jurisdicional, haja vista a elevada quantidade de demandas para um pequeno número de servidores do Poder Judiciário.

3 A RESOLUÇÃO CONSENSUAL DE CONFLITOS PELA FAZENDA PÚBLICA NO JUIZADO ESPECIAL DA COMARCA DE MONTES CLAROS, MG

Como forma de garantir maior acesso à justiça, a Constituição Federal inovou ao prever os juizados especiais, artigos 24, X e 98, I, com competência para conciliação, julgamento e execução de causas cíveis de menor complexidade e infrações penais de menor potencial ofensivo, mediante os procedimentos oral e sumaríssimo.

Atualmente, os regulamentos dos juizados especiais estão nos seguintes diplomas legislativos: a Lei 9.099/1995 dispõe sobre os Juizados Especiais Cíveis e Criminais, a Lei 10.259/2001 traz os Juizados Especiais Federais e, por fim, a Lei 12.153/2009 prevê a regulamentação dos Juizados Especiais de Fazenda Pública.

A ideia de um procedimento sumaríssimo é garantir uma resposta mais célere para causas de menor complexidade, assim, garantindo maior acesso à justiça. Outra maneira de melhor atender ao acesso à justiça, é a isenção de custas processuais e honorários advocatícios ao vencido em primeiro grau, salvo nos casos de má-fé. Por outro lado, em segunda instância, pagará as custas e honorários de advogado, que serão fixados entre dez por cento e vinte por cento do valor de condenação ou, não havendo condenação, do valor corrigido da causa. Tais disposições encontram-se no artigo 55 da Lei 9.099/1995. Nos termos do citado artigo, a isenção de custas também é estendida à fase de execução, salvo: reconhecida a litigância de má-fé; improcedentes os embargos do devedor; tratar-se de execução de sentença que tenha sido objeto de recurso improvido do devedor.

Os juizados especiais são regidos pelos princípios da oralidade, da simplicidade, da informalidade, da economia processual e da celeridade, além de se primar pela conciliação ou transação.

Haja vista o presente trabalho ser voltado para os processos que envolvem a Fazenda Pública Estadual, os comentários serão de acordo com a Lei 12.153/2009, também chamada de Lei do Juizados Especiais de Fazenda Pública.

A fim de determinar o que são causas de menor complexidade no âmbito do Juizado Especial de Fazenda Pública, a lei estabelece um critério objetivo, segundo o qual o valor da causa não poderá ultrapassar sessenta salários mínimos.

> Art. 2º É de competência dos Juizados Especiais da Fazenda Pública processar, conciliar e julgar causas cíveis de interesse dos Estados, do Distrito Federal, dos Territórios e dos Municípios, até o valor de 60 (sessenta) salários mínimos.
>
> § 1º Não se incluem na competência do Juizado Especial da Fazenda Pública:
>
> I – as ações de mandado de segurança, de desapropriação, de divisão e demarcação, populares, por improbidade administrativa, execuções fiscais e as demandas sobre direitos ou interesses difusos e coletivos;
>
> II – as causas sobre bens imóveis dos Estados, Distrito Federal, Territórios e Municípios, autarquias e fundações públicas a eles vinculadas;
>
> III – as causas que tenham como objeto a impugnação da pena de demissão imposta a servidores públicos civis ou sanções disciplinares aplicadas a militares (BRASIL,

2009).

Importante destacar que, conforme artigo 5º da Lei 12.153/2009, a Fazenda Pública só pode figurar como ré nas ações do Juizado. Ademais, a lei autoriza os representantes judiciais conciliarem ou transigirem.

Ante todos os benefícios que os métodos consensuais de resolução de conflitos apresentam, o legislador tem cada vez mais os incentivados. Em primeiro lugar, cumpre destacar o CPC/2015 que indica que os meios consensuais de conflitos deverão ser estimulados por todos os integrantes de um processo, não apresentando a Fazenda Pública como uma exceção, assim sendo, até mesmo o Poder Público pode ser parte de um acordo.

O CPC/2015 estabelece como regra a realização da audiência de conciliação ou mediação, só podendo ser dispensada sob dois fundamentos: por manifestação expressa das partes pelo desinteresse na composição consensual ou quando o direito em pauta não admitir a autocomposição. No último caso, tem-se os direitos indisponíveis, como direitos da personalidade.

A Administração Pública não cuida de direitos indisponíveis, já que a mesma pauta suas ações pelo princípio da indisponibilidade do interesse público e na supremacia do interesse público? De fato, como visto linhas acima, o princípio da indisponibilidade do interesse público é um dos norteadores da atuação da Administração, todavia os princípios não devem ser interpretados isoladamente. A análise de um princípio deve ser feita de forma a observar também os demais princípios.

Na Decisão 286/93 do Tribunal de Contas da União (TCU), fora exposto o entendimento de que a adoção juízo arbitral pela Administração Pública era violadora dos princípios da Administração, além da ausência de previsão legal autorizando métodos consensuais de resolução de conflitos no âmbito da Administração Pública. Dentre os princípios que se alegou serem violados, destaca-se:

> Fere o princípio da supremacia do interesse público sobre o privado porquanto, ao se instaurar o juízo arbitral ou ao se conceder ao particular o poder de invocar tal juízo, o que ocorre na prática é que a Administração se despe de prerrogativas mais essenciais que lhe outorgam o princípio em tela, para vir colocar-se em plano igualitário com o particular, e, nesse passo, colocar também o interesse público em paridade com o privado, o que efetivamente configura violação do mesmo princípio.
>
> Fere também o princípio da indisponibilidade do interesse público, pois, ao entregar a terceiro que não o Estado-Juiz o poder de decidir sobre a sorte de interesses que a ela, Administração, incumbe curar, o efeito prático disso é fazer disponível esse bem supremo (o interesse público), ao sabor daquilo que o árbitro constituído venha a deliberar sobre a pendência a ela submetida.
>
> Igualmente fere o princípio da inalienabilidade dos direitos concernentes a interesses públicos, na medida em que direitos enfeixados pela Administração por força da lei ou dos princípios de direito público, tais aqueles consubstanciados nas chamadas cláusulas exorbitantes, e que lhe permitem, dentre outros, alterar unilateralmente o ajuste, decidir sobre a procedência ou não de pleitos versando sobre o restabelecimento da equação financeira, ou sobre a aplicação de sanções ao contratado, seriam ou poderiam, através do juízo arbitral, ser transferidos para terceiro estranho à Administração (o árbitro, no caso).
>
> Do mesmo modo, fere o princípio do controle administrativo ou tutela, eis que, previsto o juízo arbitral num contrato, até mesmo o poder-dever indeclinável da Administração de rever seus atos atinentes à contratação por ilegalidade ou contrariedade ao interesse, e.g., poderia, sem dúvida, ser impugnado pelo contratado a quem aproveitava o ato invalidado, e a pendência, assim criada, ser levada à deliberação do terceiro erigido em

árbitro do interesse público em jogo (BRASIL, 1993, p. 10 – 11).

Divergindo desse entendimento tradicional, o TCU, no acórdão 1.330/2007 permitiu a arbitragem em relação às parcerias público-privadas, já que havia disposição legal permissiva (Lei 11.079/2004). Posteriormente, no acórdão 391/2008, o TCU asseverou ser possível a arbitragem nos contratos de direito privado celebrados pela Administração Pública, tendo em vista que neles ela se iguala ao particular.

Ainda se faz necessário o questionamento se seria possível a Administração Pública solucionar demais conflitos por meio de métodos consensuais.

Partindo de uma análise fria e isolada da indisponibilidade do interesse público e da supremacia do interesse público, seria possível o mesmo ser utilizado como fundamento para que algumas demandas que versem sobre assunto já abordado em diversas ações anteriores, nas quais o ente público fora condenado em todas elas, transcorresse todas as esferas do Judiciário até alcançar Supremo Tribunal Federal, tendo todas as decisões judiciais no mesmo sentido de condenar a Administração Pública.

Uma conduta dessa não atenderia a indisponibilidade do interesse público, já que isso reclama não só uma postura ativa da Administração, mas uma postura inteligente e capaz de analisar os benefícios e prejuízos que sua conduta produzirá futuramente. Na hipótese acima citada, a Administração desrespeitou o princípio da eficiência e da economicidade. Ora, prolongar uma demanda judicial sabendo do resultado, haja vista a similitude entre a demanda atual e todas as anteriores, tornou mais custosa a atuação estatal, a começar pelo custo que o Judiciário teve em dar uma resposta definitiva sobre a questão debatida. Prolongar essas demandas exigirá mais gasto com pessoal tanto por parte do ente em litígio quanto do

Judiciário, pois haverá um aumento de serviço, serviço que poderia ser reduzido caso a Administração, pautada em critérios técnico-jurídicos e nos precedentes judiciais tivesse solucionado o litígio por meio de autocomposição.

      Na hipótese acima apresentada, a Administração Pública estaria concorrendo diretamente para que a razoável duração do processo não fosse atendida e, por consequência, houvesse maiores dificuldades em garantir o acesso à justiça, visto que o Judiciário dedicaria boa parte do seu tempo em demandas repetitivas, de modo que demore demasiadamente na análise de casos diferentes e que demandem maior atenção, como ações civis públicas, processos penais, execuções forçadas, mandados de segurança, dentre outros.

      Prova da alta quantidade de demandas judiciais envolvendo a Fazenda Pública, foram analisados 430 processos em trâmite no Juizado Especial Cível da Comarca de Montes Claros, Minas Gerais. Ressalta-se que nessa comarca, o Juizado Especial Cível reúne as competências do Juizado Especial de Fazenda Pública e do Juizado Especial Cível. Do total de processos analisados, cerca de 55% eram ações da Fazenda Pública, sendo que, desse percentual, os principais litigantes eram: o Estado de Minas Gerais (39,91%), o Município de Montes Claros (28,15%) e a Universidade Estadual de Montes Claros (UNIMONTES) (19,74%). Assim sendo, esses três entes públicos ocupavam cerca de 87,8% das ações envolvendo a Fazenda Pública no Juizado Especial Cível da comarca de Montes Claros.

      De todos os processos analisados nos quais a Administração Pública era parte, nenhum foi resolvido por meio de consensual, na verdade, em todos a audiência de conciliação foi marcada e, logo após, desmarcada.

      Pesquisou-se mais a fundo todos os processos nos quais a UNIMONTES era parte. Entre janeiro de 2016 e abril de 2019 foram distribuídas 23.906 ações no Juizado Especial Cível da Comarca de Montes Claros. Desse total cerca de 4,5% a UNIMONTES era ré, destacando-se 320 ações versando sobre vale alimentação; 236 sobre prêmio de produtividade; 174, gratificação complementar; 68 sobre adicional de insalubridade; 64 sobre décimo terceiro salário e terço de férias; e demais assuntos com menor ocorrência.

Interessa o registro que grande parte das ações como as de vale alimentação e gratificação complementar, por exemplo, apresentavam o mesmo resultado, condenando a UNIMONTES, apesar disso, em nenhuma houve um acordo para solucionar amigavelmente a demanda e colocar um fim na lide de maneira mais célere.

Este cenário foi finalmente percebido pelo Poder Legislativo do Estado de Minas Gerais. Em 2018 aprovou a Lei 23.172, que autoriza Advocacia-Geral do Estado (AGE) a não ajuizar, não contestar ou desistir de ação em curso, não interpor recurso ou desistir de recurso que tenha sido interposto, ainda que parcialmente, desde que inexista outro fundamento relevante.

A lei, ainda, apresentou um rol de hipóteses em que a AGE poderá tomar essa postura e, dentre elas está autorizado se o Procurador do Estado, fundamentadamente, não vislumbrar, no mérito, a possibilidade de êxito da pretensão, em vista das circunstâncias de fato postas nos autos e da jurisprudência dominante, a fim de afastar a sucumbência recursal.

Não só isso, a Lei 23.172/2018 do Estado de Minas Gerais criou Câmara de Prevenção e Resolução Administrativa de Conflitos, estabelecendo os seguintes objetivos:

> I – instituir valores e meios jurídicos que permitam um melhor relacionamento dos cidadãos com a administração pública;
>
> II – prevenir e solucionar controvérsias administrativas e judiciais entre o particular e o Estado, ou entre órgãos ou entidades da administração pública direta e indireta;

III – garantir juridicidade, eficácia, estabilidade, segurança e boa-fé nas relações jurídicas e administrativas;

IV – agilizar e aumentar a efetividade dos procedimentos de prevenção e solução de controvérsias;

V – racionalizar a judicialização de litígios envolvendo a administração pública direta e indireta;

VI – reduzir passivos financeiros decorrentes de controvérsias de repercussão coletiva (MINAS GERAIS, 2018).

Apesar de sua criação em 2018, a própria Lei Estadual 23.172 atribuiu a regulamentação da Câmara de Prevenção e Resolução Administrativa de Conflitos (CPRAC) à Resolução do Advogado-Geral do Estado, comando que foi reproduzido pelo artigo 18, do Decreto Estadual nº 47.963, de 28 de maio de 2020, que reorganizou a Advocacia Geral do Estado de Minas Gerais.

Conforme determina o Decreto Estadual 47.963/2020, a CPRAC tem como competência racionalizar a gestão de conflitos que envolvam questões de direito público, promovendo a desjudicialização por meio de procedimentos autocompositivos entre o particular e o Estado ou entre órgãos ou entidades da Administração Pública direta e indireta.

Em 06 de julho de 2020, foi publicada a Resolução AGE nº 61, que regulamenta a composição, o funcionamento e o fluxo de procedimentos da CPRAC, do Poder Executivo. Como forma de resolução administrativa de conflitos, a Resolução AGE 61/2020 estabeleceu a mediação, conciliação e negociação[30].

A Resolução estabelece algumas das competências da Câmara, destacando-se: identificar as controvérsias jurídicas e promover a autocomposição entre órgãos e entidades do Estado, bem

---

[30] A Resolução esclarece que a negociação é a forma de resolução de conflito sem interferência de terceiro.

como entre estes e demais entes da federação ou particulares, manifestar quanto à competência e à possibilidade de autocomposição; supervisionar as atividades conciliatórias no âmbito de outras unidades da AGE, quando houver aprovação prévia de atuação pelo Advogado-Geral do Estado; prevenir e resolver conflitos que envolvam equilíbrio econômico-financeiro de contratos celebrados pelos órgãos e entidades do Estado com particulares.

Tal Resolução restringiu a competência da CPRAC apenas aos direitos disponíveis e indisponíveis que administram transação. Ora, se a Câmara tem sua atuação restrita aos casos que envolvam a Administração do Estado de Minas Gerais e a Resolução abre a possibilidade negociações, conciliações e mediações, este ato normativo reforça a ideia de que o princípio da indisponibilidade do interesse público não tem caráter absoluto em relação aos demais princípio. Como dito anteriormente, é necessário o cotejo entre o princípio da indisponibilidade com demais princípios da Administração Pública para que o resultado seja o que traga maiores benefícios.

Seguindo a linha apresentada pelas legislações mais recentes, principalmente o CPC/2015, a Resolução AGE 61/2020 estabeleceu alguns limites à atuação da Câmara.

> Art. 6º – Não poderá ser objeto de autocomposição, além das hipóteses previstas no art. 13 da Lei nº 23.172, de 2018:
> I – a controvérsia que somente possa ser resolvida por atos ou concessões de direitos que dependam de autorização do Poder Legislativo;
> II – a controvérsia contrária:
> a) à orientação da Advocacia-Geral do Estado;
> b) à jurisprudência pacífica dos Tribunais Superiores, observado o disposto no art. 1º, II, da Lei nº 23.172, de 2018;
> c) às súmulas, vinculantes ou não, dos Tribunais Superiores;
> d) a acordão proferido pelo Supremo Tribunal Federal ou pelo Superior Tribunal de Justiça em julgamento de recursos repetitivos;

e) a matérias decididas, em definitivo, pelo Tribunal Superior do Trabalho, em sede de julgamento realizado nos termos do art. 896-C do Decreto-Lei Federal nº 5.452, de 1º de maio de 1943;
f) a entendimento firmado em incidente de resolução de demandas repetitivas ou de assunção de competência (MINAS GERAIS, 2020b).

Esses limites buscam melhor proteger a segurança jurídica e a uniformidade no ordenamento jurídico. Além de ser uma maneira de garantir melhor observância ao princípio da impessoalidade, já que a Câmara terá de observar alguns limites e assim proporcionar tratamento isonômico a todos que a ela recorrerem.

Ante esse novo cenário normativo presente no Estado de Minas Gerais, aliado a todas as normas nacionais que autorizam a realização de métodos alternativos de resolução de conflito, espera-se que a Administração Pública adote uma postura mais voltada a esses métodos e que assim possam trazer soluções mais céleres às demandas, bem como auxilie no desafogamento do Poder Judiciário. Ressalta-se que os três poderes devem atuar em conjunto para que o serviço público seja prestado da maneira mais eficiente à população, sendo assim, nada mais coerente que detectem os problemas de cada um e, na medida do possível, discutam qual seria a melhor saída.

Apesar dessas alterações, a mudança do cenário fático ainda pode demorar um pouco a ocorrer. O primeiro motivo vem da realidade de que os tribunais mineiros se encontram abarrotados de serviço, sendo muitas causas da Administração Pública. Assim sendo, inicialmente poderia ocorrer o deslocamento de várias demandas do Judiciário para a CPRAC, como autoriza o artigo 40 da Resolução AGE 61/2020, além de novos casos serem discutidos originalmente na Câmara.

Outro fator importante que pode atrasar a efetivação das atividades da Câmara é a pandemia que fez com que todo o País mudasse drasticamente sua postura, com exigência de tecnologias e maiores gastos. Consequentemente, a Administração Pública também sofreu profundas alterações, principalmente no aumento de gastos e diminuição da arrecadação. Ante esse cenário, torna-se um pouco difícil a implementação de novos recursos na Administração.

4 CONCLUSÃO

Os dados coletados no decorrer da pesquisa demonstram certa relutância em se fazer acordo na seara do Juizado Especial de Fazenda Pública da Comarca de Montes Claros, já que, de todos os processos analisados, em nenhum deles constatou-se a resolução do conflito por meio consensual. Isso afeta diretamente o gasto da Administração Pública e do Poder Judiciário, visto que a maior demanda exige mais pessoal disponível, bem como maiores custos no decorrer do processo. De mais a mais, abarrotar o Poder Judiciário afeta diretamente o acesso à justiça, ofendendo a razoável duração do processo.

Por mais tendencioso que seja ver o excesso de demanda judicial como um problema a ser solucionado apenas pelo Poder Judiciário, esse problema não pode ser deixado apenas a cargo desse Poder. Verdade seja dita, todos os setores da sociedade e todos os Poderes devem trabalhar em conjunto para que a máquina pública tenha um melhor funcionamento. Prova disso é que as partes sejam incentivadas a solucionar seus conflitos por meios consensuais. Quando se fala em partes, inclui pessoas naturais, pessoas jurídicas, de direito público e privado, e entes despersonalizados, isto é, todos aqueles que podem figurar num polo de uma ação. Evidentemente, só será possível resolver consensualmente aquelas matérias em que a lei não proíbe. Ressalta-se que, em atendimento ao princípio da legalidade, são vários os dispositivos legais que autorizam a Administração Pública, direta ou indireta, participar de arbitragem, mediação, conciliação, transacionar, desistir de recurso e desistir de ação, desde que devidamente motivado e observados os limites legais.

O princípio da supremacia do interesse público não deve ser visto como óbice à realização de autocomposição por parte da Administração Pública. A bem da verdade, a autocomposição pode ser vista como uma forma de melhor atender a supremacia do interesse público.

Tais princípios devem ser analisados em conjunto com os demais que regem o Direito Administrativo. Foge à esfera da razoabilidade aumentar os custos em um processo que, dado ao conhecimento técnico dos procuradores e aos precedentes judiciais, já se pode perceber o resultado negativo para a Administração Pública. Assim sendo, o administrador público deve adotar uma visão ampla de um processo e buscar a melhor saída, inclusive a que gere menos custos financeiros e mais benefícios para a coletividade, para assim atender o princípio da eficiência. Obviamente, sua postura deve ser devidamente fundamentada, como deve ser todo ato administrativo.

Portanto, a partir de um cotejo da supremacia do interesse público, indisponibilidade do interesse público, economicidade, eficiência e razoabilidade, é possível a autocomposição pela Administração Pública, atitude que garantirá de forma mais adequada ao interesse público.

REFERÊNCIAS BIBLIOGRÁFICAS

BARBOSA, Rui. *Oração aos Moços*. 5.ed. Rio de Janeiro (RJ): (Fonte digital disponível em: http://www.casaruibarbosa.gov.br/dados/DOC/artigos/rui_barbos a/FCRB_RuiBarbosa_Oracao_aos_mocos.pdf). Aceso em 24 nov. de 2020. Edições Casa de Rui Barbosa, 1999.

BRASIL. *Constituição da República Federativa do Brasil de 1.988*. Brasília, DF: Presidência da República. Disponível em: http://www.planalto.gov.br/ccivil_03/constituicao/c

onstituicao.htm. Acesso em: 25 nov. 2020.

BRASIL. *Decreto nº 1.171, de 22 de junho de 1.994*. Disponível em: http://www.planalto.gov.br/ccivil_03/decreto/d1171.htm. Acesso em: 24 nov. 2020.

BRASIL. *Decreto-Lei nº 6.657, de 04 de setembro de 1.942*. Lei de Introdução às Normas do Direito Brasileiro –. Disponível em: http://www.planalto.gov.br/ccivil_03/decreto-lei/del4657compilado.htm. Acesso em: 23 nov. 2020.

BRASIL. *Lei 13.105, de 16 de março de 2.015*. Institui o Código de Processo Civil. Disponível em: http://www.planalto.gov.br/ccivil_03/_ato2015-2018/2015/lei/l13105.htm. Acesso em: 28 de nov. de 2020.

BRASIL. *Lei nº 8.112, de 11 de setembro de 1.990*. Disponível em: http://www.planalto.gov.br/ccivil_03/leis/l8112cons.htm. Acesso em 23 nov. 2020.

BRASIL. *Lei nº 8.429, de 02 de junho de 1.992*. Disponível em: http://www.planalto.gov.br /ccivil_03/leis/l8429.htm. Acesso em: 23 de nov. de 2020

BRASIL. *Lei nº 8.666, de 21 de junho de 1.993*. Disponível em: http://www.planalto.gov.br/ ccivil_03/leis/l8666cons.htm. Acesso em 23 nov. 2020.

BRASIL. *Lei nº 9.099, de 26 de setembro de 1.995*. Disponível em: http://www.planalto.gov.br/ccivil_03/leis/l9099.htm. Acesso em 02 dez. 2020.

BRASIL. *Lei nº 9.307, de 23 de setembro de 1.999*. Disponível em: http://www.planalto.gov.br/ccivil_03/leis/l8666cons.htm. Acesso em 23 nov. 2020.

BRASIL. *Lei nº 9.784, de 29 de janeiro de 1.999*. Disponível em: http://www.planalto.gov.br/ccivil_03/leis/l9784.htm. Acesso em 24 nov. 2020.

BRASIL. *Lei 10.259, de 12 de julho de 2.001*. Disponível em: http://www.planalto.gov.br/cc ivil_03/leis/LEIS_2001/L10259.htm. Acesso em 04 dez. 2020.

BRASIL. *Lei 12.153, de 22 de dezembro de 2.009*. Disponível em: http://www.planalto.gov.br/ccivil_03/_ato2007-2010/2009/lei/l12153.htm. Acesso em 04 dez. 2020.

BRASIL. *Lei nº 13.140, de 26 de junho de 2.015*. Disponível em: http://www.planalto.gov.b r/ccivil_03/_ato2015-2018/2015/lei/l13140.htm. Acesso em: 25 nov. 2020.

BRASIL. Tribunal de Contas da União. Acórdão 391/2008 - Plenário - Ata 07/2008. Processo nº TC 005.605/2002-9. Relator: Marcos Vinícius Vilaça. Data de Julgamento: 12 mar. 2008 Disponível em: https://pesquisa.apps.tcu.gov.br/#/documento/acordao-completo/391%252F2008/%2520/DTRELEVANCIA%2520desc%252C%2520NUMACORDAOINT%2520desc/0/%2520?uuid=4e9d17c0-3bf0-11eb-b117-c764cbae8199. Acesso em 11 dez. 2020.

BRASIL. Tribunal de Contas da União. Acórdão 1.330/2007 - Plenário - Ata 28/2007. Processo nº TC 011.988/2007-4. Relator: Raimundo Carriro. Data de Julgamento: 04 jul. 2007 Disponível em: https://pesquisa.apps.tcu.gov.br/#/documento/acordao-completo/1330%252F2007/%2520/DTRELEVANCIA%2520desc%252C%2520NUMACORDAOINT%2520desc/0/%2520?uuid=4e9d17c0-3bf0-11eb-b117-c764cbae8199. Acesso em 11 dez. 2020.

BRASIL. Tribunal de Contas da União. Decisão 286/93 - Plenário - Ata 29/1993. Processo nº TC 008.217/93-9. Relator: Ministro Homero Santos. Data de Julgamento: 04 ago. 1993 Disponível em: http://www.tcu.gov.br/Consultas/Juris/Docs/judoc%5CDec%5C19940307%5

CGERADO_TC-17446.pdf. Acesso em 10 dez. 2020.

BURLE, Carla Rosado; BURLE FILHO, José Emmanuel; MEIRELLES, Hely Lopes. *Direito Administrativo Brasileiro*. 42. ed. atual. até a Emenda Constitucional 90, de 15.9.2015. - São Paulo: Malheiros. 2016.

CAPPELLETTI, Mauro; GARTH, Bryant. *Acesso à justiça*. Traduzido por Ellen Grace Northfleet. Porto Alegre: Fabris. 1988.

CARVALHO FILHO, José dos Santos. *Manual de direito administrativo*. 32. ed. rev., atual. e ampl. São Paulo: Atlas, 2018.

CNJ. Conselho Nacional de Justiça. *Justiça em números*. Brasília: 2020. Disponível em: https://paineis.cnj.jus.br/QvAJAXZfc/opendoc.htm?document=qvw_l/PainelCNJ.qvw&host=QVS%40neodimio03&anonymous=true&sheet=shResumoDespFT. Acesso em: 21 jun. 2020.

DI PIETRO, Maria Sylvia Zanella. *Direito administrativo*. 31. ed. rev. atual e ampl. – Rio de Janeiro: Forense, 2018.

DINAMARCO, Cândido Rangel; LOPES, Bruno Vasconcelos Carrilho. *Teoria geral do novo processo civil*. 2. ed. São Paulo: Malheiros, 2017.

MARINELA, Fernanda. *Direito administrativo*. 11. ed. São Paulo: Saraiva, 2017.

MELLO, Celso Antônio Bandeira. *Curso de direito administrativo*. 26. ed. rev. e atual. São Paulo: Malheiros. 2009.

MINAS GERAIS. *Decreto 47.963, de 28 de maio de 2020a*. Disponível em: https://www.almg.gov.br/consulte/legislacao/completa/completa.html?tipo=DEC&num=47963&comp=&ano=2020. Acesso em 26 jan. 2021.

MINAS GERAIS. *Lei 23.172, de 20 de dezembro de 2018*. Disponível em: https://www.almg.gov.br/consulte/legislacao/completa/completa.ht

ml?ano=2018&num=23172&tipo=LEI. Acesso em 04 dez. 2020.

MINAS GERAIS. *Resolução 61, de 07 de julho de 2020b*. Disponível em: http://advocaciageral.mg.gov.br/legislacao/resolucao-age-no-61-de-06-07-2020/#:~:text=RES

OLU%C3%87%C3%83O%20AGE%20N%C2%BA%2061%2C%2006,Executivo%20e%20d%C3%A1%20outras%20provid%C3%AAncias.. Acesso em 26 jan. 2021.

NEVES, Daniel Amorim Assumpção. *Manual de direito processual civil*. Volume único. 12. ed. Salvador: JusPodivm, 2019.

THEODORO JÚNIOR, Humberto. *Curso de direito processual civil*. 59. ed. rev., atual. e ampl. Rio de Janeiro: Forense. 2018.

9

O JUIZ DAS GARANTIAS NO PROCESSO PENAL

Marcos Antônio Ferreira [31]

Márcio Roberto da Silva [32]

INTRODUÇÃO

Este capítulo tem como motivação as alterações no Código de Processo Penal em virtude da promulgação da Lei nº 13.964/2019. O objetivo é analisar até que ponto a novel figura do juiz das garantias impactou o processo penal, se é que verdadeiramente este instituto terá uma face mais moderna sob a perspectiva da garantia dos direitos individuais.

Inicialmente a atenção se volta para o funcionamento do processo penal no Brasil e para a atuação do juiz das garantias. É importante saber a existência ou não de avanços com a novidade trazida pela Lei nº 13.964/2019. Colocar em relevância as competências do juiz das garantias é medida indispensável na busca de uma compreensão cada vez maior dos instrumentos próprios da democracia na defesa dos direitos fundamentais.

Com vistas a clarear a pertinência, ou não, do juiz

---

[31] Mestre em Direito Público pela PUC Minas. Professor da Universidade Estadual de Montes Claros (Unimontes). Juiz titular da 2ª Vara de Família de Montes Claros/MG.
[32] Graduado em Filosofia e História pela UNIMONTES, com pós-graduação em Psicopedagogia Institucional pela UCAM. Bacharelando em Direito da UNIMONTES.

das garantias, e até mesmo para invocar as particularidades do Processo Penal, discorre-se sobre o inquérito policial em sua nuance mais atrativa do ponto de vista jurídico.

Ao final, faz-se um entrelaçamento dos institutos aqui abordados porque é preciso encontrar coerência entre eles, ou mesmo, identificar pontos controversos que contribuam para o melhoramento conceitual e legislativo.

1 O INQUÉRITO POLICIAL COMO BASE DO PROCESSO PENAL

O inquérito policial pode ser entendido como sendo um expediente administrativo inquisitório e preparatório, chefiado pela autoridade policial. Compõe-se de diligências efetuadas pela polícia judiciária, cujos esforços concentram-se na identificação dos meios de prova e de tudo que direciona para a comprovação da autoria e da materialidade da infração penal. O objetivo é fornecer ao titular da ação penal um conjunto probatório que lhe permita ingressar em juízo em busca da punibilidade do agente infrator.

Sua funcionalidade é no sentido de elucidar os fatos delituosos narrados na notícia de crime, com vocação para gerar a persecução penal ou, se as provas se demonstrarem insuficientes, recomendar o arquivamento do inquérito. Por ser assim, do inquérito policial espera-se um duplo serviço, segundo Lima (2018, p.107), de natureza:

> Preservadora: a existência prévia de um inquérito policial inibe a instauração de um Processo Penal infundado, temerário, resguardando a liberdade do inocente e evitando custos desnecessários para o Estado; preparatória: fornece elementos de informação para que o titular da ação penal ingresse em juízo, além de acautelar meios de prova que poderiam desaparecer com o decurso do tempo.

A natureza jurídica do inquérito policial resume-se, portanto, em base administrativa. Não se pode confundi-la com processo judicial, muito menos denominá-la processo administrativo, posto que do inquérito policial "(...) não resulta a imposição direta de nenhuma sanção" (LIMA, 2018, p.107). Nessa fase, a ausência da chamada estrutura processual dialética, só para usar a expressão de Lima (2018), consistente na garantia do contraditório e da ampla defesa, impede qualquer medida punitiva.

> Apesar de o inquérito policial não obedecer a uma ordem legal rígida para a realização dos atos, isso não lhe retira a característica de procedimento, já que o legislador estabelece uma sequência lógica para sua instauração, desenvolvimento e conclusão. Por sua própria natureza, o procedimento do inquérito policial deve ser flexível. Não há falar, em sede de investigação policial, em obediência a uma ordem predeterminada rígida, o que não infirma sua natureza de procedimento, já que o procedimento pode seguir tanto um esquema rígido quanto flexível. (LIMA, 2018, p.107)

O inquérito policial se firma, pois, como procedimento de viés administrativo por seguir uma ritualística focada na busca da demonstração da autoria e materialidade do delito. A qualidade de instrumento informativo é incontroverso desde a sua origem, porque, ao mesmo tempo em que impulsiona a persecução penal, sua irregularidade ou possíveis vícios não podem ser alegados para frear ou impedir o prosseguimento do processo penal. No dizer de Lima (2018, p.107), "as nulidades processuais concernem, tão somente, aos defeitos de ordem jurídica que afetam os atos praticados ao longo da ação penal condenatória." (BRASIL, 2008)

A separação entre as fases da *persecutio criminis* - inquérito policial e ação penal não é estanque. Embora o inquérito policial não seja mais encadernado pela denúncia, certo é que os documentos relativos às provas irrepetíveis, às medidas de obtenção de provas ou de antecipação de provas, deverão ser apensados ao processo de conhecimento, para uso durante a instrução do processo e servirem como elementos de prova do processo criminal, nos termos do artigo 3º-C, §3º e do artigo 155 do Código de Processo Penal.

Em princípio, o poder-dever de punir do Estado surge no exato momento da prática delituosa. Para que tal aconteça, o autor do ilícito precisa ser identificado e a materialidade [do crime] comprovada. A propósito, é para isso que serve o inquérito policial. Segundo Lima (2018, p.108), "para que se possa dar início a um processo criminal contra alguém, faz-se necessária a presença de um lastro probatório mínimo apontando no sentido da prática de uma infração penal e da probabilidade de o acusado ser o autor".

A investigação criminal tem o condão de formar a justa causa necessária para a sobrevida da peça acusatória e o consequente prosseguimento da ação penal, conforme disposto no art. 395 do Código de Processo Penal.

O processo penal é pressuposto de uma relação dialética representada pelo contraditório e a ampla defesa, o que não acontecia na fase do inquérito policial, de natureza inquisitorial. Tal dicotomia permite diferenciar os elementos informativos de elevado valor para a persecução penal, pois auxilia na formação da *opinio delicti* do órgão de acusação, da prova, que só pode ser produzida, em regra, no curso do processo judicial – quando se exercita o contraditório e a ampla defesa.

Na lição de Lima:

> O contraditório funciona, pois, como verdadeira condição de existência e validade das provas, de modo que, caso não sejam produzidas em contraditório, exigência impostergável em todos os momentos da atividade instrutória, não lhe caberá a designação de prova. (2018, p.109).

Com a alteração da estrutura do processo penal introduzida pela Lei 13.964/2019, e a introdução da figura do juiz das garantias para atuação específica e limitada a esta fase da persecução penal, houve mitigação substancial na natureza exclusivamente inquisitorial do inquérito policial. Há previsão expressa de que haja o exercício do contraditório, em audiência pública e oral, quando se decidir acerca da prorrogação do prazo da prisão provisória ou outra medida cautelar, ou sua substituição, bem como a observância plena da dialética processual penal – com as garantias do contraditório e a ampla defesa em audiência pública e oral, quando houver necessidade de produção antecipada de provas consideradas urgentes e não repetíveis que, dessa forma, ficam legitimadas para fundamentar a decisão do juiz que conduz a *persecutio criminis* em juízo.

O outro instituto igualmente importante para tal fim é o princípio da identidade física do juiz no processo penal. Quem preside a instrução prolata a sentença [CPP, art.399, §2º]. Em homenagem a esse princípio, a reforma nos procedimentos comuns ordinário e sumário reduziu os atos processuais a uma única audiência, como está disciplinado no artigo 400 do CPP, ocasião em que à produção da prova sucedem-se os debates e a sentença. Conforme lição de Lopes Jr. (2019, p.456):

> Eventualmente, se a complexidade do caso exigir, os debates orais serão substituídos por memoriais. A concentração dos atos (necessários para a identidade física) impõe que a instrução seja realizada em uma única audiência ou, caso isso não seja possível, em audiências realizadas em breve espaço de tempo.

Infere-se daí que, por necessidade lógica, o princípio da identidade física do juiz assenta-se em um tripé: a oralidade, a concentração dos atos e a imediatidade.

A redação do artigo 155 do CPP, prevê que, em regra, a formação da convicção do julgador deve ser lastreada na prova produzida na fase da instrução criminal em juízo, observadas as garantias constitucionais do contraditório e da ampla defesa, não podendo ele fundamentar sua decisão exclusivamente nos elementos informativos colhidos na investigação, ressalvadas as provas cautelares, não repetíveis e antecipadas que, conforme já mencionado, apesar de não terem sido obtidas pelo juízo instrutor, têm legitimidade asseguradas pela observância das garantias constitucionais do contraditório e da ampla defesa.

Com a alteração legislativa trazida pela Lei nº 13.964/2019, salvo os documentos relativos às provas irrepetíveis, às medidas de obtenção de provas ou de antecipação de provas, nenhum outro elemento informativo colhido na investigação será levado ao conhecimento do julgador que, dessa forma, deverá cumprir efetivamente a garantia de produção de provas em contraditório judicial.

O inquérito policial, portanto, serve para formar a *opinio deliciti* do Ministério Público para propor ou não a ação penal. A prova que fundamentará a sentença condenatória será produzida na fase processual, salvo aquelas referidas no parágrafo 3º, do artigo 3º-C que, não obstante produzidas na fase pré-processual, observaram as garantias do juízo criminal competente (juiz das garantias), do contraditório e da ampla defesa.

A natureza instrumental do inquérito policial é reconhecida por Lopes Jr. para quem:

> Serve ela para – provisionalmente – reconstruir o fato e individualizar a conduta dos possíveis autores, permitindo assim o exercício e a admissão da ação penal. No plano probatório, o valor exaure-se com a admissão da denúncia. Como regra geral, pode-se afirmar que o valor dos elementos coligidos no curso do inquérito policial somente serve para fundamentar medidas de natureza endoprocedimental (cautelares, etc.) e, no momento da admissão da acusação, para justificar o processo ou o não processo (arquivamento). (LOPES JR., 2019, p. 186-325)

Com o advento da Lei nº 13.964/2019, ultimado o inquérito policial sem a apuração de elementos suficientes para embasar o oferecimento da denúncia (indícios suficientes de autoria, prova da materialidade, antijuridicidade e culpabilidade do agente), deve o Ministério Público promover o arquivamento das peças de investigação, submetendo, de ofício, seu parecer à instância de revisão ministerial para fins de homologação.

Caso a vítima ou seu representante legal discordem das razões invocadas para o arquivamento do inquérito policial pelo Ministério Público, poderá, no prazo de 30 (trinta) dias contados da comunicação da decisão, submeter a matéria à revisão da instância competente do órgão ministerial, conforme dispuser a respectiva lei orgânica, nos termos do artigo 28-A do Código de Processo Penal.

Quando se tratar de ação penal praticada em detrimento de bens jurídicos da União, dos Estados ou dos Municípios, a competência para provocar a revisão do arquivamento do inquérito policial será da chefia do órgão a quem couber a sua representação judicial.

2 O JUIZ DAS GARANTIAS E SUAS COMPETÊNCIAS

A Lei nº 13.964/2019 inovou o ordenamento jurídico brasileiro ao trazer à lume a figura do "juiz das garantias". O legislador partiu da premissa de que o juiz que atuasse na fase anterior ao recebimento da denúncia, de alguma forma, tinha o convencimento jurídico influenciado pelos fatos apurados nessa fase da persecução penal. Assim, houve a inclusão no Código de Processo Penal de órgão jurisdicional específico para atuação exclusiva na fase do inquérito policial, que cuidasse do controle de legalidade das atividades de investigação, bem como da análise das medidas necessárias nessa fase e para as quais a Constituição Federal ordena prévia autorização judicial.

Em uma análise mais apressada, a primeira impressão quanto à presença do juiz das garantias na fase investigatória seria equivalente à de um "fiscal" das práticas empregadas pela Autoridade Policial na apuração de condutas delitivas durante o inquérito policial, velando pelo fiel cumprimento da lei.

Do ponto de vista estritamente técnico, o juiz das garantias seria responsável por velar pela observância na fase pré-processual, de todas as garantias constitucionais conferidas aos investigados, se imiscuindo na produção dos elementos de prova cuja necessidade decorre da reserva de jurisdição: liberdade do investigado, produção antecipada de provas consideradas urgentes e não repetíveis, interceptação telefônica, do fluxo de comunicações em sistemas de informática e telemática ou de outras formas de comunicação, afastamento dos sigilos fiscal, bancário, de dados e telefônico, busca e apreensão domiciliar, acesso a informações sigilosas e outros meios de obtenção da prova que restrinjam direitos fundamentais do investigado, de modo que, ainda que tenha prejulgamento concebido, tal não o influenciará na fase probatória em juízo, porquanto sua atividade é exauriente na fase anterior à persecução penal em juízo.

Conforme se deduz do artigo 3º-A, o processo penal funda-se numa estrutura acusatória, o que não permite a iniciativa probatória do juiz na fase de investigação, nem a substituição da atuação probatória no órgão de acusação. Com tal medida, o objetivo do legislador foi efetivar a prática processual de natureza acusatória já consagrada no artigo 5º, LV e no artigo 129, I, da Constituição Federal, segundo a qual, no dizer de Cavalcante (2019, p.164), "as funções de acusar, defender e julgar são exercidas por sujeitos processuais bem distintos".

O juiz das garantias tem como função específica o controle da legalidade dos atos da investigação criminal e a garantia da observância nessa fase de todos os direitos e garantias individuais consagradas na Constituição Federal, só alcançados mediante o perfeito enquadramento das medidas persecutórias à cláusula de reserva de jurisdição e, com fulcro no artigo 5º, inciso XXXV da Constituição Federal, no princípio da inafastabilidade do controle jurisdicional, passando pela asseguração da inviolabilidade domiciliar e do sigilo das comunicações de dados e das comunicações telefônicas, previstas respectivamente nos incisos XI e XII do artigo 5º, a legalidade na obtenção da prova no procedimento processual penal e a manutenção da liberdade do cidadão investigado como regra geral, respectivamente previstas nos incisos LVI, LXI, LXV e LXVI.

A especialização dos órgãos jurisdicionais para atuação na fase da investigação criminal e do processo de conhecimento é de todo desejável, conforme leciona Lopes Jr. (2019, p.141):

> A efetividade da proteção está em grande parte pendente da atividade jurisdicional, principal responsável por dar ou negar a tutela dos direitos fundamentais. Como consequência, o fundamento da legitimidade da jurisdição e da independência do Poder Judiciário está no reconhecimento da sua função de garantidor dos direitos fundamentais inseridos ou resultantes da Constituição. Nesse contexto, a função do juiz é atuar como *garantidor* dos direitos do acusado no processo penal. No Processo Penal brasileiro, o juiz mantém-se afastado da investigação preliminar – como autêntico garantidor –, limitando-se a exercer o controle formal da prisão em flagrante e a autorizar aquelas medidas restritivas de direitos (cautelares, busca e apreensão, intervenções telefônicas etc.). O alheamento é uma importante garantia de imparcialidade e, apesar de existirem alguns dispositivos que permitam a atuação de ofício, os juízes devem condicionar sua atuação à prévia invocação do MP, da própria polícia ou do sujeito passivo. O juiz não orienta a investigação policial (...)

A atuação do juiz das garantias, segundo expressa disposição legal, é limitada à persecução penal de todas as infrações penais, exceto as de menor potencial ofensivo, iniciando com a instauração do inquérito policial, por portaria, mediante requisição da autoridade judiciária ou do Ministério Público, ou a requerimento do ofendido ou de quem tiver qualidade para representá-lo ou mediante auto de prisão em flagrante delito e encerrada com a decisão de recebimento da denúncia ou da queixa.

Segundo Cavalcante e André (2019), recebida a denúncia ou queixa, as questões pendentes serão decididas pelo juiz da instrução e julgamento. As decisões proferidas pelo juiz das garantias não vinculam o juiz da instrução e julgamento, o qual tem o prazo máximo de dez dias para reexaminar a necessidade da manutenção das medidas cautelares proferidas na fase do inquérito policial.

> Os autos que compõem as matérias de competência do juiz das garantias ficarão acautelados na secretaria desse juízo, à disposição do Ministério Público e da defesa, e não serão apensados aos autos do processo enviados ao juiz da instrução e julgamento, ressalvados os documentos relativos às provas irrepetíveis, medidas de obtenção de provas ou de antecipação de provas, que deverão ser remetidos para apensamento em apartado (art.3º-D, §3º) (ANDRÉ; CAVALCANTE, 2019, p.164)

Segundo o disposto no artigo 3º-B, do Código de Processo Penal, são atribuições do juiz das garantias:

1. Ser imediatamente comunicado quando efetivada a prisão, nos moldes do art. 5º, LXII da Constituição Federal, previsão já existente no artigo 306 do Código de Processo Penal – onde se prevê que a comunicação da prisão seja extensiva ao Ministério Público, à família do preso ou à pessoa por ele indicada e, caso o preso não informe o nome de seu advogado, deverá haver comunicação à Defensoria Pública. O descumprimento injustificado da medida, tipifica o crime de abuso de autoridade, nos termos do artigo 12 da Li 13.689/19.

2. Receber o auto da prisão em flagrante para fins de controle da legalidade, devendo relaxar imediatamente a prisão que não atender os requisitos legais, nos termos da garantia estampada no artigo 5º, LXV da Constituição Federal: "LXV - a prisão ilegal será imediatamente relaxada pela autoridade judiciária".

A legalidade da prisão deve ser observada pelo prisma do artigo 302 do Código de Processo Penal e ainda ser analisada a necessária existência de justa causa, considerada como a comprovação da materialidade e indícios suficientes da autoria delitiva:

> Art. 302. Considera-se em flagrante delito quem:
>
> I - está cometendo a infração penal;
>
> II - acaba de cometê-la;
>
> III - é perseguido, logo após, pela autoridade, pelo ofendido ou por qualquer pessoa, em situação que faça presumir ser autor da infração;
>
> IV - é encontrado, logo depois, com instrumentos, armas, objetos ou papéis que façam presumir ser ele autor da infração.

3. Realizar audiência de custódia, no prazo de até 24 horas após a prisão, garantindo-se o exercício do contraditório judicial, com as presenças do preso, seu defensor e do Ministério Público, na qual deverá decidir acerca da manutenção ou não da privação de liberdade do apresentado.

A audiência de custódia constitui direito subjetivo do preso, de ver-se apresentado imediatamente ao juiz, conforme garantia expressamente prevista no artigo 5º, LXII e LXV da Constituição Federal e previsão do artigo 310 do Código de Processo Penal, e o descumprimento injustificado desta norma sujeita a autoridade a sanções administrativas, cíveis e criminais pela omissão.

Na decisão liminar proferida na Reclamação (RCL) 29303, de lavra do Ministro Edson Fachin, proferida em 10 de outubro de 2020, restou assentado que audiência de custódia deve ser realizada em todas as modalidades prisionais, inclusive prisões temporárias, preventivas e definitivas (BRASIL, 2020).

O objetivo principal da audiência de custódia é o exercício de contraditório sumário, para a verificação da necessidade da manutenção da privação da liberdade do cidadão conduzido à presença do juiz das garantias.

A prisão preventiva, decretada durante o inquérito policial a requerimento do Ministério Público, do querelante ou do assistente, ou por representação da autoridade policial, como toda e qualquer medida de exceção, deve observar estritamente os pressupostos e requisitos previstos no artigo 312 do Código de Processo Penal: prova da existência do crime e indícios suficientes de que o acusado seja o autor (*fumus commissi delicti*) e só pode decorrer em razão do risco para a ordem pública, para a ordem econômica, para a aplicação da lei penal ou para a conveniência da instrução criminal (*periculum libertatis*). Na fundamentação da decisão restritiva da liberdade individual durante a investigação criminal, o juiz das garantias deve indicar concretamente a existência de fatos novos ou contemporâneos que justifiquem a aplicação da medida adotada.

4. É ainda função do juiz das garantias, empenhar-se na preservação dos direitos do preso não atingidos diretamente pela privação de liberdade, podendo até mesmo determinar que este seja conduzido à sua presença a qualquer tempo e assegurar o acesso do preso a todos os elementos informativos e provas produzidos na investigação, exceto as diligências em andamento.

Nos termos do artigo 3º, *caput*, da Lei de Execução Penal há previsão expressa que: *"Ao condenado e ao internado serão assegurados todos os direitos não atingidos pela sentença ou pela lei"*.

No campo da proteção dos direitos individuais, à luz do art.3º-F, o juiz das garantias, sem prejuízo da competência concorrente do Juízo da Execução Penal, deve velar para a proteção da imagem daquele que estiver privado provisoriamente de sua liberdade, não permitindo acordos ou ajustes de qualquer autoridade responsável pela custódia do preso com órgãos de imprensa, capazes de explorar sua imagem. A disposição reforça a regra do artigo 41, VIII da Lei de Execução Penal, que confere ao preso o direito de proteção contra qualquer forma de sensacionalismo.

5. O juiz das garantias deve ser informado da instauração de toda e qualquer investigação criminal, independentemente da existência ou não de prisão em flagrante, sendo indiferente que a instauração do procedimento investigativo criminal seja realizada pela Polícia Judiciária, pelo Ministério Público ou outra instituição, de modo a garantir o controle jurisdicional da legalidade dos atos da investigação.

6. Todas as vezes que se fizer necessária a deliberação do juiz das garantias acerca da prorrogação da custódia provisória ou da prorrogação de outra medida cautelar e, estando o réu preso, acerca da realização de produção antecipada das provas consideradas urgentes e não repetíveis, deverá ser realizada audiência pública, com observância dos princípios da oralidade e do contraditório, e ainda a necessidade, adequação e proporcionalidade da medida, na forma do artigo 156, I, do Código de Processo Penal. Para Nucci:

> Pode-se afirmar que, como regra, provas urgentes e relevantes são necessárias, adequadas e proporcionais à medida tomada antecipadamente pelo magistrado em relação à sua produção. Afinal, necessário é algo indispensável; adequado, algo apropriado a certo aspecto ou estágio da investigação; proporcional significa situação equilibrada, diante da antecipação e gravidade de produção de uma prova antes de iniciada a ação penal. (NUCCI, 2019, p. 347).

7. Ao juiz das garantias compete decidir sobre a representação da Autoridade Policial concernente à prorrogação do

prazo para conclusão do inquérito policial, ouvindo previamente o Ministério Público. No caso de provimento do pedido de prorrogação, a autoridade policial terá o prazo de 15 dias para conclusão do inquérito policial nos casos de réu preso, findo o prazo sem a conclusão das investigações, a prisão deverá ser imediatamente relaxada. Os prazos legais para a conclusão do inquérito policial são fixados no artigo 10 do Código de Processo Penal, são de 10 dias se o indiciado estiver preso e 30 dias quando estiver solto.

8. Compete privativamente ao juiz das garantias decidir motivadamente sobre representações da autoridade policial ou requerimento do Ministério Público acerca de interceptação telefônica, do fluxo de comunicações em sistemas de informática e telemática ou de outras formas de comunicação, incluída a captação ambiental de sinais eletromagnéticos, ópticos ou acústicos, diligência processada sob segredo de justiça, e observados os requisitos da Lei nº 9.296/96, destacando-se a análise da justa causa para a persecução penal e a imprescindibilidade deste meio de prova, cuja duração inicial é de 15 dias, prorrogáveis, sem limitação de vezes, sempre por decisão motivada do juiz competente.

9. Decidir fundamentadamente sobre requerimentos de afastamento dos sigilos fiscal, bancário, de dados e telefônico, acesso a demais informações sigilosas e outros meios de obtenção da prova que restrinjam direitos fundamentais do investigado, com observância dos requisitos da urgência, relevância e proporcionalidade, bem como determinar a busca e apreensão domiciliar, esta observados os requisitos do artigo 240, §1º do Código de Processo Penal:

> § 1º Proceder-se-á à busca domiciliar, quando fundadas razões a autorizarem, para:
>
> a) prender criminosos;
>
> b) apreender coisas achadas ou obtidas por meios criminosos;

c) apreender instrumentos de falsificação ou de contrafação e objetos falsificados ou contrafeitos;

d) apreender armas e munições, instrumentos utilizados na prática de crime ou destinados a fim delituoso;

e) descobrir objetos necessários à prova de infração ou à defesa do réu;

f) apreender cartas, abertas ou não, destinadas ao acusado ou em seu poder, quando haja suspeita de que o conhecimento do seu conteúdo possa ser útil à elucidação do fato;

g) apreender pessoas vítimas de crimes;

h) colher qualquer elemento de convicção.

10. Determinar o trancamento do inquérito policial quando não houver justa causa para a instauração do procedimento investigatório. A justa causa deve ser entendida como a prática de fato tipicamente delituoso – *fumus commissi delicti*, a ausência de indícios suficientes de autoria, prova da materialidade delitiva, antijuridicidade e culpabilidade - reprovabilidade da conduta típica e antijurídica. Na síntese de Lopes Jr: "A justa causa identifica-se com a existência de uma causa jurídica e fática que legitime e justifique a acusação (e a própria intervenção penal)". (LOPES JR., 2019, p. 373)

11. Julgar o *habeas corpus* impetrado antes do oferecimento da denúncia. Vale dizer, quando se refira à coação ilegal na liberdade de ir e vir emanada de autoridade policial ou de outra sujeita à jurisdição do juiz das garantias.

12. Ordenar a instauração de incidente de insanidade mental, todas as vezes que houver dúvida sobre a integridade mental do acusado, mediante requerimento do Ministério Público ou representação da autoridade policial, observando-se o procedimento previsto no artigo 149 do Código de Processo Penal, bem como as garantias constitucionais do contraditório e da ampla defesa. Interpretando analogicamente o parágrafo 2º do artigo 149 do

Código de Processo Penal, é de se entender que, estando o réu preso, a instauração do incidente de insanidade mental interrompe o curso do inquérito policial e estenderá a prisão por, pelo menos 45 dias, conforme prevê o artigo 150, §1º do Código de Processo Penal, que poderá ser excepcionalmente dilatado.

13. Decidir acerca do recebimento ou rejeição da denúncia ou queixa, nos termos do artigo 399 do Código de Processo Penal.

A petição inicial acusatória no processo penal deve conter os requisitos previstos no artigo 41 do Código de Processo Penal: a autoridade judiciária a qual é dirigida, observadas as regras da competência jurisdicional previstas no artigo 69 do Código de Processo Penal, a qualificação do acusado ou esclarecimentos pelos quais se possa identificá-lo, a exposição do fato criminoso, com todas as suas circunstâncias, a classificação do crime e, quando necessário, a descrição dos meios de prova que pretende demonstrar a veracidade da imputação e sua autoria, e apresentar, desde logo, o rol das testemunhas, caso opte por este meio de prova.

O juízo de admissibilidade da acusação, marca efetivamente o início da persecução penal em juízo, que terá completada a sua formação quando validamente citado o acusado, conforme prevê o artigo 363 do Código de Processo Penal.

A jurisprudência predominante no STJ era no sentido de que o despacho que recebia a denúncia, era mero exercício de juízo de prelibação e, por não possuir conteúdo decisório, era-lhe dispensada a fundamentação prevista no artigo 93, inciso IX da Constituição Federal.

Esse entendimento foi superado no julgamento do Recurso em Habeas Corpus nº 59.759 - SC, relatado pelo Ministro Reynaldo Soares da Fonseca (*overrulling*), firmando a tese de que:

> 2. A decisão de recebimento da denúncia possui natureza interlocutória, prescindindo de fundamentação

complexa (Precedentes).

3. Caso em que o julgador, nem mesmo de forma concisa, ressaltou a presença dos requisitos viabilizadores da ação penal. Deixou de verificar a presença dos pressupostos processuais e das condições da ação, tampouco tratou da existência de justa causa para o exercício da ação penal, limitando-se a cuidar da presença dos pressupostos intrínsecos à peça processual, nestes termos: "Recebo a denúncia, pois a peça acusatória preenche todos os requisitos do art. 41 do CPP".

4. A propósito, ponderou o próprio Parquet Federal: "a decisão que recebeu a denúncia não analisou, sequer sucintamente, os requisitos necessários para o início da persecução penal. A decisão ora analisada deixa de analisar, portanto, além da justa causa para a persecução penal, a possibilidade de absolvição sumária. Impõe-se a anulação da decisão, para que sejam satisfeitas as exigências da lei processual penal, viabilizando uma defesa ampla em favor do acusado".

5. "A falta de fundamentação não se confunde com a fundamentação sucinta. Interpretação que se extrai do inciso IX do art. 93 da CF/88" (STF, Segunda Turma, AgRg no HC-105.349/SP, Rel. Min. Ayres Britto, DJ de 17/2/2011). 6. Na nova sistemática processual penal, há a resposta preliminar. Logo, os argumentos desenvolvidos devem ser minimamente rechaçados, sobretudo se guardarem correspondência com o disposto no art. 397 (incisos) do CPP. (BRASIL, 2015)

Na doutrina, esse último entendimento já era defendido por RANGEL desde 2004:

> À luz ainda do garantismo penal, não admitimos despacho de recebimento da denúncia sem fundamentação, pois é garantia para todos os cidadãos que todas as decisões judiciais sejam fundamentadas, sob pena de nulidade (cf. art. 93, IX, da CRFB). A praxe de se receber a exordial sem manifestar fundamentadamente as razões pelas quais assim se

procede não encontra amparo na Constituição, pois todas as decisões judiciais devem ser motivadas, sem exceção. No despacho liminar positivo, exercendo juízo de prelibação, o juiz deve analisar se estão presentes os pressupostos processuais, bem como as condições para o regular exercício da ação penal, inclusive a justa causa (suporte probatório mínimo que deve lastrear toda e qualquer ação penal, cf. Afrânio Silva Jardim, Direito Processual Penal, 6ª ed., p. 95), pois, ausente qualquer um dos requisitos exigidos em lei (pressupostos processuais e/ou condições para o regular exercício da ação penal), a petição inicial penal deve ser indeferida como garantia do cidadão de não ser processado temerariamente, portanto, sem respeito ao devido processo legal. (RANGEL, 2004, p. 466)

A evolução da jurisprudência na exigência de fundamentação da decisão que recebe a denúncia no processo criminal ganha relevância quando observada à luz das garantias constitucionais previstas no artigo 5º da Constituição Federal e agora regulamentadas no Código de Processo Penal, com as modificações nele inseridas pela Lei nº13.964/2019.

Isso porque a decisão de recebimento da denúncia deve ser considerada como das mais importantes e impactantes para o processo penal, não só por marcar efetivamente o início da persecução penal em juízo (o que é corroborado pela regra do artigo 117, I, do Código Penal, que a insere como causa interruptiva da prescrição), mas também por transformar o até então investigado, em alguém formalmente acusado da prática de ilícito penal e passível de sofrer a punição prevista no tipo penal.

O recebimento da denúncia para o processo penal tem a mesma natureza jurídica da citação do processo civil: induzir litispendência, tornar litigiosa a coisa e formar o objeto da lide, impossibilitando a alteração do pedido ou da causa de pedir, salvo na exceção prevista no artigo 384 do Código de Processo Penal, que possibilita o aditamento da peça acusatória nos casos de prova elemento ou circunstância da infração penal não contida na acusação, vale dizer, àqueles apurados após o recebimento da denúncia e originada da instrução processual.

Nos demais casos, a decisão que recebe a denúncia induz, em sequência lógica, o respeito ao princípio da congruência, que basicamente é a correlação entre a inicial e a sentença, porquanto o julgador, a teor do disposto nos artigos 141 e 492 do Código de Processo Civil:

> Art. 141: Decidirá o mérito nos limites propostos pelas partes, sendo-lhe vedado conhecer de questões não suscitadas a cujo respeito a lei exige iniciativa da parte.
>
> Art. 492: É vedado ao juiz proferir decisão de natureza diversa da pedida, bem como condenar a parte em quantidade superior ou em objeto diverso do que lhe foi demandado.

Decorrendo daí a necessidade do juiz das garantias fundamentar adequadamente a decisão de recebimento da denúncia, com a análise completa dos requisitos do artigo 395 do Código de Processo Penal: a aptidão do processamento da acusação em juízo, os pressupostos processuais, as condições para o exercício da ação penal e a presença de justa causa para o exercício da ação penal.

O Supremo Tribunal Federal, no julgamento do Inq-2.589, Relatado pelo Ministro Luiz Fux, julgado em 16/9/2014, deixou assentado que:

> [...]12. A existência, ou não de substrato mínimo probatório que autorize a deflagração da ação penal em face do denunciado –, há de ser analisada à luz dos balizamentos dos arts. 41 e 395 do Código de Processo Penal, que disciplinam os requisitos para o oferecimento da denúncia e para a sua rejeição. 13. A denúncia é rejeitada quando patente a ausência de justa causa ou a atipicidade da conduta narrada, diagnosticáveis *primu icto*

oculi [...]. (BRASIL, 2014)

14. Ao juiz das garantias cabe a homologação de acordo de não persecução penal ou os de colaboração premiada quando formalizados no âmbito da investigação, em audiência pública, com observância dos princípios da oralidade, contraditório e ampla defesa, atentando para a oitiva do acordante acerca da voluntariedade de sua manifestação de vontade, bem como da legalidade do acordo proposto, quanto ao seu cabimento e às cláusulas ajustadas entre as partes.

O acordo de não persecução penal é disciplinado no artigo 28-A do Código de Processo Penal, e constitui direito subjetivo do acusado que tenha confessado, formal e circunstanciadamente, a prática de infração penal cometida sem violência ou grave ameaça e com pena mínima inferior a 4 (quatro) anos, desde que a medida se mostre necessária e suficiente para a reprovação e prevenção do crime.

Referido acordo não se aplica quando cabível o benefício da transação penal de competência dos Juizados Especiais Criminais, se o investigado for reincidente ou se houver elementos probatórios que indiquem conduta criminal habitual, reiterada ou profissional, exceto se insignificantes as infrações penais pretéritas, ter sido o agente beneficiado nos 5 (cinco) anos anteriores ao cometimento da infração, em acordo de não persecução penal, transação penal ou suspensão condicional do processo; e nos crimes praticados no âmbito de violência doméstica ou familiar, ou praticados contra a mulher por razões da condição de sexo feminino, em favor do agressor.

Ao homologar acordos de colaboração premiada quando formalizados no âmbito da investigação o juiz das garantias deve analisar os aspectos enumerados no artigo 4°, §7° da Lei n° 12.850/2013: I - regularidade e legalidade, II - adequação dos benefícios pactuados àqueles legalmente previstos (concessão de perdão judicial, redução em até 2/3 (dois terços) a pena privativa de liberdade ou sua substituição por restritiva de direitos), devendo declarar nulas as cláusulas que violem o critério de definição do regime inicial de cumprimento de pena do artigo 33 do Código Penal ou as regras de cada um dos regimes previstos no Código Penal e na Lei nº 7.210/1984 (Lei de Execução Penal); III - adequação dos resultados da colaboração na identificação dos demais coautores e partícipes da organização criminosa e das infrações penais por eles praticadas, na revelação da estrutura hierárquica e da divisão de tarefas da organização criminosa, na prevenção de infrações penais decorrentes das atividades da organização criminosa; na recuperação total ou parcial do produto ou do proveito das infrações penais praticadas pela organização criminosa e na localização de eventual vítima com a sua integridade física preservada e IV – a voluntariedade da manifestação de vontade, especialmente nos casos em que o colaborador está ou esteve sob efeito de medidas cautelares.

Sendo estanques as competências jurisdicionais do juiz das garantias e daquele responsável pela instrução criminal, até mesmo para evitar prejulgamentos, o parágrafo 3º do artigo 3º-C do Código de Processo Penal, e determina que os autos que compõem as matérias de competência do juiz das garantias deverão ficar acautelados na secretaria desse juízo, à disposição do Ministério Público e da defesa, e não serão apensados aos autos do processo enviados ao juiz da instrução e julgamento, ressalvados os documentos relativos às provas irrepetíveis, medidas de obtenção de provas ou de antecipação de provas, que deverão ser remetidos para apensamento em apartado.

Para solucionar o fato de que em algumas unidades jurisdicionais funciona apenas um juiz, a Lei 13.964/2019 determinou que os tribunais criassem um sistema de rodízio de magistrados, para o exercício da função de juiz das garantias.

A implantação do juiz das garantias determinada pela Lei 13.964/2019 para ser aplicada a partir de 23/01/2020, teve a aplicabilidade suspensa por decisão proferida na Medida Cautelar na

Ação Direta ne Inconstitucionalidade nº 6.298/Distrito Federal, Relatada pelo Ministro Luiz Fux do Supremo Tribunal Federal, proferida em 22 de janeiro de 2020.

Naquela decisão monocrática, restou evidenciado que:

[...] O juiz das garantias, embora formalmente concebido pela lei como norma processual geral, altera materialmente a divisão e a organização de serviços judiciários em nível tal que enseja completa reorganização da justiça criminal do país, de sorte que inafastável considerar que os artigos 3º-A a 3º-F consistem preponderantemente em normas de organização judiciária, sobre as quais o Poder Judiciário tem iniciativa legislativa própria (Art. 96 da Constituição);

(a2) O juízo das garantias e sua implementação causam impacto financeiro relevante ao Poder Judiciário, especialmente com as necessárias reestruturações e redistribuições de recursos humanos e materiais, bem como com o incremento dos sistemas processuais e das soluções de tecnologia da informação correlatas;

(a3) A ausência de prévia dotação orçamentária para a instituição de gastos por parte da União e dos Estados viola diretamente o artigo 169 da Constituição e prejudica a autonomia financeira do Poder Judiciário, assegurada pelo artigo 99 da Constituição;

[...] (c) Artigo 28, caput, Código de Processo Penal (Alteração do procedimento de arquivamento do inquérito policial):

(c1) Viola as cláusulas que exigem prévia dotação orçamentária para a realização de despesas (Artigo 169, Constituição), além da autonomia financeira dos Ministérios Públicos (Artigo 127, Constituição), a alteração promovida no rito de arquivamento do inquérito policial, máxime quando desconsidera os impactos sistêmicos e financeiros ao funcionamento dos órgãos do parquet;

(c2) A previsão de o dispositivo ora impugnado entrar

em vigor em 23.01.2020, sem que os Ministérios Públicos tivessem tido tempo hábil para se adaptar estruturalmente à nova competência estabelecida, revela a irrazoabilidade da regra, inquinando-a com o vício da inconstitucionalidade. A *vacatio legis* da Lei nº 13.964/2019 transcorreu integralmente durante o período de recesso parlamentar federal e estadual, o que impediu qualquer tipo de mobilização dos Ministérios Públicos para a propositura de eventuais projetos de lei que venham a possibilitar a implementação adequada dessa nova sistemática; [...] (BRASIL, 2020).

CONCLUSÃO

Viu-se que o CPP passou a contar com um novo instituto no arranjo da ação penal com a entrada em vigor da Lei nº 13.964/2019, seja ele, o juiz das garantias. Até então um mesmo juiz participava da fase de inquérito e prolatava a sentença. Ora, era o primeiro a tomar conhecimento do fato delituoso, conforme art. 73, parágrafo único do CPP de antanho. Agora, com as mudanças, como se demonstrou, é do juiz das garantias a competência para atuar na fase de investigação. Especificamente, cuidará do controle da legalidade de todo o procedimento investigatório/criminal com vistas a salvaguardar os direitos fundamentais.

Restou evidente que a novidade introduzida no CPP exerce papel deveras relevante na garantia dos direitos fundamentais, além de depurar os elementos que compõem o processo penal. Ao mesmo tempo mostrou um lado que, só especulativamente, problematiza a necessidade do juiz das garantias. Sobre isso, partiu-se do princípio de que a competência a ele atribuída já tinha uma previsão constitucional, uma vez contrariada, viciaria toda a ação penal.

Mas não podia ser tão simples assim uma matéria há muito reivindicada pelos principais processualistas penais do Brasil. Era hora de destacar a linha limítrofe entre a fase de investigação e recebimento da acusação - onde atuará o juiz das garantias – e a fase de julgamento – domínio do juiz da instrução e julgamento. O importante disso é que somente as provas irrepetíveis, as medidas de obtenção de provas e a antecipação de provas serão encaminhadas à fase de julgamento. Tudo o mais deverá permanecer acautelado no juiz das garantias, conforme CPP, art. 3º- B, §3º, reservando-se acesso às partes, de acordo com o art. retromencionado em seu §4º. O plano é acabar com o manuseio indevido das declarações na fase preliminar.

  O principal fundamento da lei que instituiu o juiz das garantias seria de que os julgadores que atuam no inquérito policial poderiam desenvolver, em seus processos decisórios, tendências a favorecer à acusação, pela proximidade na obtenção da prova e contato imediato com o réu, desde os momentos iniciais da persecução penal.

  Em razão disso, a instauração de qualquer tipo de procedimento criminal investigatório, pelos reflexos causados na vida do indivíduo passa, a partir da edição da Lei nº 13.964/2019, a contar com especial proteção do Estado que, criando a figura do juiz das garantias, pretende regulamentar e implementar em toda sua extensão, os direitos e garantias processuais previstos no artigo 5º da Constituição Federal.

  O juiz das garantias tem como função específica, o controle da legalidade dos atos da investigação criminal e a garantia da observância nessa fase, de todos os direitos e garantias individuais consagradas constitucionalmente, só alcançadas mediante o perfeito enquadramento das medidas persecutórias à cláusula de reserva de jurisdição, garantida desde o artigo 5º, inciso XXXV da Constituição Federal, no princípio da inafastabilidade do controle jurisdicional, passando pela asseguração da inviolabilidade domiciliar e do sigilo das comunicações de dados e das comunicações telefônicas, previstas respectivamente nos incisos XI e XII do artigo 5º, a legalidade na obtenção da prova no procedimento processual penal e a manutenção da liberdade do cidadão investigado como regra geral, respectivamente previstas nos incisos LVI, LXI, LXV e LXVI.

A distinção doutrinária entre os atos de prova e os de investigação é elucidativa quanto a avaliar a importância da atuação do juiz das garantias. Os atos de prova dirigem-se a convencer o juiz da verdade de uma afirmação, isto é, contribuem para formar um juízo de certeza, e são praticados no curso processual. Noutro patamar, apresentam-se os atos de investigação, que não passam de hipótese, por conseguinte, formam apenas um juízo de probabilidade, à margem da observância do princípio da contradição.

A situação retratada passou a ter outra interpretação jurídica com a inserção do juiz das garantias nessa fase do procedimento criminal em juízo, validando a prova antecipadamente produzida fora do processo penal propriamente dito, por garantir, onde antes não existia, as garantias constitucionais do contraditório e da ampla defesa.

O recebimento da denúncia ou queixa exaure a função do juiz das garantias e marca o início do processo de conhecimento, ambas as atividades jurisdicionais atualmente atribuídas a juízos diversos, de modo a garantir, na máxima medida, a preservação dos caros direitos e garantias previstos no artigo 5º da Constituição Federal.

Por fim, a parte que tratou de traçar um paralelo entre o juiz das garantias e o juízo de admissibilidade prestou serviço expressivo no sentido de desfazer o equívoco em se acreditar no valor probatório dos atos preliminares ao dar realce ao direito de qualquer um ser julgado com base apenas em prova produzida em contraditório judicial.

REFERÊNCIAS BIBLIOGRÁFICAS

ANDRÉ, Márcio; CAVALCANTE, Lopes. *Anuário de atualidades jurídicas:* selecionadas e comentadas. Salvador: Editora JusPODIVM,

2019.

BRASIL. *Decreto-lei nº 3.689*, de 03 de outubro de 1941. Senado Federal: Brasília, DF. Disponível em: < http://www.planalto.gov.br/ccivil_03/Decreto-Lei/Del3689.htm > Acesso em: 10 dez. 2020.

BRASIL. *Lei nº 13.964*, de 24 de dezembro de 2019. Aperfeiçoa e legislação penal e processual penal. Diário Oficial da União: seção 1, Brasília, DF, ano 157, n. 248-A, 24 dez. 2019.

BRASIL. STF. ADI 6.298-DF. Rel. Ministro Luiz Fux. Publicação em 10/09/2020. Disponível em http://portal.stf.jus.br/processos/detalhe.asp?incidente=5840274. Acesso em: 10 dez. 2020.

BRASIL. STF. RCL 29303-RJ. Rel. Ministro Edson Fachin. Publicação em 05/09/2008. Disponível em https://portal.stf.jus.br/processos/detalhe.asp?incidente=5329173. Acesso em: 10 dez. 2020.

BRASIL. STF. INQ. 2.589-RS. Rel. Ministro Luiz Fux. Publicação em 24/10/2014. Disponível em http://portal.stf.jus.br/processos/detalhe.asp?incidente=2544418. Acesso em: 10 dez. 2020.

BRASIL. STF. HC 94034-SP. Rel. Ministra Cármem Lúcia. Publicação em 10/10/2020. Disponível em http://portal.stf.jus.br/processos/detalhe.asp?incidente=2601696. Acesso em: 10 dez. 2020.

BRASIL. STJ. RHC 59.759-SC. Rel. Ministro Reynaldo Saores Fonseca. Publicação em 25/08/2015. Disponível em https://scon.stj.jus.br/SCON/GetInteiroTeorDoAcordao?num_registro=201501184031&dt_publicacao=25/08/2015. Acesso em: 10 dez. 2020.

LIMA, Renato Brasileiro de. *Manual de processo penal.* 6 ed. rev., ampl. e atual. Salvador: Editora JusPODIVM, 2018.

LOPES Jr., Aury. *Direito processual penal.* 16 ed. São Paulo: Saraiva Educação, 2019.

MANZANO, Luiz Fernando de Moraes. *Curso de processo penal.* 3ª ed. São Paulo: Atlas, 2013.

NUCCI, Guilherme de Souza. *Código de processo penal comentado.* 18ª ed., São Paulo: Editora Forense, 2019.

RANGEL, Paulo. *Direito processual penal.* 8ª ed. Rio de Janeiro: Lumen Juris, 2004.

# 10

ALTERAÇÕES NORMATIVAS DO LICENCIAMENTO AMBIENTAL NO ESTADO DE MINAS GERAIS – A MUDANÇA DA GESTÃO AMBIENTAL E SEUS SIGNIFICADOS

Paulo Henrique Campos Leite[33]

Laura Patrícia Oliveira de Castro Campos[34]

Rômulo Soares Barbosa[35]

INTRODUÇÃO

O licenciamento é um processo social que visa controlar a possibilidade e as condições de efetivação de empreendimento potencialmente poluidor. O fundamento jurídico para tal controle reside na necessidade de prevenir a ocorrência de danos ambientais e às populações locais ou remediá-los.

Com uma composição paritária entre Estado, sociedade e empreendedor, é o órgão ambiental do Estado quem decidirá se irá conceder ou não o licenciamento ao empreendimento. Não obstante essa organização paritária que deve caraterizar o

---

[33] Professor do curso de Direito da Universidade Estadual de Montes Claros – UNIMONTES. Doutorando pelo Programa de Pós Graduação em Desenvolvimento Social – PPGDS da Unimontes.
[34] Bacharela em Direito pela Universidade Estadual de Montes claros – UNIMONTES. Mestranda pelo Programa de Pós Graduação em Desenvolvimento Social – PPGDS da Unimontes.
[35] Professor do Programa de Pós Graduação em Desenvolvimento Social – PPGDS da Unimontes. Doutor em Sociologia pela Universidade Federal Rural do Rio de Janeiro (UFRRJ).

licenciamento, nota-se que ele é passível de vários questionamentos que advém das contradições dessa atuação do órgão estatal, cuja prática recorrente no âmbito de tais processos apontam no sentido de que a visão econômica, própria do empreendedor, atuam com preponderância na definição e no resultado final do licenciamento.

Em outras palavras, o processo de licenciamento, que era para ser o filtro sobre a autorização ou não de tal atividade potencialmente poluidora, passa a servir essencialmente como uma necessária sucessão de atos para legitimar, referendar o exercício de uma atividade que se utiliza de recursos naturais.

Este estudo objetiva examinar as mudanças recentes no licenciamento ambiental no âmbito do Estado de Minas Gerais, sobretudo após a edição de diversos atos normativos no ano de 2017. Tais mudanças alteraram substancialmente a governança e a gestão ambiental, o que, em *ultima ratio*, significa a mudança da política ambiental mineira.

Essas alterações normativas são resultantes da edição da Lei Estadual nº 21.972/2017, do Decreto Estadual nº 47.137/2017, bem como da Deliberação Normativa 217/2017 do COPAM. Tais normas significaram uma reorientação da gestão ambiental no âmbito dos processos de licenciamento ambiental. Ocorre que uma política ambiental não passa por uma reformulação como essa de forma repentina. Trata-se de uma histórica pauta desenvolvimentista, que conta com o patrocínio direto de organismos internacionais, a exemplo do Banco Mundial.

1 BANCO MUNDIAL – O FINANCIAMENTO DA POLÍTICA DESENVOLVIMENTISTA E MUDANÇA NA GESTÃO AMBIENTAL

O pós Segunda Guerra Mundial é um marco

histórico substancial na discussão sobre desenvolvimento. A partir do conhecido discurso de Truman, ex-presidente americano, mas o termo "desenvolvimento" e "subdesenvolvimento" assumiram um poder de dominação. Desenvolvimento passou a significar o modelo de crescimento econômico e de ordenamento societário dos países centrais. Subdesenvolvimento, então, passou a qualificar todos os modos de vida do restante do globo (ESTEVA, 2000; RIST, 2002).

Criado em 1944 como Banco Internacional de Reconstrução e Desenvolvimento (BIRD), o Banco Mundial consiste numa organização intergovernamental composta por aproximadamente 190 Estados-membros e foi criado o anunciado objetivo de auxiliar a reconstrução dos países do continente europeu no Pós-Guerra, bem como para atuar no apoio ao desenvolvimento. A partir dos anos de 1960, tal organismo internacional passou a prestar auxílio para o desenvolvimento dos países da América Latina e outros que a visão eurocêntrica classificou como de "terceiro mundo".

O Banco Mundial influencia na concretização dos projetos desenvolvimentistas adotados no Brasil de um modo geral. Como fonte de grandes financiamentos e tecnologias para o Brasil, os Estados Unidos influenciaram o processo de industrialização brasileiro na constituição de uma série de missões técnicas iniciadas entre a Segunda Guerra Mundial e o ano de 1951, no relatório final da denominada *Missão Cooke* [36], resultando na confecção de um relatório que serviu de base para a obtenção de empréstimos e a atração de capital para o Brasil (OLIVEIRA, 2018).

Desde o primeiro momento, a atuação do Banco

---

[36] Nome com que se tornou conhecida a missão técnica norte-americana enviada ao Brasil em 1942 sob a chefia de *Morris Llewellyn Cooke*. A Missão *Cooke* é considerada a primeira tentativa de diagnóstico global da economia brasileira e de seus problemas dentro de uma perspectiva de promoção do desenvolvimento do país. Essa perspectiva partia das necessidades peculiares à conjuntura econômica da época — ou seja, da necessidade de coordenar o esforço de guerra empreendido pelo Brasil e de ao mesmo tempo elaborar uma política de industrialização.

Mundial era direcionada a fomentar/financiar grandes projetos de infraestrutura, desenvolvimento agrícola e industrial. Não obstante, em meados da década de 1970, o Banco Mundial reorientou seu modelo de atuação em virtude da crise de endividamento dos chamados países em desenvolvimento (BRESSER-PEREIRA, 1995). Na ocasião, identificou-se que o fato de um grande projeto ser bem sucedido não era suficiente para gerar desenvolvimento se as questões estruturais do respectivo país, prejudiciais ao crescimento, não fossem também equacionadas (STIGLITZ, 1999).

Nesse contexto, em 1979, o Banco Mundial criou o denominado empréstimo de ajuste estrutural que, diferentemente dos moldes anteriores cuja atuação servia ao financiamento de investimentos específicos, passou a conceder empréstimos e financiar políticas públicas por meio da imposição de condicionantes, que vinculavam o recebimento dos valores à satisfação de determinadas metas e ações estipuladas pelo órgão internacional.

Os países da América Latina, à época endividados e em crise, se viram obrigados a aceitar empréstimos sob a condição de adotarem as políticas públicas ali pré-determinadas pelo Banco Mundial, garantindo que as políticas econômicas dos países ricos fossem rigorosamente seguidas. Com o passar dos anos, as condicionantes exigidas passaram a tratar de temas bem mais amplos, tais como, governança, reformas judiciais e a corrupção.

Tal tendência foi na época incrementada com constante criação novas condicionantes (LICHTENSZTEJN, 2010; RUGER, 2005) exigndo a adoção de políticas comerciais e de preço, com abertura dos mercados e da utilização de preços internacionais, políticas de desregulação e fomento do investimento privado, política orçamentária, com diminuição dos gastos públicos e reformas institucionais, por intermédio do aumento da eficiência ou privatização das empresas públicas.

Nesse raciocínio, o Banco Mundial também contemplou em seu rol de exigências/condicionantes no Brasil a mudança da gestão e da governança ambiental, seja em âmbito estrutural, seja em âmbito normativo, no trato do licenciamento ambiental dos empreendimentos (OLIVEIRA e GONÇALVES, 2017).

2 O BANCO MUNDIAL E SUAS AÇÕES NO CAMPO DO LICENCIAMENTO AMBIENTAL

Na esteira desse perfil de atuação junto aos países que ali obtém empréstimos e financiamentos, em 2008, o Banco Mundial publicou o Relatório Nº 40995-BR, intitulado "Licenciamento Ambiental de empreendimentos hidrelétricos no Brasil", em que aponta expressamente que "o licenciamento ambiental de empreendimentos hidrelétricos no Brasil é percebido como um grande obstáculo, resultando em atrasos no desenvolvimento dos empreendimentos." (WORLD BANK, 2008).

No mencionado relatório, o organismo internacional encontra o que supõe ser um diagnóstico de governança ambiental do licenciamento brasileiro:

> Interpretado simultaneamente como um entrave ao desenvolvimento de atividades econômicas e como o principal instrumento de gestão ambiental garantidor da qualidade do meio ambiente no país, o controverso sistema tem aberto espaço provavelmente para apenas um único ponto de consenso entre os inúmeros atores relevantes: é necessária uma revisão do processo de modo a torná-lo mais eficiente ou, pelo menos, que ele seja percebido como tal, caso não haja ganhos adicionais de eficiência possíveis (Banco Mundial, 2008. p. 13).

Tendo em vista esse contexto, desde sua fundação, o Banco Mundial realizou 16 empréstimos ao Estado de Minas Gerais, sendo cinco no período entre 2006 e 2012. Desses cinco, quatro foram empréstimos para o financiamento de políticas públicas, chamados de Parcerias para o Desenvolvimento de Minas Gerais, que financiaram parte da reforma de Estado conhecida como Choque de Gestão (OLIVEIRA e GONÇALVES, 2017).

As alterações na gestão ambiental também foram objeto na assinatura de empréstimos realizados pelo Banco Mundial ao Estado de Minas Gerais no final de 2012. A denominada "Terceira Parceria para o Desenvolvimento de Minas Gerais" teve como objetivo "auxiliar o Governo de Minas Gerais a aprofundar o seu modelo de gestão inovador, reforçar a sua gestão orçamentária e sua gestão de políticas setoriais nas áreas de inclusão social, gestão ambiental e governança metropolitana" (WORLD BANK, 2012b, p. 34).

A figura 01 abaixo apresenta o teor da obrigação do Estado de Minas Gerais de comprovar junto ao Banco Mundial a questão da reestruturação da gestão ambiental, em especial, ao licenciamento ambiental.

Área 3. Melhoria da Sustentabilidade Ambiental			
3.1 Aumentar a capacidade do Estado de fazer frente aos desafios ambientais	8. O Mutuário estabeleceu, dentro de sua Secretaria de Meio Ambiente e Desenvolvimento Sustentável, uma Subsecretaria de Gestão e Regularização Ambiental e uma Subsecretaria de Controle e Fiscalização Ambiental [...]	Rede de Desenvolvimento Econômico Sustentável	Conferir maior agilidade e efetividade ao licenciamento ambiental*
	9. O Mutuário adotou medidas para incentivar o plantio de florestas em seu território com o objetivo de fornecer matéria-prima para as indústrias nele localizadas [...]	-	-

Fonte: (OLIVEIRA e GONÇALVES, 2017)

ALTERAÇÕES NORMATIVAS DO LICENCIAMENTO AMBIENTAL NO ESTADO DE MINAS GERAIS – A MUDANÇA DA GESTÃO AMBIENTAL E SEUS SIGNIFICADOS

Cumprindo as obrigações assumidas junto ao Banco Mundial, o Estado de Minas Gerais reformulou substancialmente o processo de licenciamento ambiental mediante a revogação da Deliberção Normativa COPAM nº 74/2004, que tratava do licenciamento em âmbito estadual, e a correspondente publicação da Deliberção Normativa COPAM nº 217/2017, que passou a disciplinar o assunto. Além disso, houve também a edição da Lei Estadual nº 21.972/2017 e do Decreto Estadual nº 47.137/2017 promovendo essa nova estruturação no âmbito do Estado sobre os processos de licenciamento.

Com todo esse histórico, pretende-se chegar à conclusão parcial de que o modelo de desenvolvimento concebido pelos países hegemônicos, de base industrial e capitalista, concretiza-se na considerável reformulação do Estado e sua governança ambiental de modo a viabilizar a implementação dos grandes empreendimentos desenvolvimentistas e suas plantas industriais, tudo com a legitimação da estrutura estatal e das próprias normas do Estado.

É equivocado pensar que o Banco Mundial teria atuado meramente no fomento às atividades que reputa propícias ao desenvolvimento. Muito além disso, houve o engessamento tal das políticas públicas estatais incluindo aí a desregulação, a transferência à iniciativa privada dos bens públicos e a completa reformulação do sistema de gestão ambiental (OLIVEIRA e GONÇALVES, 2017).

Com efeito, o Banco Mundial e a Corporação Financeira Internacional (IFC, na sigla em inglês), que integra o Grupo Banco Mundial, têm interesse na continuidade desse modelo de financiamento de grandes empreendimentos desenvolvimentistas de produção em larga escala e exportação de bens primários nos países da América Latina, ainda que tais empreendimentos tragam consigo os efeitos de deslocamento compulsório dos atingidos, bem como o de reassentamento involuntário da população que passa a ter enormes dificuldades em se reestabelecer.

Assim, afasta-se de uma noção mais neutra de que o licenciamento ambiental seja, por si só, um poderoso instrumento de controle das atividades potencialmente poluidoras. Aliás, são nos estreitos limites do contexto apresentado e com uma visão política e crítica sobre as contradições que o estruturam que o licenciamento ambiental é aqui concebido.

3 O LICENCIAMENTO AMBIENTAL NA ESTRUTURA DA SECRETARIA DE ESTADO DE MEIO AMBIENTE E UM RECORTE DAS ALTERAÇÕES DA GESTÃO AMBIENTAL DESSES PROCESSOS

Antes de prosseguir, convém esclarecer que, no Estado de Minas Gerais, o exame do processo de licenciamento ambiental se dá o âmbito da Secretaria de Estado de Meio Ambiente e Desenvolvimento Sustentável (SEMAD), que, por sua vez, é dividida em oito Superintendências Regionais de Meio Ambiente e Desenvolvimento Sustentável, as denominadas SUPRAMs, possuindo três órgãos seccionais de apoio técnico: a Fundação Estadual de Meio Ambiente (FEAM), o Instituto Estadual de Florestas (IEF) e o Instituto Mineiro de Gestão das Águas (IGAM).

A figura 02 abaixo apresenta um organograma da estrutura funcional da Secretaria de Estado de meio Ambiente em Minas Gerais.

ALTERAÇÕES NORMATIVAS DO LICENCIAMENTO AMBIENTAL NO ESTADO DE MINAS GERAIS – A MUDANÇA DA GESTÃO AMBIENTAL E SEUS SIGNIFICADOS

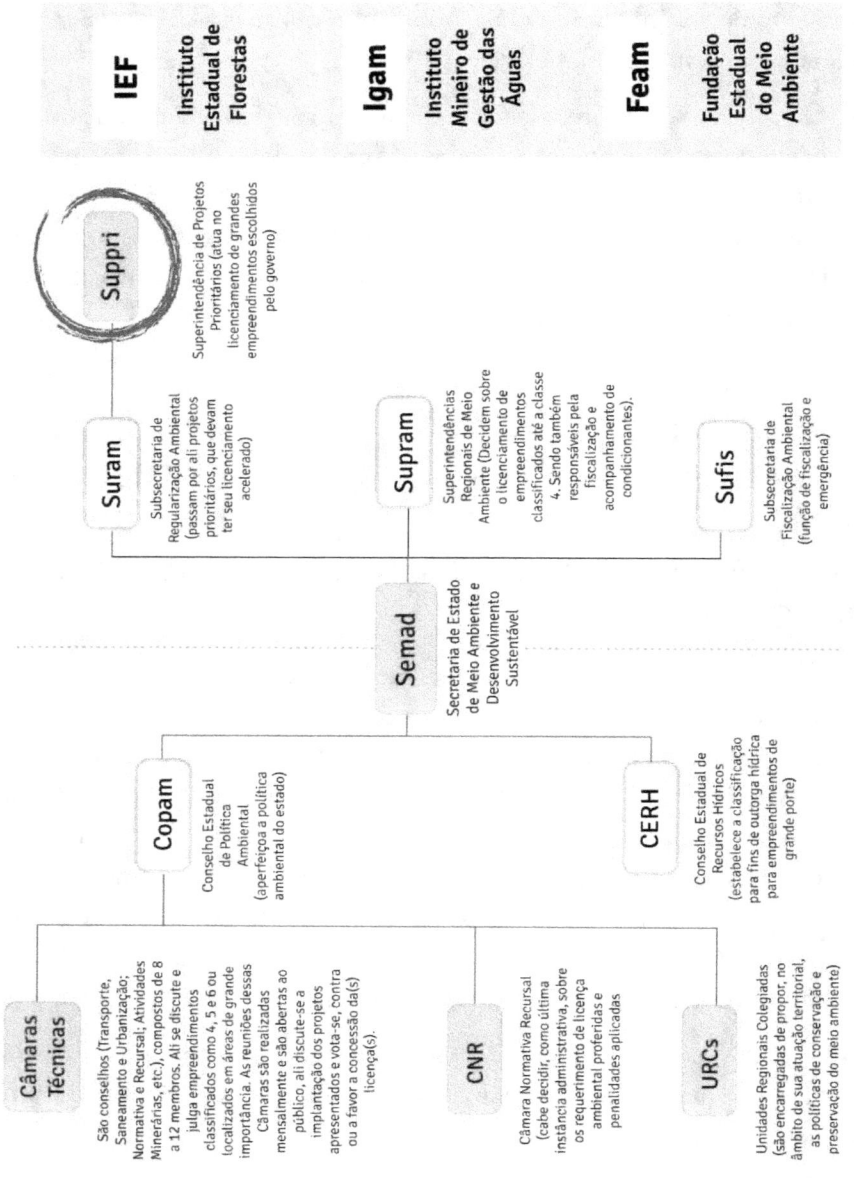

Fonte: http://blog.leia.org.br/o-desmonte-dos-conselhos-e-o-aparelhamento-das-camaras-decisorias-do-licenciamento-ambiental-em-minas-gerais/

ALTERAÇÕES NORMATIVAS DO LICENCIAMENTO AMBIENTAL NO ESTADO DE MINAS GERAIS – A MUDANÇA DA GESTÃO AMBIENTAL E SEUS SIGNIFICADOS

Embora não se pretenda fazer uma análise exaustiva de todas as alterações introduzidas pela Deliberação Normativa COPAM nº 217/2017 em relação à revogada DN nº 74/2004, optou-se por selecionar algumas alterações pontuais no processo de licenciamento, modificações específicas, que servem para ilustrar nossas reflexões acerca dessa nova política de gestão ambiental no Estado de Minas Gerais.

Tendo isso em consideração, a primeira alteração promovida pela DN nº 217/2017 do COPAM refere-se à inclusão do fator locacional para definição da modalidade de licenciamento ambiental. Com efeito, para a classificação dos empreendimentos potencialmente poluidores ao meio ambiente no estado de Minas Gerais, o regramento anterior tinha por base a existência de dois critérios para classificação das actividades passíveis de licenciamento ambiental no nível estadual, quais sejam, o porte do empreendimento e o seu potencial poluidor. Com o novo regramento, além desses dois critérios, deve ser observado em tal definição também o critério fator locacional, que exigem um maior controle do órgão ambiental na atividade pretensamente licenciada.

O potencial poluidor/degradador da atividade é considerado Pequeno (P), Médio (M) ou Grande (G), em função das características intrínsecas da atividade. Os empreendimentos e as atividades modificadoras do meio ambiente são enquadrados em seis classes que conjugam o porte e o potencial poluidor/degradador do meio ambiente, consoante tabela abaixo:

Tabela 01 – Determinação da classe do empreendimento a partir do potencial poluidor/degradador da atividade e do porte. – DN 217/2017 COPAM

		Potencial poluidor/degradador geral da atividade		
		P	M	G
Porte do Empreendimento	P	1	2	4
	M	1	3	5
	G	1	4	6

Fonte: Elaborada pelos autores, 2020.

A revogada Deliberação Normativa COPAM nº 74/2004 classificava os empreendimentos/atividades com base na conjugação daqueles dois critérios: do porte e do potencial poluidor. Com base nisso, o empreendimento era enquadrado como classe 1, 2, 3, 4, 5 ou 6. A partir de então obtinha-se a definição de qual modalidade de licenciamento ambiental que era aplicável ao caso submetido ao exame do órgão ambiental.

Com a vigência do novo regramento, passa também a ser considerado, para fins da definição da modalidade de licenciamento ambiental, o critério locacional, de modo que será objeto de avaliação pelo órgão ambiental a relevância e a potencialidade dos componentes ambientais do local em que se pretende instalar o empreendimento, sendo aferido, de acordo com tais características, peso de 0 a 2.

Outra alteração advinda com a Deliberação Normativa COPAM nº 217/2017 refere-se às modalidades de licenciamento ambiental, que passarão a ser as constantes na tabela 02:

Licenciamento Ambiental Trifásico (LAT)	no qual a Licença Prévia, Licença de Instalação e Licença de Operação são concedidas em etapas sucessivas.
Licenciamento Ambiental Concomitante (LAC), que se divide em:	a) LAC1, em que as Licenças Prévia, de Instalação e de Operação são concedidas em fase única (LP+LI+LO); e b) LAC2, em que as Licenças Prévia e de Instalação ou as Licenças de Instalação e de Operação são emitidas de forma concomitante.
Licenciamento Ambiental Simplificado (LAS), que se divide em:	a) LAS-RAS: realizado em uma única etapa, mediante apresentação de Relatório Ambiental Simplificado, contendo a descrição da atividade ou do empreendimento e as respectivas medidas de controle ambiental e b) LAS-Cadastro: realizado em uma única etapa, mediante o cadastro de informações relativas à atividade ou ao empreendimento em sistema eletrônico a ser disponibilizado pelo órgão ambiental. A licença será expedida por meio eletrônico

Fonte: elaborado pelos autores, 2020.

Dentre as alterações referentes às modalidades de licenciamento, um dos destaques é a nova possibilidade de obtenção de licença ambiental de forma concomitante, sem que haja necessidade de observar aquela sequência de atos própria da solenidade do licenciamento trifásico. Com efeito, com a vigência do Decreto Estadual n° 47.137/2017, a possibilidade do agrupamento de etapas do processo de licenciamento ambiental foi definida da seguinte forma:

Os empreendimentos/atividades enquadrados como: a) de pequeno porte e grande potencial poluidor; b) de médio porte e médio potencial poluidor ou; c) de grande porte e pequeno potencial poluidor passaram a poder requerer o licenciamento ambiental de forma unificada (LP+LI+LO). A título de curiosidade, tais empreendimentos/atividades eram enquadrados como Classe 3 na classificação da revogada DN 74/2004.

Por outro lado, os empreendimentos/atividades enquadrados como: a) de médio porte e grande potencial poluidor; b) de grande porte e médio potencial poluidor e c) de grande porte e grande potencial poluidor também passaram a poder requerer o licenciamento ambiental de forma concomitante (LP+LI ou LI+LO). A título de ilustração, tais empreendimentos/atividades eram enquadrados como Classe 5 na classificação da DN 74/2004, revogada pela DN 217/2017.

Nota-se, com tal alteração, uma reunião de atos em claro benefício temporal do empreendedor para a implantação de sua atividade. Vislumbra-se que a simplificação do licenciamento ambiental recomendada pelo Banco Mundial tem aqui um razoável exemplo que concretização e alinhamento às políticas orientadas pelo organismo internacional.

Além da simplificação mencionada pela reunião de fases do licenciamento ambiental, outra alteração refere-se à conversão da Autorização Ambiental de Funcionamento – AAF para Licença Ambiental Simplificada – LAS.

A licença ambiental simplificada é feita de forma

eletrônica, em uma única etapa, mediante o cadastro de informações relativas à atividade ou ao empreendimento junto ao órgão ambiental competente, ou pela apresentação do Relatório Ambiental Simplificado - RAS, contendo a descrição da atividade ou do empreendimento e as respectivas medidas de controle ambiental. Como se pode notar, trata-se de uma licença que é expedida com base em declarações unilaterais, cujos dados camuflados podem comprometer a própria capacidade de fiscalização do órgão ambiental.

Aliás, o órgão ambiental deve ter especial cuidado com a recorrente praxe do fracionamento do licenciamento, ocasião em que o empreendimento/atividade lançam os dados de forma subestimada, fracionada, como se fossem vários empreendimentos pequenos, de modo que o fornecimento dos dados fracionados, de forma parcial àquilo que o empreendimento realmente é, pode vir a permitir que ele não seja classificado segundo o seu real porte e potencial poluidor.

Outra mudança promovida nessa nova onda de gestão ambiental refere-se ao enfraquecimento da participação da sociedade civil nos processos decisórios de concessão de licenças ambientais. Antes da Lei n. 21.972/2017, a votação pela concessão (ou não) de licenciamento para grandes empreendimentos acontecia nas chamadas Unidades Regionais Colegiadas (URCs). Tais unidades são conselhos compostos por vários membros da sociedade civil, que contam com a participação do Ministério Público de Minas Gerais, e que atuam nas diversas regiões do Estado, divididos por bacias hidrográficas.

Figura 03 – Unidades Regionais Colegiadas – URCs.

Fonte: http://www.meioambiente.mg.gov.br/suprams-regionais

Nessas Unidades Regionais Colegiadas, formadas por pessoas e entidades diretamente ligadas aos territórios onde o empreendimento pretende se instalar, eram votados todos os tipos de processos de licenciamentos que fossem classificados entre as classes 3 e 6. Não obstante, com a mudança do sistema estadual de meio ambiente, sua competência foi consideravelmente reduzida, não mais deliberando sobre o licenciamento de empreendimentos enquadradados entre as classes 4 e 6. Assim, a competência de cada unidade regional colegiada se limita a pedidos menos importantes, como supressão de vegetação de pequeno porte, concessão de perdão de multas aplicadas em autos de infração, entre outros.

Por outro lado, para conferir mais agilidade aos processos de licenciamento ambiental, foram criadas as denominadas Câmaras Técnicas Especializadas ligadas ao Conselho Estadual de

Política Ambiental (COPAM). Na prática, a mudança consiste no fato de que a competência de conceder (ou não) a licença ambiental para projetos causadores de significativo impacto (enquadrados nas classes 5 e 6 e, em alguns casos, inclusive a classe 4) saiu das Unidades Regionais Colegiadas e migrou para essas Câmaras Técnicas, que se instalaram na Capital mineira.

Tal alteração é alvo das principais críticas dos movimentos sociais uma vez que deslocou a discussão sobre o licenciamento ou não de um grande empreendimento para uma instância que se situa distante das pessoas mais interessadas em acompanhar o andamento desse processo e que provavelmente é quem sofrerão os efeitos sociais da implementação do empreendimento. Esse desaforamento do licenciamento acaba por significar uma diminuição da pressão social e do nível de envolvimento das comunidades locais.

Além de retirar da localidade o poder de participação e influência na decisão, houve mudança também na composição da instância deliberativa. Ao contrário dos 20 membros das URCs, as câmaras técnicas possuem 12, sem a presença do Ministério Público de Minas Gerais e com menor representatividade das entidades ligadas ao meio ambiente.

Por lei, a participação da população e representantes do Estado é paritária, ou seja, são seis cadeiras para os representantes do governo e seis para a sociedade civil. Não obstante, com a estruturação política das câmaras técnicas, o desequilíbrio é evidente, uma vez que não há composição paritária nesta instância. Além do mais, o fato de o Ministério Público não ter uma cadeira na Câmara Temática é, por si só, algo a se questionar, dada a sua representatividade na defesa do meio ambiente.

CONSIDERAÇÕES FINAIS

Sem perder de vista que não se pretende aqui fazer análise pormenorizada e exaustiva de cada uma das alterações no âmbito do licenciamento ambiental no âmbito do Estado de Minas Gerais a partir de 2017, pode-se afirmar que as mudanças normativas supramencionadas apresentaram os claros objetivos de simplificação dos processos, maior desregulação estatal e afastamento das populações locais diretamente interessadas nos processos de tomada de decisão.

O afastamento do Ministério Público dessa instância decisória é também uma medida de duvidosa constitucionalidade, uma vez que essa tendência de tornar esses processos de licenciamento menos democráticos e inclusivos configura-se num verdadeiro retrocesso ambiental e social. Tais medidas servem para deixar o licenciamento numa dimensão muito tecnicista e menos política. É necessário retomar o fundamento de que as mudanças podem aportar no ordenamento jurídico, desde que elas signifiquem um fortalecimento de valores caros e historicamente consagrados, como a participação popular, a democracia, as instituições sociais e ambientais e, por que não, do próprio Estado.

REFERÊNCIAS

BRASIL. Lei 6.938, de 31 de agosto de 1981. *Dispõe sobre a Política Nacional do Meio Ambiente, seus fins e mecanismos de formulação e aplicação, e dá outras providências.* Diário Oficial [da] República Federativa do Brasil, Poder Legislativo. Brasília, DF.

BRASIL. Lei nº 7.347, de 24 de julho de 1985. *Disciplina a ação civil pública de responsabilidade por danos causados ao meio-ambiente, ao consumidor, a bens e direitos de valor artístico, estético, histórico, turístico e paisagístico e dá outras providências.* Diário Oficial [da] República Federativa do Brasil, Poder Legislativo. Brasília, DF, 25 jul. 1985. p. 10.649.

BRASIL. Constituição (1988). *Constituição da República Federativa do Brasil.* Brasília, DF: Senado, 1998.

BRASIL. Lei Complementar 140, de 08 de dezembro de 2011. *Fixa normas, nos termos dos incisos III, VI e VII do caput e do parágrafo único do art. 23 da Constituição Federal, para a cooperação entre a União, os Estados, o Distrito Federal e os Municípios nas ações administrativas decorrentes do exercício da competência comum relativas à proteção das paisagens naturais notáveis, à proteção do meio ambiente, ao combate à poluição em qualquer de suas formas e à preservação das florestas, da fauna e da flora; e altera a Lei no 6.938, de 31 de agosto de 1981.* Diário Oficial [da] República Federativa do Brasil, Poder Legislativo. Brasília, DF.

BRESSER-PEREIRA, Luiz Carlos. *A teoria do desenvolvimento econômico e a crise de identidade do Banco Mundial.* Revista de Economia Política, São Paulo, v. 15, n. 1, jan.–mar. 1995. p. 5-40

CARNEIRO, Eder Jurandir. *Política Ambiental e a Ideologia do Desenvolvimento Sustentável.* In: ZHOURI, Andréa; LASCHEFSKI, Clemens & PEREIRA, Doralice (Org.). A Insustentável Leveza da Política Ambiental: desenvolvimento e conflitos sócio-ambientais. Belo Horizonte: 669 Autêntica, 2005. P27-48

ESTEVA, Gustavo. Development. In. W. Sachs (org.) *The Development Dictionary.* A Guide to Knowledge and Power. London: Zed Books, 1996. Traduzido pela Editora Vozes, 2000.

FURTADO, Celso. *O Mito do Desenvolvimento Econômico.* 3ª edição, Rio de Janeiro: Paz e Terra, 2001.

LEFEBRVE, 1971. *Espaço e Política.* Belo Horizonte. Editora UFMG.

LEFF, Enrique. *La Ecología Política em América Latina.* Um campo em construcción. Ciudad de Panamá: Texto elaborado y presentado en la reunión del Grupo de Ecología Política de CLACSO, 17-19 marzo de

2003.

LEFF, Enrique. *Saber Ambiental*. 2ª edição, Petrópolis, RJ: Vozes, 2001.

LEROY, Jean Pierre. *Flexibilização de direitos e justiça ambiental*. In: ZHOURI, Andréa; VALENCIO, Norma (Org.). Formas de matar, de morrer e de resistir: limites da resolução negociada de conflitos ambientais. Belo Horizonte: UFMG, 2014, pp. 23-50

LICHTENSZTEJN, Samuel. *Fondo Monetario Internacional y Banco Mundial*: instrumentos del poder fnanciero. Xalapa, México: Universidad Veracruzana. 2010.

MACHADO, P.A.L. 2012. *Direito ambiental brasileiro*. 20. ed. São Paulo: Malheiros. 2012, 1280 p.

OLIVEIRA, Diogo de Paula; GONÇALVES, Pascoal Teófilo Carvalho. *A parceria entre Minas Gerais e o Banco Mundial*:uma análise do uso de condicionantes como instrumento de influência. Revista Carta Inter., Belo Horizonte, v. 12, n. 1, 2017, p. 198-223

SEMAD - SECRETARIA DO ESTADO DE MEIO AMBIENTE E DESENVOLVIMENTO SUSTENTÁVEL. *A Questão Ambiental em Minas Gerais*. Belo Horizonte: SEMAD, 1998.

STIGLITZ, Joseph. *The World Bank at the Millennium*. The Economic Journal, Oxford, n. 109, nov. 1999. p. 577-597

WORLD BANK. Brazil – *Second Minas Gerais Partnership* (SWAP) Project, Washington. 2008.

WORLD BANK. Brazil – Minas Gerais *Partnership for Development Project*, Washington. 2006.

WORLD BANK. Brasil – *Terceiro Programa de Parceria para o desenvolvimento do Estado de Minas Gerais*, Washington. 2012.

ZHOURI, A; OLIVEIRA, R. *Desenvolvimento, conflitos sociais e violência no Brasil Rural*: o caso das usinas hidrelétricas. Ambientes e Sociedade,

Campinas, v. 10, n.2, 2007.

ZHOURI, A; OLIVEIRA, R. *Quando o lugar resiste ao espaço colonialidade, modernidade e processos de territorialização.* In: ZHOURI, A.; LASCHEFSKI, K. (Orgs). Desenvolvimento e Conflitos Ambientais. Belo horizonte: Editora UFMG, 2010.

ZHOURI, A; LASCHEFSKI, K; PEREIRA, D. (Org.). *A Insustentável Leveza da Política Ambiental. Desenvolvimento e Conflitos socioambientais.* Belo Horizonte: Autêntica Editora, v. 1, p. 89 – 116, 2005.

11

REFORMAS NEOLIBERAIS E A CORROSÃO DOS DIREITOS SOCIAIS NO BRASIL, 2015-2018

Rafael Soares Duarte De Moura[37]

Camila Soares Lima[38]

INTRODUÇÃO

O campo de estudo do direito carece de abordagem para além da normatividade e do campo meramente formal. A pesquisa se adequa a uma nova possibilidade de estudos interdisciplinares, pois não se limita a analisar somente a norma, mas, a partir da realidade, questionar a própria norma e seus processos de formação social.

O estudo dos direitos fundamentais sociais, diante do quadro sócio-político e econômico que se apresenta no Brasil, é relevante e necessário. A relação entre as reformas neoliberais implementadas a partir de 2015 e os direitos sociais afeta a todos, social, econômica, cultural e politicamente.

---

[37] Pós-doutorando pela Universidade Federal de Goiás. Doutor em direito pela Universidade de Brasília – UNB, mestre em direito pela Universidade Federal de Minas Gerais e Pró-Reitor Adjunto de Pesquisa e Professor efetivo da Universidade Estadual de Montes Claros.

[38] Bacharel em direito pela Universidade Estadual de Montes Claros (2019) e mestranda pela mesma universidade em Desenvolvimento Social (2020). Pesquisadora Capes e pesquisadora em direitos humanos Cátedra Jean Monnet (União Europeia/Fecap).

A pesquisa parte da análise dos direitos sociais assegurados constitucionalmente e da possível corrosão desses direitos por meio das chamadas reformas neoliberais e, para tanto, faz a análise da reforma trabalhista, implementada por meio da Lei n° 13.467/2017.

O método de abordagem utilizado foi o dialético, partindo-se, sobretudo, de dados colhidos em textos analíticos e teóricos sobre o tema, notícias, reportagens, estudos econômicos, sociais e políticos, e realizando uma confrontação entre eles. Já o método de procedimento tem abordagem hermenêutica, analisando e interpretando informações de casos específicos, textos e dados secundários. Tem, ainda, técnica de pesquisa bibliográfica, por meio do exame da legislação aplicável, bem como consulta a manuais, artigos e textos teóricos, sobretudo em relação à corrosão dos direitos sociais.

1 PONDERAÇÕES INICIAIS

Em seu livro *A Era dos Direitos*, Bobbio (1992) afirma que os direitos do homem são um fenômeno social e podem ser observados sobre vários pontos de vistas (filosófico, jurídico, econômico etc.). Enfatiza Bobbio que há lugar para o sociológico, precisamente a sociologia jurídica. (BOBBIO, 1992, p. 68)

Assim, pode-se afirmar que é possível fazer um exame do direito a partir de uma visão sociológica, tendo como objeto de análise tanto a realidade normativa, a lei e suas interpretações, quanto a sociedade e suas dinâmicas sociais, políticas e econômicas, dentre outras.

É notória a importância de todas essas visões, porém destaca-se a abordagem sociológica em relação aos direitos humanos fundamentais. Conforme Bobbio (1992, p.16), pode-se falar:

> Uma tarefa que distinga a sociologia dos direitos da filosofia dos direitos, da teoria geral dos direitos, das ciências jurídicas, ela deriva precisamente da constatação

> de que o nascimento, e agora também o crescimento, dos direitos do homem são estreitamente ligados à transformação da sociedade, como a relação entre a proliferação dos direitos do homem e o desenvolvimento social o mostram claramente.

Dentre os direitos que comportam uma análise mais próxima da prática sociológica estão os direitos fundamentais. Porém, o que são os direitos fundamentais?

Há várias definições possíveis, tomando-se aqui a síntese da definição esboçada por Dimoulis e Martins (2008, p. 05), segundo a qual:

> Direitos fundamentais são direitos público-subjetivos de pessoas (físicas ou jurídicas), contidos em dispositivos constitucionais e, portanto, que encerram caráter normativo supremo dentro do Estado, tendo como finalidade limitar o exercício do poder estatal em face da liberdade individual.

Pode-se abstrair dessa definição algumas orientações importantes. A primeira delas diz respeito aos sujeitos da relação protetiva fundamental (pessoa *versus* Estado). A segunda é a função limitadora do poder estatal privilegiando a liberdade individual. Por último, destaca-se a posição de supremacia que os direitos fundamentais ocupam no sistema constitucional.

No quadro político-constitucional dos direitos fundamentais, a relação entre o indivíduo-cidadão e o Estado é de afirmação da liberdade do primeiro sobre o segundo. A ascensão do modo de produção capitalista impôs uma limitação ao poder estatal para que este se afastasse da esfera do indivíduo-produtor-proprietário. É histórico e exemplar que nem todos os indivíduos tiveram o mesmo tratamento, entretanto aqueles que ostentavam o estatuto do homem, branco, heterossexual e proprietário tiveram o direito e, sobretudo, os direitos fundamentais ao seu lado.

Aos poucos, por meios de lutas reivindicatórias e de reconhecimento, vários outros grupos de indivíduos ganharam o estatuto de reconhecimento e proteção dos direitos fundamentais. Esse processo foi denominado por Bobbio (2008) como universalização dos direitos fundamentais. Universalização não somente territorial, mas sobretudo de expansão dos direitos para o reconhecimento intersubjetivo, de grupos e indivíduos diversos.

A limitação do poder estatal é tarefa de concretização das liberdades, pois o Estado de modelo absolutista não reconhecia a supremacia da lei nem, da Constituição. O Estado, submisso ao direito enquanto sujeito, deve agir nos limites do poder que o povo, indivíduos organizados em grupos, determinam no exercício de seu poder constituinte ordenador. Assim, a Constituição torna-se o cerne, o centro nevrálgico do sistema constitucional formal do Estado de Direito.

2 CATEGORIAS DE FUNÇÕES DOS DIREITOS FUNDAMENTAIS

Um dos aspectos importantes na teoria dos direitos fundamentais é a sua categorização. É comum dividir os direitos fundamentais em direitos negativos e positivos. Negativos seriam aqueles direitos cujo papel do Estado seria de reconhecê-los e de garantir a sua (do Estado) não interferência na esfera do indivíduo, titular do direito subjetivo fundamental. Esses direitos negativos garantem a autonomia da esfera privada do indivíduo contra a interferência inoportuna e indevida do Estado.

Por outro lado, positivos seriam os direitos fundamentais que exigiriam prestações positivas do Estado. Por prestações positivas entende-se ações estatais que demandam atos concretos do Estado, no sentido de efetivação do referido direito. Esses atos concretos podem ser representados por políticas públicas, investimentos, inversões etc.

Além desses, pode-se ressaltar uma outra categoria a ser denominada de *status* ativo, políticos ou de participação. São assim denominados porque possibilitam a "intromissão" do indivíduo na esfera política do Estado. Entre os direitos característicos dessa classe estão o de sufrágio universal, instrumentos de participação direta como o referendo, e a participação em partidos políticos.

3 OS DIREITOS SOCIAIS COMO DIREITOS FUNDAMENTAIS

Os direitos sociais são direitos fundamentais que exigem ações positivas do Estado. O seu surgimento está historicamente ligado à crise do Estado liberal e ao déficit de igualdade e desenvolvimento econômico e social das camadas populares no seio do Estado Capitalista.

Para Fernandes (2014, p. 575),

> Os direitos sociais constituem-se no segundo grupo integrador do conceito de Direitos Fundamentais, que, por mais que adicionem ao catálogo anterior (direitos individuais), são responsáveis por empreender uma releitura completa e radical, inclusive produzindo alterações no significado destes (direitos individuais).

A crise do Estado Liberal se notabiliza pela insuficiência dos ditames meramente formais do direito, sobretudo do direito de igualdade. O Estado passa da condição de inimigo da sociedade, notadamente dos menos favorecidos, dos subalternos ou da "ralé", na expressão de Souza (2017), para aquele por intermédio do qual a sociedade pode melhorar suas condições de vida, direcionando-se para o perfil de dignidade insculpido no próprio texto constitucional brasileiro e para uma igualdade material que superaria a igualdade formal.

Na visão de Fernandes (2014, p.576), "[...] abandonam a percepção de uma postura abstencionista por parte do Estado, para, ao contrário, afirmar a necessidade desse intervir, gerando condições de implementação de programas públicos (acerca de saúde, trabalho, educação etc.)"

Canotilho (2008) aponta as seguintes características dos direitos sociais: a) gradatividade ou gradualidade na sua realização, o que significa que o seu reconhecimento e implementação dar-se-ão de forma paulatina, historicamente; b) dependência financeira do orçamento público, na perspectiva, coincidente com o caráter positivo dos direitos sociais, que sua concretização depende de atos efetivos do Estado, especialmente quanto ao dispêndio financeiro para fazer frente aos investimentos públicos; c) tendencial liberdade de conformação pelo legislador em relação às políticas públicas a serem assumidas, de modo que a performance política de forças progressistas e de esquerda se impõe, haja vista que a implementação de direitos sociais interessa sobretudo às classes subalternas estigmatizadas pelo mercado; d) insuscetibilidade de controle jurisdicional dos programas políticos-legislativos, o que significa que a implementação de políticas públicas é uma prerrogativa política dos governantes, de sorte que somente pode haver controle jurisdicional de suas ações que contrariarem as normas constitucionais. Uma outra forma de controle é possível quando houver um déficit legislativo na demora em implementar os "programas" que concretizem as normas fundamentais ligadas aos direitos sociais.

No que tange a sua classificação, Silva (2014, p. 287) classifica os direitos sociais em seis agrupamentos:

> a) direitos sociais relativos ao trabalho; b) direitos sociais relativos à seguridade (saúde, previdência e assistência social); c) direitos sociais relativos à educação e à cultura;

d) direitos sociais relativos à moradia; e) direitos sociais relativos à família, criança, adolescente, jovem e ao idoso; f) direitos sociais relativos (relacionados) ao meio ambiente.

A Emenda Constitucional nº 64/2010 ampliou esse rol ao inserir o direito à alimentação entre os direitos sociais. Parece que o legislador constitucional andou bem ao fazê-lo, haja vista que o direito à alimentação é conteúdo básico para a concretização da dignidade da pessoa humana, inscrita como um dos fundamentos da República.

4 AMPLIAÇÃO E RECONHECIMENTO DE DIREITOS SOCIAIS NO BRASIL DE 2003 A 2013

Desde a redemocratização do Brasil e a reconciliação com uma Constituição democrática, os direitos sociais ganharam destaque como possibilidade de ampliação do acesso das camadas subalternas aos benefícios promovidos pelo Estado.

Entretanto, esse processo faz parte da disputa política entre as diversas forças existentes na sociedade, especialmente no que tange aos interesses díspares entre capital e trabalho. Esse conflito, capital-trabalho, é uma característica inerente ao sistema econômico capitalista e/ou ao liberalismo, como queira afirmar a definição econômico-política desse sistema político.

Losurdo (2006, p. 255) afirma que

[...] estabelece-se a origem do uso do termo "liberal" nas lutas políticas que se desenvolveram na onda da revolução de 1812 e na contraposição que ocorre entre os "liberais", comprometidos com a defesa da Constituição, e os adversários rotulados como servis" pelos primeiros. É só a partir daquele momento que o adjetivo teria se transformado em substantivo.

Após longa análise do termo na história ocidental, Losurdo (2006, p. 259) afirma que o termo liberal nasce de "[...] uma autodesignação orgulhosa, que ao mesmo tempo tem uma conotação política, social e até étnica." Prossegue esse autor dizendo que os partidos liberais visavam reunir pessoas que nasceram livres, dotadas de uma educação liberal, "[...] isto é, o povo que tem o privilégio de ser livre, a 'raça eleita' – nas palavras de Burke – 'a nação de cujas veias escorre o sangue da liberdade'". (LOSURDO, 2006, p. 259)

Essa visão tendia e ainda tende a dividir o mundo entre esses povos privilegiados e os demais, habitantes da África, Américas do Sul e Central além dos asiáticos. A esses demais povos, cabia o estatuto da subserviência, da subalternidade social, cultural, política e econômica.

A lógica da subalternidade se aplica também internamente aos Estados Nacionais. Esses se organizam com uma elite econômica e social que ascende ao poder para defender seus privilégios de classe.

No Brasil, essa lógica perversa prevalece por séculos. Em sua história recente, o país experimentou uma oportunidade de diminuição das desigualdades históricas que caracterizam sua organização social, cultural, política e econômica.

Em 2003 assume a presidência da República Luiz Inácio Lula da Silva, pelo Partido dos Trabalhadores. Vindo de derrotas em eleições anteriores, Lula assume o governo brasileiro com a finalidade de implementar políticas com vistas a diminuir as desigualdades e ampliar a efetividade dos direitos sociais no Brasil.

Para compreender esse contexto, é preciso esclarecer que, para Katz (2016), o processo de globalização econômica fez com que o isolacionismo de alguns países inviabilizassem seu desenvolvimento econômico, social e político.

Surge com a globalização a mútua influência e dependência dos mercados e da reserva de consumo. Esse autor denomina de neodesenvolvimentismo a opção que os Estados adotam em suas economias internas.

Para Katz (2016, p. 226), "[...] estas concepções pressupõem a vigência de um sistema político-econômico que distribui os excedentes, proporcionalmente à influência alcançada pelas várias forças sociais." Katz (2016) retira de essas conclusões de Bresser Pereira, que considera que a sociedade harmoniza os conflitos entre esses grupos, selecionando, através do voto, as alternativas mais convenientes para a maioria.

Dessa maneira, ao aplicar esse sistema de conciliação social, o Partido dos Trabalhadores governou, com relativa tranquilidade, por oito anos. Nesse período, houve várias conquistas no campo dos direitos sociais.

Com o sucesso econômico, vários programas sociais foram implementados, destacando-se o bolsa família como o maior programa de distribuição de renda do mundo. As diversas áreas foram afetadas positivamente: educação, saúde, segurança, lazer. Houve uma grande mobilidade econômico-social, com a saída de mais de 30 milhões de pessoas da zona de miserabilidade e da fome, para a ampliação de um enorme mercado consumidor.

Ocorre que, como lembra Katz (2016, p.226), com esse enfoque conciliador, "[...] se ignora a dominação exercida pelos capitalistas. Essa supremacia lhes permite limitar as margens de eleição cidadã, impondo limites muito estritos a qualquer decisão que afete seus interesses".

O risco é que, caso ocorra uma crise econômica global (que é cíclica no capitalismo), essa política conciliatória entre em colapso, pois os excedentes utilizados para a redistribuição se reduzem significativamente fazendo com que o capital tente a qualquer custo manter seus ganhos em altos níveis.

Não à toa, Giddens (2010, p. 338) aponta como exemplo de retrocesso conservador a desmontagem do Estado Providência, também denominado de Estado de Bem-Estar Social, nas décadas de 1970-1980. Para Giddens (2010, p. 338), várias críticas estiveram no centro das tentativas para reduzir a previdência.

> A primeira dizia respeito à subida dos custos financeiros do estado-providência. A recessão econômica geral, o desemprego crescente e a emergência de enormes burocracias da segurança social significavam que os gastos com a segurança social continuavam a aumentar firmemente e a uma taxa maior do que a expansão econômica geral.

Giddens (2010) relata ainda que o governo conservador inglês da década de 1980 (Margaret Thatcher) promoveu a privatização da segurança social. Apoiou também a desinstitucionalização de diversas funções do Estado, atribuindo a ONGs e famílias muitos desses serviços.

Apesar de terem sido mantidos os gastos que o Estado despendia com programas sociais, houve um agravamento das desigualdades como resultado da reforma na seguridade nos anos 1980 na Grã-Bretanha.

Essas reformas ocorridas nos Estados Unidos e Grã-Bretanha nos anos de 1980 receberam o nome de neoliberais. Essa denominação se deu porque a justificativa política de sua implementação apontava para uma suposta futura nova ordem global que deveria voltar às bases históricas e clássicas do liberalismo, contra uma tendência "socializante" que vinha sendo implementa dos países do ocidente no pós-guerra, a partir de 1948.

5 A REFORMA TRABALHISTA

Após a trégua conciliatória dos dois governos Lula e com o agravamento da crise global do capital que começou em 2008 nos Estados Unidos e se espraiou por diversas partes como efeito da globalização, acabou a lua de mel entre capital e trabalho no Brasil.

A diferença de interesses econômico, político, cultural e social se agudizou entre as forças políticas que representam o capital e o trabalho. Nesse contexto, há sempre por parte do capital o uso de seus freios de contenção para a garantia de seus ganhos e para manutenção de seus lucros.

Souza (2017, p. 146-147), ao caracterizar a elite brasileira como a "elite do atraso", fala sobre um pacto entre ela e parte da classe média contra a classe trabalhadora e contra a ralé, a classe precarizada.

> Não existe nenhuma função do mercado ou do Estado que possa ser exercida sem o concurso desses especialistas. Em grande medida, essas funções são todas de controle, direção, supervisão e legitimação do sistema econômico, social e político. Daí, que a classe média seja uma classe do privilégio. Ela tem o salário e o prestígio correspondente de quem realiza no dia a dia a dominação social, econômica e política em nome da elite do dinheiro. Traçando um paralelo com nosso passado escravista, a classe média é o capataz da elite do dinheiro de modo a subjugar a sociedade como um todo.

As reformas neoliberais implementadas no Brasil a partir de 2015 fazem parte desse pacto, dessa aliança da elite do dinheiro com parte da classe média para, não somente barrar o avanço e as conquistas sociais, para retroceder em várias delas que representam garantias de sobrevivência digna da classe trabalhadora e da possibilidade de sobrevivência da ralé brasileira.

A reforma trabalhista foi aprovada recentemente e faz parte do pacote de políticas neoliberais adotadas desde o impeachment da presidenta Dilma Rousseff. As principais mudanças formais são a Lei nº 13.467/2017, que altera mais de 200 pontos da Consolidação das Leis Trabalhistas (CLT), e a Lei nº 13.449/2017, que tem fulcro na liberação da terceirização e ampliação do contrato temporário.

Interessante ressaltar a discussão em torno da reforma tem base nas controvérsias jurídicas geradas em face da Constituição, haja vista que as mudanças foram no plano infraconstitucional, e muitos, como o Ministério Público do Trabalho, defendem a inconstitucionalidade de tal reforma.

Para muitos juristas, não é uma reforma, mas um desmonte de direitos pois com enorme quantidade de artigos alterados, modificou-se pontos centrais da relação de emprego (SOUTO MAIOR; SEVERO, 2017). O cerne da reforma trabalhista é a flexibilização de direitos sociais relativos ao trabalho.

A relação humana mais impessoal é a ideia de comunidade de mercado. Isso porque despersonaliza e repudia relações originais humanas. Segundo Weber (1996), o mercado, diferente de outras comunidades, que tinham cerne na confraternização pessoal e até mesmo parentesco de sangue, é, em suas raízes, estranho a toda confraternização.

O ponto central é que, uma comunidade que produz valores de troca, como o capitalismo, a acumulação de riqueza abstrata não é uma livre escolha, mas uma necessidade pelo fator da concorrência, esta que tem como objetivo excluir os que menos acumulam. De acordo com Belluzzo (1998), o progresso técnico não é para a competição como fim em si mesmo, mas para eliminar e, paradoxalmente, aumentar a concorrência.

Essa noção é demonstrada por Marx ao falar da lei geral da acumulação capitalista:

> Em sua análise, a execução das leis de movimento desse modo de produção em busca da valorização, imersa no processo de concorrência generalizada, torna seu impulso natural à expansão ilimitada. Com efeito, a concorrência impõe produzir mais com menos, o que por sua vez, depende (*ceteris paribus*) do rendimento do trabalho; este, por sua vez, depende da escala de produção e da potência do crédito, a mais temível arma no campo de batalha da concorrência (*apud* SANTOS; MARACCI, 2018, p. 37).

A gênese do capitalismo consiste em diminuir os valores de custo e aumentar a produção, visando sempre o acúmulo de capital. Belluzzo (1998), utilizando da ideia de comunidade de Weber, insiste na ideia de comunidade de mercado, pois isso explicaria as dinâmicas do capitalismo moderno. Nesse sentido, as regulamentações de mercado foram progressivamente ampliadas para atender aos interesses do próprio mercado.

Entender a concorrência nacional e internacional é muito importante para notar a dinâmica do capitalismo moderno e, segundo estudo da Organização Internacional do Trabalho (OIT), a flexibilização das leis trabalhistas não melhora o índice do desemprego, podendo ser interessante com muitas ressalvas à classe patronal, mas principalmente para as dinâmicas do mercado externo e as forças do capital.

Outro ponto é que segundo Marx (2014), no capitalismo é necessário o que ele chama de superpopulação relativa ou exército industrial de reserva, que é uma mão de obra marginalizada, sendo fator elementar para economia capitalista, com reflexos diretos nas relações capital-trabalho e nas formas de exploração da classe trabalhadora, não podendo essa escolher outra opção senão a marginalidade.

Como argumento para a reforma, usa-se a ideia de que, com a diminuição na proteção dos trabalhadores, se estimularia a criação de empregos. Contudo, recentemente, a OIT lançou o estudo "Emprego mundial e perspectivas sociais 2015: a natureza cambiante do trabalho", sendo nele analisados dados tanto de países desenvolvidos, quanto em desenvolvimento, durante um lapso temporal de vinte anos. O estudo concluiu que é falaciosa a noção de que mitigação de direitos aumenta a taxa de empregos (OIT, 2015).

Para o Brasil, a reforma trabalhista é totalmente prejudicial às contas públicas, ao tornar o mercado de trabalho nacional mais desorganizado e heterogêneo. Segundo Rossi e Mello (2018), alguns efeitos são os da arrecadação previdenciária, pois com formas atípicas de formalização de trabalho, diminuem-se remunerações que contribuem para a previdência social, com efeitos devastadores em longo prazo.

Interessante ressaltar que durante os anos de prosperidade e inclusão social (2003- 2013) não houve empecilho para o desenvolvimento do mercado por causa das normas e leis trabalhistas. Como aduz Santos (2016, p. 49):

> Em 2004, o custo do trabalho brasileiro era 13,7% menor do que o de 2000, redução que, dentre os países considerados, somente ocorreu para Taiwan e Japão, mas num ritmo bem menor. Em todos os demais países ocorreu aumento do custo do trabalho, na maioria deles num ritmo superior a 40%. Também é importante observar que, entre 1990 e 2004, enquanto na maioria dos países considerados ocorreu expressiva elevação do custo do trabalho, no Brasil o custo do trabalho neste último ano estava num patamar menor que em 1990.

Outro ponto é que nem mesmo para os empresários a reforma terá efeitos positivos, pois, segundo Santos e Maracci (2018,

p. 54), vai apenas fragilizar o mercado interno, bem como ampliar a dependência do mercado externo:

> A reforma trabalhista é centrada na ideia de ganhos de competitividade por reformas de mercado de trabalho e da proteção social, indica uma estratégia limitada de inserção do país nas cadeias globais de valor fundada em atividades ligadas à produção de bens salários, o que significa participar do processo de concorrência global em setores produtivos menos dinâmicos e tecnologicamente mais precários, intensivos em mão de obra, diante de competidores estabelecidos, projetando a necessidade de radicalização de uma estratégia de "competitividade de espúria", que, sem a garantia de sucesso limitado a esses setores mais primitivos da estrutura produtiva mundial, colocaria em xeque a organização econômica e social do país, e, ademais, a própria potência de um mercado interno de dimensões continentais.

Assim é notório que a reforma trabalhista é de interesse principalmente do mercado externo e das forças do capital, prejudicando não apenas o trabalhador, mas o mercado interno e os empresários como um todo.

6 O CONTEÚDO DA REFORMA TRABALHISTA E SUAS INCONSTITUCIONALIDADES

A reforma trabalhista, como anteriormente salientado, trouxe uma série de modificações no ordenamento jurídico brasileiro. Um dos principais pontos é que agora os empregadores contam com formas de contratações atípicas, temporárias e precárias como:

> (1) Ampliação do contrato a tempo parcial para até 32 horas semanais, inclusive admitindo horas extraordinárias, (2) a introdução do contrato

> intermitente, que proporciona a liberdade para a empresa contratar somente pela jornada que o trabalhador efetivamente trabalhar, podendo apresentar grande descontinuidade, o que deixa o trabalhador em situação vulnerável, como se observa com o chamado contrato "zero hora" inglês (Antunes, 2015), (3) a extensão da contratação temporária para até 270 dias no ano, que é uma modalidade em que o trabalhador tem menos direitos e o empregador fica desresponsabilizado por danos causados à saúde do trabalhador no exercício da atividade, (4) desfiguração da relação de emprego disfarçada com a possibilidade da contratação do autônomo de forma continuada, configurando-se como uma forma de legalizar o trabalhador como pessoa jurídica em substituição ao contrato assalariado. Como é contrato comercial, os trabalhadores não têm acesso aos direitos (KREIN, 2017, p.88)

Ainda a reforma reduz custos e facilita o processo de demissão dos trabalhadores, pois:

> (1) Dá segurança para empresas poderem desligar os trabalhadores coletivamente e individualmente sem necessidade de negociarem com o sindicato ou prestarem conta às instituições públicas, (2) ao possibilitar que a rescisão do contrato seja realizada por acordo, em que o trabalhador receberá o aviso prévio e a indenização sobre o FGTS pela metade, somente 80% do FGTS e não terá direito ao seguro desemprego, e (3) a nova regulamentação "desobriga que a homologação seja realizada em entidade de classe", assim como abre a possibilidade de as partes assinarem um termo de quitação anual de obrigações trabalhistas durante a vigência do contrato, em situação em que o assalariado está dependendo do emprego para sobreviver (KREIN, 2017, p. 88).

Também ocorreram mudanças em relação à jornada de trabalho:

(1) ampliação dos mecanismos de compensação das jornadas por meio do banco de horas com uma limitação frágil da jornada diária ou semanal e ainda facultando a realização de acordos individuais (banco de horas individuais); (2) a possibilidade das empresas utilizarem a força de trabalho para além das 8 horas diárias (acrescidas de no máximo 2 horas extraordinárias), com a regulamentação da jornada de 12 × 36 horas para todos os setores; (3) o fim da necessidade da empresa comunicar as autoridades competentes caso precise estender a jornada diária por alguma "necessidade imperiosa"; (4) as pausas para amamentação serão objeto de livre negociação com o empregador; (5) o parcelamento de férias em até três períodos, nunca inferior a cinco dias, o que também abre possibilidade de o empregador organizar o período das férias de acordo com as suas necessidades no ano (KREIN, 2017, p.89).

Citando ainda as mudanças, em relação ao tempo laboral, tem-se:

(1) não cômputo das horas *in itinere* na jornada paga, isto é, o tempo de deslocamento para exercício da atividade em locais sem transporte público e de difícil acesso deixa de ser considerado como jornada; (2) considerar como jornada somente o tempo efetivamente trabalhado, desconsiderando as atividades preparatórias, tais como a vestimenta do uniforme, os exercícios, as atividades de comunicação e aviso etc.; (3) abrir a possibilidade de negociar a redução do intervalo da refeição para menos de 1 hora; (4) a não previsão de pagamento de horas extraordinárias no caso de *home office* (KREIN, 2017, p.89).

Por fim, temos mudanças no que tange à remuneração:

(1) a possibilidade de ocorrer a redução salarial por meio da negociação coletiva ou ainda por negociação

individual, caso o trabalhador tenha uma remuneração superior a dois tetos previdenciários; (2) o estímulo à adoção da remuneração variável, especialmente com o programa de Participação nos Lucros e Resultados; (3) a possibilidade da empresa pagar não como salário, mas remunerando o trabalhador com bens, bônus e serviços; (4) o pagamento pode ser feito por desempenho individual ou por produtividade; (5) as gorjetas podem ser apropriadas pela empresa, que define a sua distribuição; (6) a não consideração de gratificações, auxílio alimentação, abonos, diárias de viagens *etc.* como parcela salarial, comprometendo os fundos de financiamento das políticas públicas, especialmente a seguridade e os direitos vinculados aos salários (KREIN, 2017, p. 90)

Todas essas mudanças citadas não afetam tão somente a vida do trabalhador, mas todo o cenário do mercado interno e relações econômicas. Além disso, macula a construção histórica dos direitos sociais, em especial os relativos ao trabalho, demonstrando, assim, a inconstitucionalidade de tal reforma, como melhor se explica neste momento.

Como já falado de maneira pormenorizada, os direitos sociais presentes no Título II da CRFB/1988 possuem natureza fundamental, tendo o artigo 6º como seu cerne, o qual o trabalho aparece de maneira explícita como direito social fundamental, e a proteção às pessoas que fazem jus está disposta no art. 7º subsequente.

Urge salientar que um dos princípios basilares da República e da própria concepção de Estado Democrático de Direito é a dignidade da pessoa humana, o qual, em relação ao trabalho, se figura no direito de acesso não apenas a um trabalho, mas a um trabalho descente.

Além disso, no plano internacional de direitos, a OIT, organização da qual o Brasil é membro, dispõe de pilares para o trabalho, que são: direitos e princípios fundamentais do trabalho, a promoção do emprego de qualidade, a extensão da proteção social e o diálogo social e ainda aduz que é necessário o estímulo à:

> [...] criação de mais e melhores empregos, reduzir a informalidade, combater o trabalho infantil, o trabalho escravo e todas as formas de discriminação no emprego, promover o emprego juvenil, ampliar e melhorar a cobertura da proteção social, impulsionar a educação e a capacitação para o trabalho, reforçar a produtividade e a competitividade das empresas, e fortalecer os direitos trabalhistas (ABRAMO, 2006)

Percebe-se, portanto, que os direitos relativos ao trabalho, além de proteção constitucional, são dotados de proteção internacional de órgãos dos quais o Brasil é parte, ambos zelando pela segurança jurídica e social.

A reforma trabalhista, ao mitigar a proteção social nas relações de trabalho, exaure a eficácia dos princípios da dignidade da pessoa humana e do valor social do trabalho, ambos fundamentos da República Federativa do Brasil, conforme artigo 1º, III e IV da CRFB/88.

Interessante mencionar também que:

> [...] descumpre outros princípios e direitos fundamentais estabelecidos na Constituição, notadamente os princípios da isonomia (artigo 5º, *caput*), ao criar graves distinções de direitos conferidos aos trabalhadores, de acordo com o tipo de relação de trabalho, do amplo acesso à justiça (artigo 5º, XXXVI), ao estabelecer vários obstáculos ao trabalhador para buscar seus direitos sonegados, da função social da propriedade e da empresa (artigo 5º, XXIII, e artigo 170), da busca do pleno emprego (artigo 170, VIII), ao criar ou fomentar contratos de trabalhos precários, com poucos direitos, ou a ocorrência de fraudes (autônomos e pejotização), além do princípio da vedação ao retrocesso social nas

relações de trabalho (artigo 7º, *caput*) (BRASIL, 2017, p. 04).

Como já mencionado neste trabalho, os direitos sociais são preservados pelo princípio da vedação ao retrocesso social, protegidos inclusive pelo art. 60º, § 4º da Constituição, não sendo possível, assim, que haja retrocesso a partir do poder constituinte derivado. Nesse viés, temos o seguinte enunciado da Jornada de Direito Material e Processual da Justiça do Trabalho:

> FLEXIBILIZAÇÃO DOS DIREITOS SOCIAIS. **Impossibilidade de desregulamentação dos direitos sociais fundamentais**, por se tratar de normas contidas na cláusula de intangibilidade prevista no art. 60, § 4º, inc. IV, da Constituição da República (MOTESSO; STERN; ELY, 2008, p. 03).

Portanto, os direitos sociais não podem ser mitigados nem mesmo por emenda constitucional, estando no núcleo de maior proteção da Carta Magna.

Dentro da análise que ora se realiza, é preciso destacar que a inconstitucionalidade pode ser material e formal. A reforma trabalhista se encontra eivada de ambos os vícios. Serão analisadas, inicialmente, as inconstitucionalidades materiais dessa reforma, para, em seguida, tratar das inconstitucionalidades formais. Como mencionado, existem limites materiais ao poder do legislador, inclusive limites ao poder constituinte derivado, imposto pelo artigo 60º§, IV, da CRFB/88.

Um dos principais vícios materiais da reforma está no chamado "negociado sobre o legislado", que é a possibilidade da negociação coletiva ser superior à legislação estatal. Esse ponto é notoriamente inconstitucional, haja vista que se os direitos não podem ser mitigados nem por emenda constitucional, quiçá por acordos entre as partes. Vale ressaltar que a classe trabalhadora compõe o polo hipossuficiente da relação, não tendo igualdade fática para negociar com a classe patronal. Além disso, abre-se chance legal para que negociações que almejam abolir os direitos sociais sejam feitas.

Necessário salientar também que a reforma fomenta fraudes à relação de emprego, pois, como já citado, ela abre possibilidade para que diversos novos contratos de trabalho atípicos e precários surjam, afastando muitas vezes o vínculo de emprego, e, ferindo assim, especialmente, o artigo 7º da CRFB/88, que garante proteção social aos trabalhadores brasileiros.

Na mudança ocorrida com o art. 442-B da CLT, tem-se: "Art. 442-B. A contratação do autônomo, cumpridas por este todas as formalidades legais, com ou sem exclusividade, de forma contínua ou não, afasta a qualidade de empregado prevista no art. 3º desta Consolidação".

Essa mudança permite que trabalhadores com carteira assinada e com a proteção do vínculo de emprego sejam demitidos e recontratados como autônomos, surgindo como falsas pessoas jurídicas, tendo o mesmo serviço e com todos os elementos que caracterizam a relação de emprego, contudo, sem os direitos garantidos na Constituição.

A mudança desse artigo é tão cruel que permite a prestação de maneira exclusiva por parte do autônomo, o que fomenta claramente a dispensa e nova contratação sem o vínculo de emprego, mas com caráter de pessoalidade, não eventualidade, onerosidade e subordinação. Sendo uma forma de "lei para inglês ver", pois não beneficiará os autônomos, mas fomenta a demissão massiva de trabalhadores para uma nova contratação precária e sem proteção. Esse "autônomo" perderá todos os direitos elencados no art. 7º da Constituição da República Federativa do Brasil de 1988, *in verbis*:

> [...] relação de emprego protegida contra despedida arbitrária ou sem justa causa; II) seguro-desemprego, em

caso de desemprego involuntário; III) fundo de garantia do tempo de serviço; IV) salário mínimo, capaz de atender a suas necessidades vitais básicas e às de sua família com moradia, alimentação, educação, saúde, lazer, vestuário, higiene, transporte e previdência social, com reajustes periódicos que lhe preservem o poder aquisitivo; V) piso salarial proporcional à extensão e à complexidade do trabalho; VI) irredutibilidade de salário; VII) garantia de salário, nunca inferior ao mínimo, para os que percebem remuneração variável; VII) décimo terceiro salário com base na remuneração integral; IX) remuneração do trabalho noturno superior à do diurno; X) proteção do salário; XIII) duração do trabalho normal não superior a oito horas diárias e quarenta e quatro semanais; XV) repouso semanal remunerado, preferencialmente aos domingos; XVI) remuneração do serviço extraordinário superior, no mínimo, em cinquenta por cento à do normal; XVII) gozo de férias anuais remuneradas com, pelo menos, um terço a mais do que o salário normal; XVIII) licença à gestante; XIX) licença-paternidade; XXI) aviso prévio proporcional ao tempo de serviço, sendo no mínimo de trinta dias; XXII) redução dos riscos inerentes ao trabalho, por meio de normas de saúde, higiene e segurança; XXIII) adicional de remuneração para as atividades penosas, insalubres ou perigosas, na forma da lei; XXIV) aposentadoria; XXVIII) seguro contra acidentes de trabalho, a cargo do empregador, sem excluir a indenização a que este está obrigado, quando incorrer em dolo ou culpa (BRASIL, 2017, p. 11).

Outro ponto importante é que, como a relação do autônomo possivelmente terá pessoalidade, não eventualidade, onerosidade e subordinação, e, teoricamente, segundo o direito do trabalho pátrio e o art. 3º da CLT, essas são características do vínculo empregatício, tal mudança afetará também o art. 5º, da CRFB/88, que prevê o acesso à justiça, pois mesmo tendo a relação de emprego, com a nova modalidade, o trabalhador será considerado autônomo, não fazendo jus, assim, ao seu direito de requerer a Justiça do Trabalho e tal vínculo.

Urge ressaltar também o fomento à chamada pejotização, com o art. 4°-A da Lei n° 6.019/74, pois aumenta a prestação de serviços não somente às atividades secundárias, mas também a sua principal, criando a possibilidade legal de que os trabalhadores sejam demitidos e recontratados como falsas pessoas jurídicas, tendo, segundo a mudança que aderir tão somente aos requisitos: inscrição no CNPJ, registro em junta comercial e um capital de R$10.000,00 (dez mil reais), podendo ocorrer a prestação individual ou de até dez empregados.

O trabalhador encoberto pela pessoa jurídica e impossibilitado de requerer o vínculo empregatício, mesmo com as características do art. 3° da CLT, se vê perdendo muitos direitos:

> [...] como seguro-desemprego (inciso II); FGTS (inciso III); garantia do salário mínimo (inciso IV); décimo terceiro salário (inciso VIII); remuneração do trabalho noturno superior à do diurno (inciso IX); proteção do salário (inciso X); limitação diária e semanal de jornada de trabalho (inciso XIII); repouso semanal remunerado (inciso XIV); adicional de horas extras (inciso XVI); férias anuais remuneradas com, pelo menos, um terço a mais do que o salário normal (inciso XVII); licenças maternidade e paternidade (incisos XVIII e XIV); aviso prévio (inciso XXI); adicional de remuneração para as atividades penosas, insalubres ou perigosas (inciso XXIII); aposentadoria (XXIV); seguro contra acidentes de trabalho, a cargo do empregador (inciso XXVIII) (BRASIL, 2017, p. 13).

Vale ressaltar, ainda, que tais mudanças ferem outras disposições constantes do texto constitucional, como a dignidade da pessoa humana (artigo 1°, III), o valor social do trabalho (artigo 1° IV), a garantia do desenvolvimento nacional e a erradicação da pobreza e da marginalização e a redução das desigualdades sociais e regionais (artigo 3° II e III, respectivamente), além de ferir o princípio da ordem econômica (artigo 170°): valorização do trabalho humano e justiça social, para a existência digna (*caput*), função social da propriedade (inciso III) e busca do pleno emprego (inciso IX).

Outro ponto central é a terceirização irrestrita com o art. 2° do PLC 38/2017 que altera o artigo 4°-A da Lei n° 6019/74, que permite a terceirização de todas as atividades, inclusive as atividades fim. A crítica a essa mudança é porque ela fere direitos e princípios constitucionais trabalhistas, pois muda a relação de trabalho, alterando a essência constitucional do contrato, e permitindo a existência de empresas sem empregado, somente com terceirizados, tão somente para não se responsabilizar de obrigações trabalhistas, previdenciárias, no intuito de diminuir os custos da mão-de-obra.

Nesse liame, tem-se:

> [...] os graves problemas trazidos pela terceirização e que ela representa apenas lucro para o patrão no fim do mês. O salário de trabalhadores terceirizados é 24% menor do que o dos empregados formais, segundo o Dieese. A terceirização também provoca desemprego, sendo seu índice de rotatividade no mercado de trabalho quase o dobro dos empregados diretamente contratados (33% x 64,4%). Terceirizados trabalham 3 horas a mais por semana, em média, do que contratados diretamente. Com mais trabalhadores fazendo jornadas maiores, deve cair o número de vagas em todos os setores. Se o processo fosse inverso e os terceirizados passassem a trabalhar o mesmo número de horas que os contratados, seriam criadas 882.959 novas vagas de emprego, segundo o Dieese (BRASIL, 2017, p. 15).

A terceirização fere muitos princípios constitucionais, e, entre outras coisas dificulta o acesso do trabalhador à justiça, visto que terá que acionar a Justiça do Trabalho para a empresa em que tem contrato formal de trabalho, para depois, caso consiga provar, atingir o patrimônio da empresa em que presta seus serviços de maneira fática.

Além disso:

> [...] a terceirização indiscriminada, ao causar alta rotatividade, diminuição de direitos, benefícios e de salários de uma maneira geral, a fragmentação sindical e um alto número de acidentes e mortes no trabalho, viola materialmente e esvazia inúmeros direitos previstos nos artigos 7º, 8º, 9º e 11 da Constituição, notadamente, o cumprimento de direitos básicos como salário mínimo, FGTS, aposentadoria, aviso prévio, 13º salário, que, ou são reduzidos ou são sonegados, pelos altos índices de calotes em trabalhadores, a liberdade sindical e o direito de greve, esvaziados com a fragmentação sindical causada pela terceirização, e a representação dos trabalhadores nas empresas, uma vez que, com a terceirização, serão cada vez menos as empresas com menos de 200 empregados, o que, com a redução da quantidade de empregados por empresa, acabará por impactar negativamente a inclusão de pessoas com deficiência no mercado de trabalho, em claro descumprimento também dos artigos 7º, XXXI, 23, II, 24, XIV, 201, § 1º, 203, IV,e 227, II (BRASIL, 2017, p. 16).

Ainda existe a inconstitucionalidade do trabalho intermitente. Pela reforma, essa nova possibilidade de contrato fere direitos constitucionais do trabalhador, pois este fica resignado a não ter jornada de trabalho mínima, quiçá remuneração mínima, ficando totalmente à mercê das vontades do empregador e da empresa, podendo receber um salário-mínimo mensal totalmente abaixo do que garante a lei. Além disso:

> [...] o pagamento de direitos como 13º salário (inciso VIII), férias (inciso XVII), FGTS (inciso III) e repouso semanal remunerado (inciso XV) será sempre

proporcional às horas trabalhadas, sendo que o trabalhador não terá garantia de que será contatado pela empresa para trabalhar, nem quando, nem por quantas horas. Trata-se de uma situação de total insegurança que impede o trabalhador de ter a previsibilidade da remuneração que ganhará para pagar as contas do mês (BRASIL, 2017, p. 18).

A reforma mudou, ainda, as condições de trabalho das gestantes e lactantes. Com a reforma, agora é permitido que estas trabalhem em ambientes considerados insalubres de grau mínimo ou médio, mesmo não sendo em grau máximo. Nesse caso também é visível a inconstitucionalidade, já que mitiga a proteção à vida e aos direitos do nascituro.

Diferente das inconstitucionalidades materiais, as formais não dependem de muita argumentação jurídica. Em linhas gerais, são muito fáceis de serem vislumbradas. A reforma trabalhista foi aprovada sem um debate amplo com os trabalhadores, maiores atingidos com tal mudança.

Segundo o Ministério do Trabalho, a reforma foi aprovada sem a participação dos trabalhadores, o que fere as convenções n°s 144 e 154 da OIT (2017), ambas ratificadas pelo ordenamento pátrio. O relator, o então deputado Rogério Marinho, não deu espaço para as entidades e instituições, como aduz a nota técnica:

> As consultas precisam ser efetivas. A "Reforma Trabalhista", ao contrário de representar o consenso possível no diálogo social, até aqui avança como voz única, impositiva, na constituição de um mercado de trabalho sem proteção. O Parlamento deve levar a sério as considerações de todos os envolvidos numa reforma estrutural desse porte, sem açodamentos, e com a prudência necessária, sob pena de violação do diálogo social com o qual se comprometeu no plano internacional (BRASIL, 2017, p. 2).

Não há como falar em democracia sem debate público efetivo e, reformas sem a participação dos maiores atingidos só demonstram falta de respeito não apenas com a classe trabalhadora, mas com a própria concepção de Estado Democrático de Direito.

CONSIDERAÇÕES FINAIS

A Constituição Federal de 1988 é o cerne, o centro nevrálgico do sistema formal do Estado de Direito, a qual elenca os direitos sociais no rol de direitos fundamentais que necessita de ações positivas do Estado.

No Brasil, após a redemocratização e a reconciliação com uma Constituição democrática, os direitos sociais ganharam destaque como possibilidade de ampliação do acesso das camadas subalternas aos benefícios promovidos pelo Estado

Após a trégua conciliatória dos dois governos Lula e com o agravamento da crise global do capital que começou em 2008 nos Estados Unidos e se espraiou por diversas partes como efeito da globalização, acabou a lua de mel entre capital e trabalho no Brasil.

A diferença de interesses econômico, político, cultural e social se agudizou entre as forças políticas que representam o capital e o trabalho. Nesse contexto, há sempre por parte do capital o uso de seus freios de contenção para a garantia de seus ganhos e para manutenção de seus lucros.

As reformas neoliberais implementadas no Brasil a partir de 2015 fazem parte desse pacto, dessa aliança da elite do dinheiro com parte da classe média para, não somente barrar o avanço e as conquistas sociais, para retroceder em várias delas que representam garantias de sobrevivência digna da classe trabalhadora e da possibilidade de sobrevivência da ralé brasileira.

REFERÊNCIAS

ABRAMO, Laís. *Trabalho Decente*, 2006. Disponível em: http://desafios.ipea.gov.br/index.php?option=com_content&view=article&id=802&catid=29&Itemid=34. Acesso em: 21 jul. 2021.

ALEXY, Robert. *Teoria dos direitos fundamentais.* Trad. Virgílio Afonso da Silva. 2 ed. 4 reimp. São Paulo: Malheiros, 2015.

BOBBIO, Norberto. *A era dos direitos.* 9 ed. Rio de Janeiro: Campus, 1992.

BELLUZZO, Luiz Gonzaga Melo. *Valor e capitalismo.* Campinas: IE/Unicamp,1998.

BRASIL, *Nota técnica PLC 38/2017* – Reforma Trabalhista Aspectos de Inconstitucionalidade e de Antijuridicidade. Disponível em: https://www.anamatra.org.br/files/Nota-tcnica-Conjunta-Reforma-Trabalhista---aspectos-de-constitucionalidade-e-antijuridicidade.pdf . Acesso em: 28 de jul. de 2021.

CANOTILHO, José Joaquim Gomes. Metodologia fuzzy e camaleões normativos na problemática actual dos direitos econômicos, sociais e culturais. In: *Estudos sobre direitos fundamentais.* 2 ed. Coimbra: Coimbra Editora, 2008. p. 97-113.

CASARA, Rubens R. R. *Estado pós-democrático:* neo-obscurantismo e gestão dos indesejáveis. Rio de Janeiro: Civilização Brasileira, 2017.

DIMOULIS, Dimitri; MARTINS, Leonardo. *Teoria geral dos direitos fundamentais.* São Paulo: Revista dos Tribunais, 2008.

FERNANDES, Bernardo Gonçalves. *Curso de Direito Constitucional.* 6 ed. Salvador: Juspodivm, 2014.

GIDDENS, Anthony. *Sociologia.* 8 ed. Lisboa: Fundação Calouste Gulbenkian, 2010.

KATZ, Cláudio. *Neoliberalismo, neodesenvolvimentismo, socialismo*. São Paulo: Expressão Popular, 2016.

KREIN, José Dário. *Desmonte dos direitos, as novas configurações do trabalho e o esvaziamento da ação coletiva*: consequências da reforma trabalhista. Disponível em: https://doi.org/10.11606/0103-2070.ts.2018.138082. Acesso em: 28 jul. 2021.

LOSURDO, Domenico. *Contra-história do liberalismo*. 2 ed. Trad. Giovanni Semeraro. Aparecida: Ideias & Letras, 2006.

MONTESSO, Cláudio José; STERN, Maria de Fátima Coêlho Borges; ELY, Leonardo. *Direito processual do trabalho*. Jornada de Direito Material e Processual na Justiça do Trabalho. São Paulo: LTr, 2008.

SANTOS, Boaventura de Sousa. *A crítica da razão indolente:* contra o desperdício da experiência. São Paulo: Cortez, 2000.

SANTOS, Boaventura de Sousa; MENDES, José Manuel. *Demodiversidade*: imaginar novas possibilidades democráticas. Lisboa: Almedina, 2017.

SANTOS, Anselmo Luis dos. MARACCI, Denis Gimenez. *In:* KREIN, José Dari; MARACCI, Denis Gimenez; SANTOS, Anselmo Luis dos (Orgs.). *Dimensões críticas da reforma trabalhista no Brasil.* Campinas: Curt Nimuendajú, 2018.

ORGANIZAÇÃO INTERNACIONAL DO TRABALHO (OIT). *Uma década de promoção do trabalho decente no brasil: uma estratégia de ação baseada no diálogo social.* Organização internacional do trabalho - GENEBRA: OIT, 2015.

SILVA, José Afonso da. *Curso de direito constitucional positivo*. 37 ed. São Paulo: Malheiros, 2014.

SOUZA, Jessé. *A elite do atraso*: da escravidão à Lava Jato. Rio de Janeiro: Leya, 2017.

SOUTO MAIOR, Jorge Luiz; SEVERO, Valdete Souto. O acesso à

justiça sob a mira da reforma trabalhista: ou como garantir o acesso à justiça diante da reforma trabalhista = Access to justice under labor reform: or how to guarantee access to justice in the face of labor reform. *Revista do Tribunal Regional do Trabalho da 3ª Região*, Belo Horizonte, MG, n. especial, p. 289-332, nov. 2017.

12

A DISCURSIVIDADE NA EXECUÇÃO: IRRADIAÇÕES DO PROCESSO DEMOCRÁTICO[39]

Rita Edite Lopes Borges[40]

Ana Lúcia Ribeiro Mól[41]

Wilson Medeiros Pereira[42]

INTRODUÇÃO

Do Estado Liberal ao Estado Democrático de Direito, perpassando pelo Estado Social, o processo tem sofrido influências que delimitam a sua função e definem as suas diretrizes.

Pelo influxo do Estado Democrático de Direito, modelo atualmente adotado pelo Brasil, o processo é tido como um espaço discursivo no qual se possibilita, de forma participada, a construção da decisão que irá atingir as partes, o que se dá especialmente pela garantia do contraditório.

---

[39] O conteúdo deste capítulo foi publicado na Revista Humanidades. MOL, A. L. R.; BORGES, R.E.L.; PEREIRA, W. M. A aplicabilidade do princípio do contraditório na execução como garantia inerente ao processo democrático. Humanidades (Montes Claros), Montes Claros, v.11, n.2, p.77-85, jan./jun. 2021.
[40] Mestre em direito pela Universidade Federal de Santa Catarina - UFSC. Professora do curso de direito da Universidade Estadual de Montes Claros – Unimontes. Advogada militante na área de família e sucessões.
[41] Mestre em Direito Processual pela Pontifícia Universidade Católica de Minas Gerais (PUC Minas). Professora da Universidade Estadual de Montes Claros (UNIMONTES). Procuradora do Município de Montes Claros-MG.
[42] Mestre em Direito pela Universidade Estácio de Sá/RJ/Brasil. Professor do Curso de Direito da Universidade Estadual de Montes Claros (Unimontes). Juiz Federal lotado na Subseção Judiciária de Montes Claros (TRF1).

A relevância dessa diretriz principiológica se dá não somente por sua previsão constitucional (art. 5º, LV, CRFB/88), mas também por sua inserção expressa no Código de Processo Civil de 2015 que, em seu art. 10, estabelece a impossibilidade das chamadas decisões surpresa, consistentes nos atos decisórios proferidos sem a prévia participação das partes, estabelecendo, por outro lado, a garantia de que tal participação seja efetivamente refletida nos atos decisórios proferidos ao longo do *iter* procedimental.

Não obstante essa visão pós-moderna do processo e o destaque concedido ao princípio do contraditório no ordenamento jurídico em vigor, a aplicação dessa diretriz na execução não tem sido efetivada de forma plena, eis que por várias vezes sua concretização é mitigada. O executado, de modo particular, nem sempre tem a possibilidade de participar efetivamente dos atos processuais que, em última instância, irão atingir seu patrimônio.

Nessa senda, faz-se necessária uma discussão mais detida a respeito da amplitude do contraditório nas demandas executivas, de modo a se definir o papel dessa garantia constitucional em procedimentos desse jaez, o que se avulta como objetivo do presente artigo.

1 A CONCEPÇÃO DE PROCESSO NOS ESTADOS LIBERAL, SOCIAL E DEMOCRÁTICO DE DIREITO

O processo, ao longo dos tempos, vem evoluindo, em acompanhamento ao desenvolvimento do próprio Estado. Nesse sentido, vê-se que sua concepção deixou de ser analisada como se fosse ele um mero espaço de aplicação da legalidade formal ou da concretização da vontade soberana do julgador, para tornar-se um procedimento garantidor dos princípios do contraditório, da isonomia e da ampla defesa.

A visão do processo com sua função nitidamente

garantidora dos interesses individuais de vida, liberdade e propriedade é típica do Estado Liberal, quando então o órgão judiciário limitava-se a sua atribuição de observar, com exatidão e de forma literal, o disposto pelas normas componentes do ordenamento jurídico, na resolução da demanda que lhe era apresentada (CATTONI DE OLIVEIRA, 2002).

       Essa noção de processo vigorou até a eclosão da Primeira Guerra Mundial, cujo fim trouxe consigo um colapso social de grandes proporções, a exigir uma atuação mais firme e mais intervencionista do Estado. Nesse momento, surgem os delineamentos do Estado Social, que volta o seu foco para o fortalecimento da esfera pública, por meio da garantia dos direitos sociais (SARLET, 2007).

       As grandes alterações sofridas na organização e funcionamento do Estado, bem como na própria configuração da sociedade não poderiam deixar de influenciar também a noção de processo existente à época. O processo evolui, então, para um instrumento da jurisdição, que se presta a concretizar os valores essenciais da sociedade, por meio de um juiz que é capaz de perceber as fragilidades e deficiências do indivíduo. Levando em conta essas circunstâncias, a solução da hipótese concreta é feita com base na busca da finalidade da norma, de modo a tornar a sua aplicação verdadeiramente eficiente, com a pacificação dos conflitos de interesses, ainda que para tanto fosse preciso deixar de lado a segurança jurídica da estrita obediência à legislação existente (CATTONI DE OLIVEIRA, 2002).

       Apesar da importância das proposições apresentadas pelo Estado Social, chega um momento em que não são elas capazes de resolver os reclamos da sociedade, de modo que, por volta da década de 70, o modelo de Estado até então em vigor começa a absorver novos contornos, transformando-se no que se costuma chamar de Estado Democrático de Direito (SARLET, 2007).

       O processo, sob esse pensamento, é concebido

como uma instituição constitucionalizada, na qual se garante a efetiva participação popular na construção das decisões, por meio da garantia do devido processo constitucional.

Sob esse enfoque, o processo não mais assegura apenas os interesses individuais ou tão-somente os interesses públicos. Na verdade, todos os interesses passam a ter a possibilidade de serem analisados pelo órgão julgador. No entanto, essa análise se dá de forma participada e discursiva, por meio da concretização dos direitos e garantias fundamentais do indivíduo, do acesso de todos à função jurisdicional e da observância do ordenamento jurídico em vigor (LEAL, 2018).

Dessa forma, e com base na exposição supra, é possível perceber que na própria concepção de processo há a influência dos dois princípios que, juntos, regem o modelo estatal ora em análise: de um lado o princípio do Estado de Direito, marcado, principalmente, pela observância da lei, pela distinção das funções estatais e pela fixação de direitos essenciais aos indivíduos; e de outro o princípio do Estado Democrático, pautado pela presença do povo no exercício do poder estatal (BRÊTAS C. DIAS, 2004).

Todas essas proposições, sejam aquelas trazidas pelo princípio do Estado de Direito, sejam aquelas propostas pelo Estado Democrático, interpenetram-se pelas normas ditadas pela Constituição (BRÊTAS C. DIAS, 2004) e dão a tônica da visão pós-moderna de processo, que se direciona por uma discursividade até então inexistente nos outros modelos de Estado.

Essa visão do processo se aplica igualmente à execução, que deve ser considerada, na pós-modernidade, como um espaço discursivo voltado para a concretização de um direito previamente definido, no qual necessariamente deve existir a observância do princípio do contraditório, com a participação do exequente e do executado na realização dos atos processuais.

A aplicação desse princípio na execução faz-se

necessária para que o procedimento executivo seja compatibilizado com as diretrizes traçadas pelo texto constitucional e pelo modelo de Estado adotado pelo país, de sorte que seja possível falar-se em um verdadeiro processo de execução, conduzido de forma comparticipada entre os sujeitos processuais.

Apesar desse entendimento, há, ainda, certa relutância em admitir a aplicação do contraditório, de forma plena, também em relação à prática dos atos executivos, como esclarece Ronaldo Brêtas de Carvalho Dias (2010), razão pela qual se mostra necessária uma análise mais detida da questão.

Todavia, antes de se adentrar no exame desse ponto, é preciso que se fixe, de forma breve, um panorama geral desse procedimento, conforme está previsto no Código de Processo Civil de 2015.

2 PANORAMA GERAL DA EXECUÇÃO NO CÓDIGO DE PROCESSO CIVIL DE 2015

A execução, no sistema processual adotado pelo Código de Processo Civil brasileiro em vigor, tem como finalidade principal buscar a satisfação de uma obrigação, que já se encontra previamente acertada em um título executivo, seja ele judicial ou extrajudicial. Pressupõe, portanto, a necessidade de se exigir uma conduta da parte contrária, que pode constituir-se numa obrigação de fazer, não fazer, entregar coisa ou pagar.

Nesse sentido, já de pronto é possível perceber a importância da proteção executiva, foco do presente estudo, uma vez que de nada adiantaria a certeza, liquidez e exigibilidade de uma obrigação, sem a correspondente possibilidade de sua concretização prática no espaço discursivo do processo, uma vez não cumprida espontaneamente pelo devedor.

Para que se realize esse seu objetivo, a lei processual civil brasileira exige a presença obrigatória do título executivo. A natureza jurídica dos títulos executivos não encontra unanimidade na doutrina. Para os fins deste estudo, considera-se que os títulos executivos se constituem em documentos que representam atos jurídicos aos quais a lei atribui legitimidade para dar início a uma execução.

Nesses termos, a atribuição da qualidade de título executivo depende de expressa previsão legal. Em todos eles supõe-se, já de início, haver o direito neles consignado, possibilitando-se a sua imediata satisfação.

No caso dos títulos executivos judiciais, a obrigação do devedor em relação ao credor é estabelecida em um ato jurisdicional ou análogo, estando fixado no Código de Processo Civil de 2015 em seu art. 515.

Já os títulos executivos extrajudiciais são constituídos por atos que, pela lei, não precisam ser submetidos previamente a uma análise do órgão judiciário para o estabelecimento da obrigação definida, eis que há uma presunção de que o crédito neles consignado efetivamente exista. São documentos que, de pronto, podem ser executados, mesmo que não tenha havido um procedimento cognitivo anterior (ASSIS, 2016).

A existência de um ou de outro título determina o procedimento executivo a ser observado. Nesse sentido, fundamentando-se em um título executivo judicial, como regra, deverá ser aplicada a normativa referente ao cumprimento de sentença, que se avulta como uma fase posterior à etapa cognitiva, concretizando o que hoje se denomina por processo sincrético. Seu início se dá a partir de uma simples petição, sem o necessário preenchimento dos requisitos estabelecidos nos artigos 319 e 320, do Código de Processo Civil de 2015. Por outro lado, tratando-se de título executivo extrajudicial, deverá ser instaurado um procedimento autônomo de execução, por meio de uma petição inicial, com posterior citação do executado para cumprimento da obrigação exequenda.

Tais procedimentos, em sua fase inaugural especialmente, diferenciam-se sobremaneira. As formas de defesa do executado igualmente são diferentes, sendo possível enumerar vários outros pontos de diferenciação entre ambos.

Contudo, o que se pretende esclarecer aqui é que, tanto em um como em outro, tratando-se de obrigação de pagar quantia certa, o inadimplemento por parte do executado culminará na realização de atos expropriatórios, com a invasão de seu patrimônio para o pagamento do exequente.

Aliás, nesse ponto a execução sofreu uma de suas principais evoluções, no exato momento em que deixou de recair sobre a pessoa do devedor, para atingir unicamente seu patrimônio, surgindo o que a doutrina denomina de princípio da patrimonialidade (NEVES, 2017)[43].

Sob esse aspecto, deixou-se de lado a coerção do devedor por meio de sua prisão, da degradação da sua imagem e de punições físicas, ou qualquer outra forma de vingança privada, para obter-se a satisfação do credor sobre seu patrimônio, com o que se reforça o princípio da dignidade da pessoa humana (SOARES; BRÊTAS C. DIAS, 2011).

Prevalece, destarte, a responsabilidade patrimonial, que determina a necessária execução das obrigações do executado

---

[43] Tem-se observado uma tendência, desde as reformas ocorridas no Código de Processo Civil de 1973 por meio das Leis nº 11.232/2005 e nº 11.382/2006, até as previsões contidas no Código de Processo Civil de 2015, de abrandar a aplicação desse princípio por meio da instituição de medidas que não necessariamente atinjam os bens do executado, mas que visam imprimir a ideia de que é mais vantajoso a ele o pagamento do crédito. Tal ocorre, por exemplo, na imposição de penalidades pecuniárias como a do art. 523, §1º, do CPC/2015 e o protesto da decisão judicial condenatória transitada em julgado, após o decurso do prazo para pagamento voluntário do devedor, constante do art. 517, do CPC/2015.

sobre seus bens presentes e futuros, excetuando-se apenas as hipóteses expressamente excluídas da expropriação.

Apesar da grande evolução nessa seara, nem sempre o executado é visto como verdadeira parte na demanda executiva. Isso porque a execução ainda é considerada como um processo apenas do credor, devendo o Estado, por meio do órgão judiciário, buscar, a qualquer custo, a sua satisfação.

Na esteira desse pensamento, os direitos e garantias eventualmente assegurados ao devedor são considerados como mecanismos protelatórios que a lei lhe disponibiliza, impedindo a efetividade da proteção legal consignada no título executivo[44].

---

[44] Como forma de ilustrar a desconsideração do princípio do contraditório na execução, transcreve-se a ementa abaixo, representativa dessa situação: EMENTA: AGRAVO DE INSTRUMENTO - AÇÃO POPULAR - CUMPRIMENTO PROVISÓRIO DE SENTENÇA - MUNICÍPIO DE CURVELO - PRETENSÃO DE CONVERSÃO DE NUMERÁRIO E DESCONTO MENSAL EM FOLHA DE PAGAMENTO - DEFERIMENTO - AUSÊNCIA DE FUNDAMENTAÇÃO - NULIDADE DA DECISÃO - INOBSERVÂNCIA AO CONTRADITÓRIO - ANÁLISE DO PEDIDO FORMULADO PELO EXEQUENTE ANTERIORMENTE À INTIMAÇÃO DAS DEMANDADAS - IMPRESCINDIBILIDADE DE OBSERVÂNCIA DO RITO DOS ARTIGOS 520 E SEGUINTES, DO CPC - RECURSO PROVIDO. Nos termos do artigo 93, inciso IX, da Constituição da República, devem as decisões judiciais ostentar a devida fundamentação fática e jurídica, a fim de oportunizar aos litigantes o acesso às razões que ensejaram o acolhimento ou a rejeição das suas alegações e, sobretudo, assegurar o controle do exercício do poder jurisdicional, afastando-se quaisquer arbitrariedades no desempenho da aludida atividade. Verificada a violação aos incisos do §1º, do artigo 489, do Código de Processo Civil, o qual elenca as hipóteses de ausência de fundamentação das decisões judiciais, na medida em que proferida a decisão objurgada sem o devido enfrentamento dos fatos e fundamentos apresentados pelo exequente, remanesce caracterizada a nulidade do "decisum" recorrido. Aos litigantes em processo judicial é assegurada a paridade de tratamento. É dever do juiz zelar pelo efetivo contraditório, não proferindo decisão contra uma das partes sem que ela seja previamente ouvida. O deferimento, de plano, dos pleitos formulados pelo exequente na exordial, além de inobservar o contraditório, viola o rito disposto nos artigos 520 e seguintes, do CPC, eis que a apreciação se deu anteriormente à intimação das executadas. Recurso provido. (TJMG - Agravo de Instrumento-Cv 1.0000.20.504803-6/001, Relator(a): Des.(a) Corrêa Junior , 6ª CÂMARA CÍVEL, julgamento em 09/02/2021, publicação da súmula em 12/02/2021)

No entanto, e ao contrário dessa ideia, a ingerência sobre o patrimônio do executado não pode se dar de forma irracional e ilegítima. Ao revés, deve ocorrer dentro de um espaço discursivo, com estrita observância das leis aplicáveis à hipótese e dos princípios ínsitos ao devido processo constitucional.

Nessa seara, merece destaque o princípio do contraditório, cuja observância é necessária para que se possibilite o prévio debate entre as partes a respeito das questões que serão decididas pelo órgão julgador, mesmo no processo de execução.

Ressalte-se, nesse sentido, que a inexistência da análise de mérito, nos termos do que se tem numa demanda executiva, não autoriza dizer que não há a possibilidade de discussão quanto aos atos executivos, temática esta que será melhor abordada no tópico que seguinte.

3 O PRINCÍPIO DO CONTRADITÓRIO NA EXECUÇÃO

De há muito, não mais se questiona sobre a imprescindível observância do princípio do contraditório na execução, ideia esta absorvida pela Constituição em vigor, que é expressa ao exigi-lo em todo e qualquer procedimento (art. 5º, LV, CRFB/88). O texto constitucional afirma, ainda, ser vedada qualquer constrição patrimonial sem a prévia observância da garantia do devido processo, na qual se inclui necessariamente o princípio do contraditório (BRÊTAS C. DIAS, 2010).

Mesmo que não existisse a previsão constitucional em exame, ainda assim persistiria essa diretriz, uma vez que tal princípio faz parte da própria definição do que seja processo, tratando-se de um de seus princípios institutivos.

Isso porque, para a visão mais moderna que trata do tema, o processo se mostra como uma instituição, voltada para a concretização dos direitos fundamentais previstos no texto constitucional, pautada na efetiva participação das partes, em contraditório, ampla defesa e isonomia (LEAL, 2018)[45].

É dizer, não se pode falar em processo sem fazer menção às garantias enfeixadas na diretriz do devido processo constitucional, dentre as quais se destaca o princípio do contraditório, que lhe confere verdadeira feição democrática e, pois, consentânea ao modelo de Estado em vigor, no exato momento em que permite a concretização de uma verdadeira dialeticidade no espaço processual.

O contraditório, aliás, sob esse enfoque, constitui-se em um direito-garantia que deve forçosamente permear a prática de todos os atos processuais, de sorte a assegurar a constituição discursiva de todo o processo e das decisões a serem aplicadas no caso concreto (BONFIM JÚNIOR *et al.*, 2009).

Essa, inclusive, é a ideia que transparece das previsões contidas no Código de Processo Civil de 2015, que dão destaque especial ao princípio do contraditório em todo e qualquer procedimento, haja vista sua inclusão no capítulo referente às normas fundamentais do processo civil, já no Livro I do mencionado código.

Dentre tais previsões, chama-se atenção para o teor do art. 10, do Código de Processo Civil de 2015, que estabelece a necessidade de serem ouvidas as partes previamente ao pronunciamento de qualquer decisão no processo, ainda que se trate de matéria cognoscível de ofício. Tem-se, aqui, o princípio do

---

[45] Em que pese a adoção da teoria neoinstitucionalista como embasamento teórico deste estudo, o autor Rosemiro Pereira Leal (2018, p. 241) esclarece que a execução, quando considerada apenas sua finalidade satisfativa da obrigação contida no título executivo, não se afiguraria como um verdadeiro processo, tendo em vista que não tem como objetivo a resolução do mérito por meio de uma sentença. Poder-se-ia falar em processo apenas nos embargos à execução ou na impugnação ao cumprimento de sentença.

contraditório, na vertente da vedação da decisão surpresa e da garantia de influência (NUNES; BAHIA; PEDRON, 2020).

Considerando-se a previsão legal em análise, aliada ao disposto no art. 5º, inciso LV, da Constituição, pode-se afirmar que o princípio do contraditório determina a necessidade de uma verdadeira comparticipação na construção do ato decisório, que não pode mais ser considerado como resultado da atuação única do julgador, mas, antes, como corolário da discursividade travada entre todos os sujeitos do processo (NUNES; BAHIA; PEDRON, 2020), mesmo na execução.

Sua garantia deve ser ampla, dentro das finalidades e objetivos próprios do procedimento executivo, de modo a afastar-se a ideia de que sua aplicação seria restrita à constituição do título executivo. Mais do que isso, o contraditório também deve ser verificado em relação a todos os atos tendentes à satisfação da obrigação consignada no mencionado documento (BONFIM JÚNIOR *et al*, 2009).

Por esse ponto de vista, quando se tem a denegação do contraditório na execução, a demanda executiva torna-se um mero encadeamento de atos processuais, direcionados a compelir o devedor a cumprir a sua obrigação perante o credor, afastando-se das diretrizes processuais estabelecidas pelo Estado Democrático de Direito.

Desse modo, resta de todo imprescindível a sua observância no processo de execução, de sorte que se possa efetivamente concretizar a participação tanto do exequente, quanto do executado ao longo do trâmite procedimental.

Ressalte-se, nesse ínterim, que o fato de já ter havido um prévio debate sobre o direito acertado ou de já se pairar uma presunção (relativa) acerca da existência do crédito não quer dizer que não exista, do mesmo modo, o contraditório em toda a sua plenitude também no processo de execução.

Na verdade, nesta instituição constitucionalizada permite-se o debate sobre todas as questões nele levantadas, desde que não tenham sido previamente discutidas perante o órgão julgador.

Nesse sentido, a realização do contraditório é verificada em relação ao objeto da proteção executiva, permitindo a participação dos sujeitos do processo na construção dos atos processuais praticados em tais demandas, não havendo qualquer mitigação na aplicação dessa diretriz (RODRIGUES, 2007).

Ao contrário, na execução há de se ressaltar ainda mais as garantias inerentes ao princípio do devido processo constitucional, eis que são de considerável vulto as consequências práticas sobre o direito patrimonial de uma das partes, o que exige uma maior discursividade em torno das decisões tomadas em demandas instauradas para esse fim. Na esteira desse pensamento, apenas com a garantia daquele princípio é que se evita uma execução ilegítima e sem limites contra o patrimônio do devedor, assegurando-se, em última instância, o próprio princípio da dignidade da pessoa humana (GRECO, 1999).

Nessa perspectiva, tem-se que o princípio do contraditório acaba por possibilitar que outras diretrizes principiológicas próprias da execução sejam observadas, com destaque para o princípio da menor onerosidade. Esse último princípio abranda a ideia de satisfação do credor a qualquer custo, estabelecendo a exigência de que, se esse objetivo puder ser alcançado de mais de uma forma, que seja observada aquela que traga menos efeitos negativos ao devedor. Para se aferir as nuances desse princípio e permitir a sua aplicação na hipótese concreta, sobreleva a necessidade de se efetivar, antes, o contraditório, possibilitando-se a oitiva das partes a esse respeito, especialmente do próprio executado, cujos argumentos devem ser efetivamente considerados na condução dos atos executivos.

De qualquer modo, é de se deixar claro que não se

propõe aqui, por óbvio, uma discussão sobre o direito do exequente, eis que referido debate deverá ocorrer nas vias procedimentais próprias para tanto, como ocorre nos embargos à execução. Nem se busca pura e simplesmente excluir a responsabilidade patrimonial daquele que figura no polo passivo da execução.

O que se pretende deixar claro é a necessidade de que o executado também seja informado e tenha a possibilidade de reagir ante todos os atos praticados ao longo do trâmite procedimental, em igualdade de condições ao exequente, de sorte que possa ele influenciar nas decisões que serão emitidas no caso concreto e que visam, em última instância, atingir seu patrimônio (BONFIM *et al.*, 2009).

Sendo assim, deve-se assegurar que a execução ocorra "[...] de forma satisfatória a ambas as partes, ou seja, que se torne eficaz o direito do exequente e, ao mesmo tempo, que se dê da forma menos gravosa ao seu patrimônio [do devedor], como ocorre quando oportunizada a indicação de bens à penhora ao executado" (BONFIM *et al.*, 2009, p. 16).

Tal equilíbrio, que deve ser a tônica de toda e qualquer execução, perpassa necessariamente pela garantia do contraditório, que assegura que a ingerência sobre os bens do devedor se dê na medida exata da satisfação do credor, sem gerar a preponderância do direito de um sobre o direito do outro (GRECO, 1999).

Ressalte-se, ainda uma vez, que o Brasil adota hoje o modelo do Estado Democrático de Direito, não se admitindo mais a consagração exacerbada do patrimônio do devedor, por meio da máxima proteção desse seu direito (Estado Liberal) (RODRIGUES, 2007), ou a garantia, a todo custo, do direito de crédito do exequente, por meio de uma atuação efetiva e patriarcal do juiz justo (Estado Social).

Na pós-modernidade, há de se estabelecer um

verdadeiro tratamento isonômico entre as partes, com vistas a se possibilitar uma execução equilibrada, racional e consentânea com o ordenamento jurídico.

Somente nesses termos é que se há de falar em uma execução nos moldes democráticos, em que se garante a satisfação do direito de crédito legítimo, sem se olvidar dos direitos inerentes às partes envolvidas no processo.

CONSIDERAÇÕES FINAIS

Pelas ideias apresentadas, percebe-se que o contraditório é um princípio institutivo do processo, que lhe dá a tônica da discursividade e permite a construção de decisões racionais, mesmo no processo de execução, cuja finalidade típica é satisfazer um direito já definido em um título executivo.

Sua extensão no processo de execução é ampla, mas ao mesmo tempo é balizada pelos objetivos buscados pelo procedimento executivo, o que, contudo, não significa que o contraditório, nessa hipótese, é mitigado ou não existe.

Em outras palavras, a aplicação desse princípio se dá de forma plena dentro da finalidade de satisfazer o direito do exequente. Nesse sentido, sua presença é verificada especialmente na formação dos atos decisórios que são proferidos ao longo do trâmite procedimental executivo, evitando-se que o executado tenha seu patrimônio tolhido sem o devido processo e sem a sua efetiva participação.

Por força dessas circunstâncias, constata-se ser imprescindível a observância do contraditório na execução, de modo a que se possibilite também nesse espaço a concretização legítima dos atos executivos, a partir da simétrica influência das partes em sua construção.

REFERÊNCIAS

ASSIS, Araken de. *Manual da Execução*. 18. ed. rev., atual. e ampl. São Paulo: Revista dos Tribunais, 2016.

BONFIM JÚNIOR, Carlos Henrique de Morais *et al*. O contraditório e o processo de execução. *Revista eletrônica Virtuajus*, ano 8, n.1, p. 01-20, jul.2009. Disponível em: http://www.fmd.pucminas.br/. Acesso em: 22 jul. 2021.

BRÊTAS C. DIAS, Ronaldo. *Responsabilidade do Estado pela função jurisdicional*. Belo Horizonte: Del Rey, 2004.

BRÊTAS C. DIAS, Ronaldo. *Processo Constitucional e Estado Democrático de Direito*. Belo Horizonte: Del Rey, 2010.

CATTONI DE OLIVEIRA, Marcelo Andrade. *Direito Constitucional*. Belo Horizonte: Mandamentos, 2002.

GRECO, Leonardo. A execução e a efetividade do processo. *Revista de Processo*. v. 94, p. 34 – 66, abr.-jun. 1999.

LEAL, Rosemiro Pereira. *Teoria Geral do Processo*. 14. ed. rev. e atual. Belo Horizonte: Forense, 2018.

MINAS GERAIS. Tribunal de Justiça. Agravo de Instrumento-Cv 1.0000.20.504803-6/001. Relator(a): Des.(a) Corrêa Junior. DJ 12/02/2021. Disponível em: https://www.tjmg.jus.br/portal-tjmg/. Acesso em: 01 ago. 2021.

NEVES, Daniel Amorim Assumpção. Manual de Direito Processual Civil. 9. ed. rev. e atual. Salvador: Juspodivum, 2017.

NUNES, Dierle; BAHIA, Alexandre; PEDRON, Flávio Quinaud. *Teoria Geral do Processo*. Salvador: Juspodivum, 2020.

RODRIGUES, Marcelo Abelha. O devido processo legal e a execução civil. In: SANTOS, Ernani Fidélis dos. et al (coords). *Execução Civil*. Estudos em homenagem ao Professor Humberto Theodoro Júnior. São Paulo: Revista dos Tribunais, 2007. p. 112-115.

SARLET, Ingo Wolfgang. *A eficácia dos direitos fundamentais*. 9. ed. rev., atual. e ampl. Porto Alegre: Livraria do advogado, 2007.

SOARES, Carlos Henrique; BRETAS C. DIAS, Ronaldo. *Manual elementar de Processo Civil*. Belo Horizonte: Del Rey, 2011.